U0924990

明代哈密卫研究

司艳宇　赵长贵　郭胜利　于逢源　著

河南大学出版社
HENAN UNIVERSITY PRESS
·郑州·

图书在版编目(CIP)数据

明代哈密卫研究 / 司艳宇等著. -- 郑州 ：河南大学出版社，2022.6(2022.12 重印)

ISBN 978-7-5649-5198-6

Ⅰ. ①明… Ⅱ. ①司… Ⅲ. ①地方史-研究-哈密市-明代 Ⅳ. ①K294.53

中国版本图书馆 CIP 数据核字(2022)第 114065 号

责任编辑 马　博　杨光辉
责任校对 时二凤　王春辉
封面设计 马　龙

出　　版 河南大学出版社
地址：郑州市郑东新区商务外环中华大厦 2401 号　邮编：450046
网址：hupress.henu.edu.cn
电话：0371-86059701(营销部)
0371-22860116(人文社科分公司)
排　　版 河南大学出版社设计排版部
印　　刷 广东虎彩云印刷有限公司
版　　次 2022 年 6 月第 1 版　**印　　次** 2022 年 12 月第 2 次印刷
开　　本 787mm×1092mm　1/16　**印　　张** 16.25
字　　数 307 千字　**定　　价** 39.80 元

目录

绪　论

中国自古就为一个多民族国家，各民族共创中华悠久的历史文明。中原地区自古亦为多民族活动区域，并且出现过多个少数民族政权，对于黄河文明的形成以及中原地区民族共同体的出现起到了重要的作用。

进入中原地区的各个民族，他们耕耘灌溉、铸器造皿、建设家园，历经岁月的洗礼，把生产生活实践镌刻成悠久历史、积淀成深厚文明。在黄河中下游多民族共同体的历史演变中，各种文明不断交流互鉴。从历史上的佛教东传、“伊儒会通”到近代以来的“西学东渐”在中原大地上的传播，黄河文明始终在兼收并蓄中历久弥新。哈密地区作为历史上中原文化与西域文化交流的重要枢纽，在中西文化的交往中有着重要的历史地位，特别是在今天“一带一路”建设和亚欧大通道建设中更是发挥着重要作用。鉴于此，兹选择明代的哈密卫作为研究对象，通过政治、民族、宗教等方面的研究，来阐释哈密与中原交往的历史价值与现实意义。

哈密位于新疆维吾尔自治区最东端，地跨天山南北，最东在星星峡东北东经 96°23′00″处；最西在七角井以西东经 91°06′33″处；最南为哈密市嘎顺戈壁的白龙山附近，北纬 40°52′47″；最北在巴里坤哈萨克自治县的大哈甫提克山，北纬 45°05′33″。南北距离约 440 公里，东西相距约 404 公里。东部、东南部与甘肃省酒泉市为邻，南接巴音郭楞蒙古自治州，西部、西南部与昌吉回族自治州、吐鲁番市毗邻，北部、东北部与蒙古国接壤。明哈密卫其地南抵敦煌县西，西至吐鲁番以东，北到瓦剌，东南链接酒泉。其位置境域大致与今哈密相当。

“哈密，东去嘉峪关一千六百里，汉伊吾卢地。明帝置宜禾都尉……洪武中，太祖既定畏兀儿地，置安定等卫，渐逼哈密。安克帖木儿惧，将纳款。”[①]洪武二十三年（1390 年），太祖因其阻遏西域朝贡使臣，乃命都督佥事刘真偕宋晟帅兵由凉州西出攻破哈密城。永乐二年（1404 年），诏封安克帖木儿为忠顺王。两年后设哈密卫，设指挥、千户、百户等官。明成化三年（1467 年），由于哈密忠顺王王位久虚，各族头目再次极力推荐，明廷方才提升把塔木儿（畏兀儿人）为右都督，代行国王事；5 年后，把塔木儿卒，其子罕慎请嗣父职，朝议只准嗣都督位，但不准主国事。哈密仍无王统摄，政令无所出。正德八年（1513 年），拜牙归顺吐鲁番。延至嘉靖初年，明廷不堪吐鲁番屡次袭扰，最终于嘉靖八年（1529 年）放弃了对哈密的经营。至是，明朝对于哈密的经营宣告结束。本课题研究的时间上迄元朝末年，下至清朝初年，主要集中在明朝初年到嘉靖八年之间。

关于哈密卫历史的研究，国内学者主要集中于设置、废、立三个方面。其主要集中于：第一，哈密卫设置方面。国内成果主要集中在明朝设置哈密卫的背景、经过以及哈密卫在关西七卫中的地位。[②] 明朝前期依靠关西六卫，为进军哈密扫清了道路，对哈密早期的经营也是成功的。[③] 第二，哈密卫的废立经营。国内研究主要从建立、三废三立、撤销及其原因等方面分析。[④] 田澍指出由于哈密卫内部矛盾导致最高首领无力控制政局、其后周边部族关系的恶化，故日遭侵袭，逐渐残破。

---

①张廷玉等：《明史》卷 329《西域一・哈密卫》，第 8511 页。

②谢玉杰：《明代哈密卫探研》，《西北民族文丛》1983 年第 3 辑；蒿峰：《明失哈密述论》，《山东师范大学学报（社会科学版）》1984 年第 1 期；田卫疆：《论明代哈密卫的设置及其意义》，《西北民族大学学报（哲学社会科学版）》1988 年第 1 期；赵予征：《明对西域的统辖及哈密卫屯垦研究》，《西域研究》1994 年第 3 期；刘国防：《明朝的备边政策与哈密卫的设置》，《西域研究》1998 年第 4 期；李高娃：《明代哈密诸问题研究》，硕士学位论文，内蒙古大学，2004；马守平：《明代哈密地面研究》，硕士学位论文，中央民族大学，2004；施新荣：《哈密卫研究》，博士学位论文，北京师范大学，2005。

③程利英：《明代关西七卫与西番诸卫》，《西藏研究》2005 年第 3 期。

④蓝建洪：《明代哈密卫撤销原因新析》，《新疆大学学报（哲学社会科学版）》1993 年第 4 期。

吐鲁番强盛之后，哈密卫屡遭攻陷，使其在明代国防中的地位迅速下降，失去了拱卫甘肃镇的作用。① 侯丕勋认为明朝前期既设有哈密国，也设有哈密卫；事实上在很长时期里是“国”“卫”二制并存。在这种历史条件下，“国”“卫”之间的依存关系及其不确定性，再加上明朝后来国力的衰弱，使得其最后不得不被迫放弃哈密卫的经营。②

哈密与周边的关系研究主要集中在以下几个方面：第一，与吐鲁番关系研究。哈密地处中原与西域交通要道，在明代的中西方陆路商业贸易中起着重要作用。然而由于哈密王室的疲弱与明朝中后期国力的下降，再加上吐鲁番地面速檀势力的崛起，大批蒙古贵族和民众的定居化，以及该地区与中原地区商贸联系的加强，吐鲁番地区的社会经济和文化面貌出现了历史性转变，并对明代西域历史进程产生了深刻的影响。哈密与吐鲁番之间的关系渐趋紧张与复杂。③ 其后，吐鲁番与瓦剌采取军事打击、政治联姻相结合的手段控制哈密，明朝面对哈密的经营力不从心④，再加上边吏选择上的变化⑤，最终导致在哈密经营权的争夺中处于不利地位。第二，与蒙古关系研究。明代是西域民族、宗教发展历史的重要时期⑥，瓦剌与明朝在政治、军事、经济等各方面的复杂关系，进而导致了西北民族关系出现了既紧张又联系的局面⑦。哈

①田澍：《明代哈密危机述论》，《中国边疆史地研究》2002 年第 4 期。

②侯丕勋：《哈密国“三立三绝”与明朝对土鲁番的政策》，《中国边疆史地研究》2005 年第 4 期。

③田卫疆：《明哈密、土鲁番速檀(王)世系补正》，《新疆大学学报(哲学社会科学版)》1986 年第 3 期；田卫疆：《明代吐鲁番地区的社会经济和宗教文化》，《西域研究》2004 年第 4 期；田卫疆：《关于明代吐鲁番史若干问题的探讨》，《中国边疆史地研究》2005 年第 3 期。

④马守平：《试析土鲁番与明朝的关系》，《青海民族研究》2004 年第 2 期；陈高华：《关于明代土鲁番的几个问题》，《民族研究》1983 年第 2 期。

⑤田澍：《彭泽与甘肃之变》，《西域研究》2004 年第 1 期。

⑥田卫疆：《十四世纪末至十五世纪初的东察合台汗国》，《新疆社会科学》1988 年第 4 期；田卫疆：《东察合台汗国建立史实钩稽》，《中央民族大学学报(哲学社会科学版)》1989 年第 1 期；杨林坤：《明代哈密察合台后王统治世系考》，《西北第二民族学院学报》2003 年第 2 期；刘国防：《明初的哈密及其王族——兼评〈剑桥中国明代史〉的相关部分》，《西域研究》1999 年第 2 期；胡小鹏：《察合台系蒙古诸王集团与明初关西诸卫的成立》，《兰州大学学报(社会科学版)》2005 年第 5 期。

⑦樊保良：《略述瓦剌与明朝在西北的关系》，《兰州大学学报(社会科学版)》1999 年第 3 期。

密卫的设立、明初册封的忠顺王与忠义王，都与蒙古有着密切关系[①]，明朝设立哈密卫是为了更好地控制西域、笼络蒙古以及缓解边疆压力[②]，但最终却导致了其哈密经营的失败。

西域商道上，哈密是内地与西域的中转站，在中西交通与丝路贸易中始终起着特殊的重要作用，在东西文化的交流过程中有着特殊地位。[③] 公元10—15世纪伊斯兰教在吐鲁番地区传播，并形成了其传播的特点。[④] 察合台后王是新疆地区伊斯兰教传播的积极推行者，而伊斯兰教迅速发展的结果，却直接导致了察合台后王的没落与和卓势力的兴起[⑤]，其后随着吐鲁番速檀势力的壮大，伊斯兰教进入哈密地区[⑥]，最终哈、吐两地分别在16世纪中叶、16世纪上半叶全民伊斯兰化[⑦]。

哈密地面有三种人，即回回、畏兀儿、哈剌灰。明代哈密地区民族成分比较复杂，而且又经常面临战乱，所以他们的迁徙成为必然，也构成西域民族迁徙内地的一个部分。[⑧] 第一种是回族人。他们首先进入河西地区，在对河西走廊的经济开发中，发挥了“亦农、亦商”的勇于开拓的精神[⑨]，其次又从西北向东南，逐渐进入中原地区，成为明代进入

---

①白翠琴:《明代蒙古与西域关系述略》,《新疆社会科学》1983年第3期;马曼丽:《明代瓦剌与西域》,《西北史地》1984年第1期。

②于默颖:《明代哈密蒙古的封贡问题》,《内蒙古大学学报(人文社会科学版)》2000年第5期。

③关连吉:《明代对西域的经营及中西经济文化一体化交流》,《甘肃理论学刊》2004年第3期;李泰玉:《新疆佛教由盛转衰和伊斯兰教兴起的历史根源》,《新疆社会科学》1983年第1期;田卫疆:《试探元末明初伊斯兰教在新疆的传播和发展》,《新疆社会科学》1987年第4期。

④陈国光:《伊斯兰教在吐鲁番地区的传播(10—15世纪)》,《西域研究》2002年第3期。

⑤樊保良:《察合台后王与新疆地区伊斯兰教》,《甘肃民族研究》1989年第2—3期;赵荣织:《论伊斯兰教在新疆兴起的社会根源》,《西域研究》2001年第3期。

⑥一鸣:《试论伊斯兰教传入哈密及其与回王的关系》,《新疆地方志通讯》1983年第3期;才家瑞:《伊斯兰教在哈密的传播与哈密回王》,《中南民族学院学报》1985年第2期。

⑦刘志扬:《明代哈密、土鲁番地区回回成分及伊斯兰教的渗透》,《中央民族学院学报》1988年第5期。

⑧陈国光:《伊斯兰教在吐鲁番地区的传播(10—15世纪)》,《西域研究》2002年第3期。

⑨喇海青:《回族在河西走廊之历史活动及其变迁》,《西北史地》1994年第2期。

中地区最多的民族之一。[①] 第二是撒里畏兀儿人。元末明初蒙维关系的重大变化导致了撒里畏兀儿的东迁，明在撒里畏兀儿地置安定、阿端、曲先三卫，统治者为蒙古人，部众为撒里畏兀儿和蒙古人，从而促使畏兀儿与蒙古族相融合，形成了今天的裕固族。[②] 第三则是哈剌灰人。哈剌灰就是指明代吐鲁番、哈密乃至甘肃河西等地正在“回回化”过程中的蒙古人。“哈剌灰”就是“黑帽回回”，是瓦剌的一部迁徙哈密而来的，最后一部分融入回回，一部分成为裕固族。[③] 但曾文芳认为哈密地的“速卜哈剌灰”，“速卜”乃“阻卜”之意，是辽金对鞑靼的称呼，哈剌灰就是哈剌垓，是个地名，故“速卜哈剌灰”既是居住在哈剌垓的鞑靼人，后又吸收了众多瓦剌部落，遂发展壮大，活跃于哈密地区，明末清初渐融入其他民族。[④]

汇编类：《明实录》中存有较为丰富的西域史材料，陈高华先生将《明实录》中有关哈密吐鲁番的记录整理，出版了《明代哈密吐鲁番资料汇编》[⑤]，辑录出了有关哈密、吐鲁番两地的资料，而且还有诸多稀见而珍贵的个人奏疏、报告。田卫疆先生编的《〈明实录〉新疆资料辑录》[⑥]也有很多珍贵的资料，而薄音湖、王雄编辑的《明代蒙古汉籍史料汇编（第一辑）》[⑦]，其中也涉及了很多哈密问题特别是蒙古与哈密的关系问

---

①和龚：《明代西域回回入附中原考》，《宁夏社会科学》1987 年第 4 期；和龚：《明代西域入附回回人口及其分布》，《内蒙古社会科学》1990 年第 2 期；和龚：《关于明代回回的移向问题》，《中央民族学院学报》1987 年第 6 期。

②高自厚：《元末明初蒙维关系变化及其对撒里畏兀儿的影响》，《中央民族学院学报》1986 年第 3 期；高自厚：《撒里畏兀儿东迁和裕固族的形成》，《西北民族研究》1986 年第 0 期；高启安：《明代哈密卫东迁与裕固族的形成》，《甘肃社会科学》1989 年第 4 期；程溯洛：《甘州回鹘始末与撒里畏兀儿的迁徙及其下落》，《西北史地》1988 年第 1 期；安永香：《试述撒里畏兀儿东迁》，《西北民族研究》1988 年第 1 期；胡小鹏：《元明敦煌与裕固族的历史关系》，《敦煌研究》1999 年第 4 期；胡小鹏：《试揭“尧呼儿来自西至哈至”之谜》，《民族研究》1999 年第 1 期。

③马寿千：《明代哈密地方的哈剌灰人》，《新疆社会科学》1983 年第 2 期。

④曾文芳：《明代哈剌灰人族源探讨》，《伊犁教育学院学报》2002 年第 1 期；曾文芳：《明代哈剌灰人的来源、组成和名称诸问题》，《西域研究》2002 年第 2 期。

⑤陈高华编《明代哈密吐鲁番资料汇编》，商务印书馆，2017。

⑥田卫疆编《〈明实录〉新疆资料辑录》，新疆人民出版社，2002。

⑦薄音湖、王雄编辑《明代蒙古汉籍史料汇编（第一辑）》，内蒙古大学出版社，2006。

题。还有羽田明等编著的《明代西域史料〈明实录〉抄》[1]。

著作类：曾问吾《中国经营西域史》[2]，冯家昇、程溯洛、穆广文《维吾尔族史料简编（上册）》[3]，甘肃省图书馆《西北民族宗教史料文摘（新疆分册）》[4]，苏北海、黄建华《哈密、吐鲁番维吾尔王历史》[5]。国外相关史料主要有米儿咱·马黑麻·海答儿的《中亚蒙兀儿史——拉失德史》[6]。

丛书类：《中国西北文献丛书》是一部关于西北地区的多学科的综合性历史资料汇编。丛书按照 8 个学术专辑分类列编，其中：第一辑《西北稀见方志文献》，主要收录 1949 年以前西北各地修编的通志、县志、厅志、县丞志等 109 种，集中反映了西北历代方志之精华。第二辑《西北稀见丛书文献》，收入清代至民国年间西北地区有代表性的 4 部稀见丛书，集中了周至秦至民国西北地区的大批重要著作，共 184 种，组编为 12 册。《西北稀见丛书文献》专辑，内容丰富，编研精细，具有突出的地方特色和很高的学术价值。第三辑《西北史地文献》，主要收入西北地区的历史、地理、人物、年谱、家谱、古西行记和西夏史籍等，共百余种，组编为 41 册，其中有一批珍贵的稿抄本是研究中国西北问题不可多得的资料。第四辑《西北民俗文献》，收录了一批反映中国西北民俗的重要历史文献，如风土记、见闻录、礼俗志、采访记、游记随笔等，共 52 种，组编为 26 册。其中有一部分是首次刊印的稿本。这批珍贵的历史文献，是研究明代哈密问题的珍贵史料。

明朝时期与西域的往来交流十分频繁，其中陈诚曾三次出使西域。第一次是明永乐十一年（1413 年），八月初一日陈诚受命出使西域，九月正式出发，并于永乐十三年（1415 年）十月返京。首次出使西域，陈

---

[1] 羽田明等编著《明代西域史料〈明实录〉抄》，京都大学文学部内陆アジア言语の研究所，1974。

[2] 曾问吾：《中国经营西域史》，商务印书馆，1936。

[3] 冯家昇、程溯洛、穆广文编著《维吾尔族史料简编（上册）》，民族出版社，1981。

[4] 甘肃省图书馆：《西北民族宗教史料文摘（新疆分册）》，甘肃省图书馆，1985。

[5] 苏北海、黄建华：《哈密、吐鲁番维吾尔王历史》，库尔班·图兰、艾尔肯·艾尔西丁维译，新疆人民出版社，2001。

[6] 米儿咱·马黑麻·海答儿：《中亚蒙兀儿史——拉失德史》（第一编、第二编），新疆社会科学院民族研究所译，王治来校注，新疆人民出版社，1983。

诚一行便受到了西域诸地的热情款待。陈诚第二次出使西域是在永乐十四年(1416 年)六月,距离第一次返京的时间一年都不到,这一次的主要目的是护送西域朝贡使臣还故国,并对一些城国进行回访。陈诚第三次出使西域的时间是永乐十八年(1420 年)六月,陈诚奉命与中官郭敬等人一起出使哈烈诸国。陈诚在出使西域的过程中,将沿途所见所闻都记载下来,并编成《西域行程记　西域番国志》[①]等书,这是后世研究明代对外交流的重要资料。

洪武十一年(1378 年),在高僧觉原慧昙未能完成西行的情况下,宗泐两度应命出使西域,涉流沙,度葱岭,遍游西天,通诚佛域,经时五年,往返十有四万余程,一路备历艰辛险阻。所著有《全室外集》九卷,《续集》一卷,《四库全书》收录。钱谦益认为,《全室外集》中以钦和御制诗为首。此外,《千顷堂书目》尚载其有《西游集》一卷,盖奉使求经时道路往还所作,见闻既异,其记载必有可观。

明代行人司行人严从简的《殊域周咨录》[②]、陕西监察御史张雨的《边政考》[③]、兵部尚书马文升的《兴复哈密国王记》[④]、巡抚甘肃左佥都御史许进的《平番始末》[⑤]都是对《明实录》极好的补充。相关内容主要集中于弘治至嘉靖初年吐鲁番占领哈密及明朝对哈密卫的恢复与放弃。《高昌馆课》是明朝翻译回鹘文的教材,为汉文与回鹘文对照,其中部分记载可以与《明实录》相印证,并可还原吐鲁番、哈密地区的人名、地名。胡振华、黄润华两位先生对《高昌馆课》进行了拉丁文字母译注。[⑥] 该文献在国外有"东洋文库本《高昌馆来文》",国内有书目文献出版社的《北京图书馆吉籍珍本丛刊》第 6 册,收录了据明钞本影印的《高昌馆课》。

---

①陈诚:《西域行程记　西域番国志》,周连宽校注,中华书局,2000。

②严从简:《殊域周咨录》,余思黎点校,中华书局,1993。

③张雨:《边政考》,载王有立主编《中华文史丛书》之十四,华文书局。

④马文升:《兴复哈密国王记》,载邓士龙辑《国朝典故》,许大龄、王天有主点校,北京大学出版社,1993。

⑤许进:《平番始末》,中华书局,1991。

⑥胡振华、黄润华:《明代文献〈高昌馆课〉(拉丁文字母译注)》,新疆人民出版社,1981。

火者·盖耶速丁的《沙哈鲁遣使中国记》①与陈诚的《西域行程记西域番国志》是两部帖木儿王朝与明朝互相出使的使臣行记。这两部文献对于了解吐鲁番、哈密地区的文化、风物有着非常直观的作用。尤其是前者，比较详细地记载了中国境内的行程与时间，对于了解吐鲁番朝贡的路线与行进速度具有极高的参考价值。

作为丝绸之路交通中连接中原与西域的重要节点，哈密之经营自古不绝。然而明朝哈密之经营历经三立三绝，最终不得不放弃哈密，终止了对西域的经营，个中缘由，后世史学界亦进行了不断反思。因此今天于此再次提出这个话题，仍然具有一定的历史意义。本书的研究内容主要集中于哈密卫的建置、沿革及废立，民族结构与民族迁徙，宗教文化与民族变迁，明朝哈密卫与西北边防，以及哈密地望变迁与人物等部分，通过明代哈密卫的研究，分析明代边疆政治经营的得失，总结其与中原的政治、经济、文化的关系。

历史学研究方法：文献资料搜集法，搜集散失于民族地区以及现存于史籍中的文献资料、实物资料、口碑资料等；史料考证法，对搜集到的资料考证辨伪，挖掘其中有价值的资料；史实考证法，对于流传于民族地区的口碑资料进行考证挖掘，以补正史，以备开发。

社会学研究方法：资料分析法，应用统计分析、模型分析对搜集到的资料进行定量分析，应用比较法、类型法对资料进行定性分析。

民族学研究方法：民族学实地调查、谱系调查、跨文化研究等方法。

---

①火者·盖耶速丁：《沙哈鲁遣使中国记》，何高济译，中华书局，1981。

第一章　明代以前哈密的历史沿革

哈密，又可以音译为哈梅里，即现今新疆维吾尔自治区的哈密地区。这一地区古称西漠、西膜、古戎地、昆莫，“秦汉之际，戎居之”。西汉称其为伊吾卢，东汉称为伊吾，唐代称为西伊州、伊州，元代称为哈密力，明代以后称为哈密。它位于新疆塔里木盆地的东北，天山山脉的东端，南距玉门关 800 里，东距阳关 2730 里①，曾经是蒙元时察合台汗国的封国之一。新中国成立后考古工作者在这一带的三道岭、七角井等地考古发现大量磨制石器，表明早在距今 7000 年前的原始社会新石器时代，哈密人的祖先就已经在这里生活了。从公元前 20 世纪开始，先后有多个民族生活在哈密这块绿洲上。

自古以来，哈密不仅是中原地区与中亚、西亚诸地区进行政治、经济和文化交流的枢纽，而且是北方草原地区的游牧民族进入中原地区的重要门户和必经之地。它横亘在东西交通要道上，地理位置非常重要，具有十分重要的战略地位。因此，哈密一向是周边政权、民族激烈争夺控制的重要地区，历代中央王朝欲经营西域，也无不以控制哈密为首务。今以时间为序，简要梳理一下明代以前哈密的历史沿革。

① 刘昫等:《旧唐书》卷 40《地理三·陇右道》，中华书局，1975，第 1643 页。

第一节　两汉时期的哈密

哈密地处要冲，地理位置很重要，历史亦非常悠久。据《哈密志》卷3《舆地志一・沿革》记载，哈密即古匈奴管辖之地伊吾卢。伊吾卢为古地名，后来亦称为伊吾。它位于敦煌以北的戈壁滩“大碛”之外，“自昔为域外地，不在九州之限”。哈密是“西域诸胡”往来入贡的要路，“盖其地高腴，宜五谷、桑麻、蒲桃，故汉数与匈奴争车师、伊吾，以制西域焉”。①

西汉初期，西北边境不断受到北方古老民族匈奴的骚扰劫掠，在与匈奴的斗争中，因其国力虚弱，西汉王朝经常失利，处境非常被动。汉高祖七年（前200年），西汉开国皇帝刘邦甚至被匈奴40万大军围困于白登山长达7天7夜，险些成为俘虏，形势危急万分。多亏用陈平之计贿赂匈奴冒顿单于的瘀氏（妻妾），她接受了西汉的重贿之后向单于求情，方解白登之围，刘邦得以平安脱身，有惊无险。在与匈奴斗争的过程中，西汉王朝非常被动，被迫屈辱地与匈奴“和亲”，以缓解其对边境频繁的劫掠骚扰，但这样并不能从根本上解决问题。为尽快提升国家实力，西汉初期的统治者努力发展生产，增殖人口，与民休息。经过长期的休养生息，在汉文帝与汉景帝时期，西汉王朝逐渐出现社会安定、经济发展的繁盛局面，史称“文景之治”。尽管如此，西汉王朝的国力还不足以与匈奴决一雌雄，故而仍然对匈奴采取守势。同时，西汉王朝在长城以北屯垦戍边，移民开垦了大片田地来努力发展农业，为反击匈奴创造条件。

经过长期的休养生息，到汉武帝时，西汉王朝日趋强盛，府库充盈，人口大增，国力大幅提升。对于此时西汉的富庶强盛，《史记》卷30《平准书第八》记载道：“至今上即位数岁，汉兴七十余年之间，国家无事，非遇水旱之灾，民则人给家足，都鄙廪庾皆满，而府库余货财。京师之钱

① 钟方：《哈密志》卷3《舆地志一・沿革》，民国二十六年（1937年）铅印本。

累巨万，贯朽而不可校。太仓之粟陈陈相因，充溢露积于外，至腐败不可食。众庶街巷有马，阡陌之间成群，而乘字牝者傧而不得聚会。守闾阎者食粱肉，为吏者长子孙。”①

此时的西汉社会安定，家给人足，国富民强。随着国力的明显增强，西汉大规模反击匈奴的条件已经成熟，于是汉武帝多次派大军积极地进攻匈奴，西汉王朝在与匈奴的斗争中逐渐占据了主动。据《汉书》卷6《武帝纪六》记载，元狩二年（前121年）秋天，匈奴单于对游牧在河西地区的昆邪王和休屠王为汉军击败极为不满，将召而诛之。二王非常惊恐，情急之下遂与西汉官员暗中接洽，谋划降于西汉的具体事宜。孰料中途休屠王反悔，万般无奈之下，昆邪王被迫断然将他杀死，吞并其众后率领4万多人归降汉朝，西汉也派出大军前往接应。顺利归降后，西汉王朝封昆邪王为列侯，安置其部众4万余人于陇西、北地、上郡、朔方和云中等地，这些地方被称为五属国，并且在其地设置武威郡和酒泉郡。元鼎六年（前111年），汉武帝又派遣浮沮将军公孙贺率领大军出九原，匈河将军赵破奴率领大军出令居，一起夹击匈奴。他们进军深入2000余里，不见虏而还。② 于是分武威郡、酒泉郡二郡之地，另外设置张掖郡和敦煌郡，徙民以实之。武威郡、酒泉郡、张掖郡和敦煌郡并称河西四郡，四郡即现在的甘肃省武威、酒泉、张掖、敦煌四市，管辖河西走廊至玉门关一带，以断匈奴右臂。③ 汉武帝开设河西四郡后，虽然曾经派霍去病统率大军在这一带大败匈奴，但是并没有在这里乘胜建城驻兵。汉军撤退之后的这一带仍然又被匈奴占据。汉宣帝神爵二年（前60年），西汉设西域都护府，伊吾卢即哈密归西域都护府管辖。

东汉时，哈密由伊吾卢开始称为伊吾。东汉初期，经过长期战乱后的新政权百废待举，国力虚弱，也被迫对匈奴暂时采取守势。同时，东汉王朝大力推行休养生息的政策，积极发展经济，增殖人口，积蓄国力，待机反击匈奴。汉明帝永平初年，“北虏乃胁诸国共寇河西郡县，城门

---

①司马迁：《史记》卷30《平准书第八》，中华书局，1959，第1420页。

②班固：《汉书》卷6《武帝纪第六》，中华书局，1962，第176—189页。

③方孔炤：《全边略记》卷5《甘肃略》，明崇祯年间刻本。

昼闭”①,严重威胁东汉王朝在这一带的统治。而经过长期的休养生息,天下安定,百姓乐业,东汉王朝的国力已经大为增强,于是汉明帝“欲遵武帝故事,击匈奴,通西域”②。因为窦固曾随父亲窦融长期经营河西,非常通晓边事,永平十五年(72 年)冬,汉明帝遂任命他为奉车都尉,以骑都尉耿忠为副手,又任命谒者仆射耿秉为驸马都尉,秦彭为副手,皆配置从事、司马,让他们一起出屯凉州。永平十六年(73 年),汉明帝命令窦固、耿忠等分兵 4 路征伐北匈奴。于是窦固与耿忠率领酒泉、敦煌、张掖的甲卒及卢水羌胡 12000 骑出酒泉塞,耿秉、秦彭率领武威、陇西、天水所募士卒及羌胡 10000 骑出居延塞,太仆祭肜、度辽将军吴棠率领河东、北地、西河羌胡及南单于兵 11000 骑出高阙塞,骑都尉来苗和护乌桓校尉文穆率领太原、雁门、代郡、上谷、渔阳、右北平、定襄郡兵,以及乌桓、鲜卑 11000 骑出平城塞。窦固和耿忠进军至“天山”即祁连山(唐代时西州交河县东北的祁县罗漫山)击败匈奴呼衍王,斩首 1000 余级。呼衍王仓皇逃走,汉军一直追击至蒲类海(唐代称婆悉海,在庭州蒲昌县东南,即今新疆巴里坤湖)方停止进军,并且留下吏卒屯伊吾卢城,设置宜禾都尉以屯田,遂通西域。“于阗诸国皆遣子入侍。西域自绝六十五载,乃复通焉。”③耿秉、秦彭率领汉军深入沙漠 600 余里,至三木楼山(匈奴中山名)。来苗、文穆 2 人率领大军到达匈奴河水上,匈奴人皆惊恐奔走,一无所获。而祭肜、吴棠因为没有按原计划到达涿邪山,被贬谪为庶人。当时诸将唯有窦固战功卓著,遂蒙“加位特进”④。永平十七年(74 年),汉明帝又派遣窦固统率大军出玉门关进击西域,并下诏令耿秉和骑都尉刘张皆受窦固节制。窦固遂攻破白山,降服车师,名震边陲。他在边境经略数年,羌胡对其非常折服。此时,东汉开始在西域设置都护和戊己校尉。汉明帝死后,焉耆、龟兹攻没汉西域都护陈睦,悉覆其众,匈奴、车师又围攻戊己校尉。⑤ 据《汉书》卷 19 上《百官公卿表第七上》和《后汉书》卷 88《西域传第七十八》记载,戊己

①范晔:《后汉书》卷 88《西域传第七十八》,中华书局,1965,第 2909 页。

②范晔:《后汉书》卷 23《窦融列传第十三》,第 810 页。

③范晔:《后汉书》卷 88《西域传第七十八》,第 2909 页。

④范晔:《后汉书》卷 23《窦融列传第十三》,第 810 页。

⑤范晔:《后汉书》卷 88《西域传第七十八》,第 2909 页。

校尉，西汉初元元年（前 48 年）开始设置，掌管屯川事务，治所在车师的交河城，隶属西域都护，单独设府，有丞、司马、候等属官。所领吏士亦任征伐，秩比六百石。新莽至东汉初，戊己校尉或置或省。东汉永平十七年（74 年），又设置戊己校尉，由二名官员分任。一为戊校尉耿恭，屯驻车师后王部余蒲城；一为己校尉谒者关宠，屯驻车师前王部柳中城，戊校尉和己校尉的驻地相距 1000 余里。后来，二者或置或罢。永初元年（107 年）省西域都护后，戊己校尉经常与西域长史共同管理西域事务。①

汉章帝建初元年（76 年）春天，酒泉太守段彭大破车师于交河城。汉章帝不欲“疲敝中国以事夷狄”②，乃迎还戊己校尉，不再派遣都护。第二年，又诏罢屯田伊吾，于是匈奴复派兵守伊吾地。当时军司马班超留于阗“绥集诸国”③。汉和帝永元元年（89 年），大将军窦宪大破匈奴。永元二年（90 年），窦宪遂派遣副校尉阎盘率 2000 余骑掩击伊吾，大获全胜。永元三年（91 年），班超安定西域后，东汉遂任命他为西域都护，驻扎于龟兹，复设置戊己校尉，领兵 500 人居于东师前部的高昌壁。又设置戊部候居于车师后部的候城，二者相距 500 里。永元六年（94 年），班超又击破焉耆，于是西域 50 余国悉纳质内属，“其条支、安息诸国至于海濒四万里外，皆重译贡献”④。汉安帝永初元年（107 年），西域发生叛乱，都护任尚、段禧等人遭到叛军频繁攻击。东汉朝廷因其险远，难以及时救援，于是下诏罢除西域都护，放弃西域。北匈奴遂收属诸国，10 余年间不时攻掠东汉边境，敦煌太守曹宗甚苦其害。元初六年（119 年），汉安帝派行长史索班率 1000 余人屯伊吾，以招抚西域诸国，车师前国王及鄯善王遂来归降。数月之后，北匈奴率车师攻没索班等人。汉安帝延光二年（123 年），东汉以班超之子班勇为西域长史，前往平定西域。于是龟兹、沙车等 17 国皆表示臣服，东汉又设置伊吾司

---

①班固：《汉书》卷 19 上《百官公卿表第七上》，第 738 页；范晔：《后汉书》卷 88《西域传第七十八》，第 2909—2910 页。

②范晔：《后汉书》卷 88《西域传第七十八》，第 2909—2910 页。

③范晔：《后汉书》卷 88《西域传第七十八》，第 2910 页。

④范晔：《后汉书》卷 88《西域传第七十八》，第 2910 页。

马一人来统御西域诸国。[①]

第二节　三国至元代的哈密

三国时期，魏国在哈密仍然设置宜禾都尉对这一带进行治理。魏晋时期，在东晋成帝咸和二年（327 年），位于河西的前凉国张骏攻取伊吾后，把伊吾划属敦煌郡管辖治理，其建置相当于县。张骏委派参军索孚为伊吾都尉对当地进行治理，这被视为哈密设置郡县的开始。

南北朝时，西凉灭亡之后，唐契、唐和兄弟二人和外甥李宝率领余部，历尽千辛万苦从武威（凉州）逃到伊吾，依附于控制这一地区的柔然汗国，他们拥有部众 2000 余家，唐契被柔然汗国任命为伊吾王，统治这一带。

南北朝时期，政权更迭频繁，社会动荡不安，各政权的疆域盈缩不定，伊吾即哈密的归属也时有变更。北魏初期，柔然汗国在西域的统治区域扩大，南面控制了伊吾、高昌、焉耆、龟兹、姑墨等地。北魏文成帝太安二年（456 年），敦煌镇将尉眷曾经率兵一度攻占伊吾。随着北魏势力的进一步扩大，柔然汗国瓦解。魏孝文帝太和十三年（489 年），"蠕蠕（柔然的别称——引者）伊吾戍主高羔子率众三千，以城内附"北魏[②]，北魏遂在这里设置伊吾郡。所谓伊吾，"后魏、后周，鄯善戎居之"[③]。

隋初，隋文帝杨坚派元晖出使伊吾，联络西突厥达头可汗。后来达头可汗的使者和达头可汗本人都先后经伊吾到隋朝朝觐，受到隋文帝的特殊礼遇。在征吐谷浑后岁余的隋大业四年（608 年），隋炀帝杨广派裴炬和薛世雄进攻伊吾。面对隋朝大军压境，伊吾被迫请降。之后，

①范晔：《后汉书》卷 88《西域传第七十八》，第 2911—2912 页。

②（北齐）魏收：《魏书》卷 7 下《高祖记第七下》，第 165 页。

③刘昫等：《旧唐书》卷 40《地理三 · 陇右道》，第 1643 页。

隋军在汉代所设伊吾城东面又建筑了一座新城，称为新伊吾城（今哈密回城）。① 大业六年（610 年），隋朝又在这里设立了伊吾郡，并在伊吾城东北设立柔远镇（即今沁城）。隋末，这一带再次“为戎所据”②，属西突厥所有。

唐代，随着社会经济的恢复和发展，唐王朝的国力增强，逐渐强盛起来，影响力也日益增加。贞观四年（630 年），唐太宗派西北道安抚大使李大亮运送粮食，对伊吾地区的杂胡进行招抚，于是伊吾城主以伊吾等 7 城“内附”，归顺唐朝，唐王朝遂在此地设立西伊州，它下辖伊吾（今哈密）、柔远（取县东柔远故城为名，今沁城）、纳职（本为鄯善胡所筑之城，今四堡）3 县。西伊州的治所设在伊吾，此州成为唐朝在新疆境内设置的 3 个州之一。伊州原属陇右道管辖，后来又划归河西道管辖。唐玄宗开元年间（713—741 年），唐朝又设立伊吾军（郡），驻扎士兵 3000 人，配备战马 300 匹，驻地在伊州西北的甘露川（今巴里坤大河），隶属于北庭都护府。③ 唐玄宗天宝元年（742 年），伊州改称伊吾郡，属陇右道管辖。天宝三年（744 年），东部回鹘崛起，蒲类为其领土。伊州旧领 3 县，有 1332 户 6778 人。天宝时，它领 2 县，有 2467 户 10157 人。它位于京师长安西北 4416 里，距东都洛阳 5330 里。④ 唐肃宗乾元元年（758 年），伊吾郡又改称伊州。⑤ 自唐代宗广德二年（764 年）以后，伊吾被吐蕃占领，这种状况一直沿续了 90 年左右。至唐宣宗大中五年（851 年），张议潮以瓜、沙、伊、肃州等 11 州归附唐朝，而唐宣宗、懿宗德微才寡，不暇经营边疆，唯名存有司而已。⑥

五代十国时期，伊州在高昌回鹘的势力范围之内，号称胡卢碛。小月氏的遗民仲云曾经居住于此，其牙帐设在胡卢碛（今新疆若羌县东

---

①魏征等：《隋书》卷 65《列传第三十・薛世雄》，中华书局，1973，第 1534 页。

②刘昫等：《旧唐书》卷 40《地理三・陇右道》，第 1643 页。

③刘昫等：《旧唐书》卷 40《地理三・陇右道》，第 1646 页。按：《新唐书》记载为景龙四年（710 年），唐政府设伊吾郡。参见欧阳修、宋祁：《新唐书》卷 40《地理四》，中华书局，1975，第 1046 页。

④刘昫等：《旧唐书》卷 40《地理三・陇右道》，第 1643 页。

⑤刘昫等：《旧唐书》卷 40《地理三・陇右道》，第 1643 页。

⑥欧阳修、宋祁：《新唐书》卷 40《地理四》，第 1040 页。

北)。① 北宋时,伊州亦在高昌回纥的势力范围之内。据《宋史》卷 490《外国六·高昌》记载,太平兴国六年(981 年)五月,北宋太宗派遣供奉官王延德、殿前承旨白勋等人出使高昌。雍熙元年(984 年)四月,王延德、白勋等人返程,记叙他们此次的行程见闻时,尚称其地为伊州,州将陈氏自称从唐玄宗开元二年(714 年)以来,世代镇守这一带,并对其物产进行了介绍:"……次历小石州。次历伊州,州将陈氏,其先自唐开元二年领州,凡数十世,唐时诏敕尚在。地有野蚕生苦参上,可为绵帛。有羊,尾大而不能走,尾重者三斤,小者一斤,肉如熊白而甚美。又有砺石,剖之得宾铁,谓之吃铁石。又生胡桐树,经雨即生胡桐律……"②

宋徽宗宣和六年(1124 年),伊州、蒲类归属西迁后的辽朝即西辽。

13 世纪初,蒙古人崛起于漠北。南宋宁宗开禧二年(1206 年),孛儿只斤·铁木真(成吉思汗)为蒙古大汗。3 年以后的西辽末主天禧三十二年(1209 年),西州回鹘亦都护(国主称号)巴而术阿而忒的斤杀掉西辽派来监国的契丹人沙均,率众归附蒙古。哈密归附蒙古后,成吉思汗派达鲁花赤对这一带进行统治,但是它并没有并入高昌成为畏兀儿的一部分,而是成为和高昌并存的一个地方性政权。

为抵御海都、笃哇等西北诸王,忽必烈在西北畏兀儿地区设行中书省和行枢密院。畏兀儿地区以西,忽必烈命察合台后王阿只吉和出伯镇守。③ 在海都和笃哇发动叛乱时,哈密成为元朝中央与西北诸王作战的战场。火州失陷后,亦都护徙居哈密。元世祖至元二十年(1283 年),笃哇进兵哈密,亦都护火赤哈儿战死。从此,亦都护的领地落入察合台汗国之手。南宋理宗淳祐十一年(1251 年),蒙古宪宗在西州回鹘设置别失八里行省,伊州改称哈密力。

至元十六年(1279 年),元世祖忽必烈灭掉南宋,定都大都(今北京),任命察合台的曾孙阿只吉镇守别失八里,兼辖天山南路畏吾儿哈喇火者(高昌)以及哈密力等处屯戍、军事。至元十八年(1281 年),元朝设置甘

①欧阳修:《新五代史》卷 74《四夷附录第三·于阗》,第 916 页。

②脱脱等:《宋史》卷 490《外国六·高昌》,中华书局,1977,第 14110—14111 页。

③周清澍:《元朝的西北部各族》,载《元蒙史札》,内蒙古大学出版社,2001,第 372—373 页。

肃行省，哈密力隶属甘肃行省管辖。元中期以后，豳王、肃王、威武西宁王诸王逐渐控制了肃州以西至哈密一带。元成宗大德八年（1304 年）十二月，出伯受封为威武西宁王，并且于大德十一年（1307 年）进封为豳王。元仁宗延祐六年（1319 年），元廷敕命哈密力人和畏吾儿人（高昌人）"自相讼"，可以由自己的头目处理。如果和其他百姓争论，则由自己的头目和地方官吏共同审讯。延祐七年（1320 年），喃忽里袭封为威武西宁王，其领地大致在沙州一带。元文宗天历二年（1329 年）八月"戊申，封诸王宽彻为肃王"①。宽彻是察合台系宗王出伯兄长合班之子，出伯之侄，驻扎于哈密，其领地也应当在这一带。② 兀纳失里继承了该兀鲁思的肃王王号，移住哈密，与宽彻一系合并。肃王宽彻之后，其王系由"亦令只失加普宁肃王位下""怯乩肃王位下"等宽彻的后人继任。③ 据穆斯林史料《贵显世系》谱系和《元太宗实录》，宽彻系的肃王王号，后来由威武西宁王出伯系的亦里黑赤的嫡孙兀（忽）纳失里、安克帖木儿继承。元末，察合台的后裔兀纳失里占据哈密，称为威武王。元朝灭亡后，兀纳失里割据自立，自称哈密国王。据《明史》卷 329 记载："元末以威武王纳忽里镇之，寻改为肃王。卒，弟安克帖木儿嗣。洪武中，太祖既定畏兀儿地，置安定等卫，渐逼哈密。安克帖木儿惧，将纳款。"④这表明安克帖木儿为故元最后一位肃王。

---

①宋濂等：《元史》卷 33《文宗二》，中华书局，1976，第 739 页。

②胡小鹏：《元代西北历史与民族研究》，甘肃文化出版社，1999，第 47—49 页。陈高华：《黑城元代站赤登记簿初探》，《中国社会科学院研究生院学报》2002 年第 5 期。

③陈高华：《黑城元代站赤登记簿初探》，《中国社会科学院研究生院学报》2002 年第 5 期。

④张廷玉等：《明史》卷 329《西域一・哈密卫》，第 8511 页。

第二章　明代哈密卫的边疆政治

哈密位于古丝绸之路和东西方交通要道上，自古以来，西域各部落政权同中原王朝在这条路线上频繁地进行朝贡、回赐、贸易等各方面的联系，因此，这条道路向来有“金路”之称。明代哈密东邻明朝的嘉峪关，西接东察合台汗国，北部毗邻蒙古瓦剌部，是东西方各民族进行政治、经济、文化交流的枢纽。诚如明人严从简的《殊域周咨录》卷12《西戎·哈密》记载：“哈密本古伊吾卢地，在汉墩煌郡北，大碛之外，去今肃州一千五百里，为西北诸胡要路。”①

可以说，哈密处于西北要冲，明朝控制这一地区，就可以既掌握西域各族的入贡贸易之路，又可以作为西北边境尤其是甘肃的屏障。因此，为构筑西北屏障，保护明朝和西域的经济贸易道路畅通，建立与西北各方势力的联系并对其施加影响，明朝在统一中原之后，便开始向西北拓展势力，着手对以哈密为中心的西北地区进行经营。而哈密是明朝西北边防体系中不可或缺的重要一环，是明朝经营的重点。明朝初年，为加强对西北地区的控制，明廷以察合台后裔为忠顺王来统治哈密地区，并在这一带设立军政合一的地方权力机构哈密卫。由于其地理位置的特殊性，哈密卫在明代西北政治、军事、经济等方面产生了巨大的影响，发挥着极其重要的作用。

---

①严从简：《殊域周咨录》卷12《西戎·哈密》，第412页。

第一节　洪武时期明朝对哈密的征与抚

元末明初，西域的形势很复杂，群雄角逐，大小政权林立，“地大者称国，小者止称地面”①。其中，地处新疆东部塔里木盆地的哈密就是较为强大的一个。此时，哈密西邻吐鲁番，北邻蒙古，东邻明廷。对明朝而言，哈密不仅是明朝与中亚诸族诸国联系的必经之路，而且是防御蒙古（主要是瓦剌）和东察合台汗国（主要是吐鲁番）扩张的重要屏障。对蒙古而言，哈密是当时瓦剌与明朝进行经济贸易的主要通道之一。对于东察合台汗国特别是吐鲁番而言，无论利用丝绸之路进行贸易，还是向东扩张，都必须通过哈密。因此，哈密无论在政治上、经济上，还是在军事上，都是一个战略要地，从而成为明朝、蒙古、吐鲁番三方势力激烈争夺、竭力控制的主要对象。

洪武元年（1368年）明朝建立后，明太祖立即命令徐达统率明军挥师北上，迅速平定中原，攻取大都，元顺帝仓皇逃回漠北草原。至此，元朝在全国的统治结束。而故元残余势力并不甘心就此退出历史舞台，不断从北方和西北袭扰明朝的边境地区。因此，明太祖在取得北伐胜利之后，立即乘胜继续追歼故元残余势力，不给其喘息之机，以防其死灰复燃。同时，明太祖认为惟西北胡戎世为中国患，不可不谨备之耳。② 而陕西地域辽阔，内连八郡，外控三边，为根本机要重地，必须牢牢控制，不能有任何闪失。③ 因此，在洪武二年（1369年）明军平定关中陕西以后，明太祖立即效法西汉武帝“创河西四郡隔绝羌、胡之意，建重镇于甘肃，以北拒蒙古，南捍诸番，俾不得相合”④，废州立县，编民为兵，建立军事卫所，在关陇、河西地区陆续设置了巩昌、平凉、兰州、庆

①张廷玉等：《明史》卷332《西域四·俺的干》，第8616页。

②《明太祖实录》卷68，洪武四年（1371年）九月辛未条，中央研究院历史语言研究所，1962。

③杨一清：《关中奏议》卷6《为考选军政官员事》，明嘉靖二十九年（1550年）刻本。

④张廷玉等：《明史》卷330《西域二·西番诸卫》，第8549页。

阳、河州(在洪武十年即1379年,明廷分河州卫为左、右二卫)、甘肃、庄浪等卫。从洪武六年(1373年)起,明朝又先后设立了西宁、凉州、岷州等卫。洪武七年(1374年)七月,明朝在河州设立西安行都卫,管辖河州、朵甘卫及乌斯藏卫。洪武八年(1375年),西安行都卫更名为陕西行都司。通过采取这一系列举措,明朝加强了对西北边疆的管理。

为了消除北元势力的军事威胁,洪武五年(1372年),明军进攻河西地区,最后击败河西的北元军队,进入瓜州和沙州。经过几次大规模的作战,明军基本控制了关陇、河西地区,逼进哈密。据《明史》卷329记载:"太祖既定畏兀儿地,置安定等卫,渐逼哈密。安克帖木儿惧,将纳款。"①在明朝建立后,经略哈密是明太祖统一全国战略的一个重要组成部分。

尽管此时元朝在全国的统治早已经结束,但北元仍然拥有"引弓之士不下百万众",其势力不容小觑,所谓"元亡而实未始亡耳"。② 有鉴于此,加之明初百废待兴,国力不强,明太祖遂诫谕明军不可贸然轻率进军。对于这件事,明人黄光升的《昭代典则》卷7《太祖高皇帝》记载其言说:"御边之道,固当示以威武,尤必守以持重。来则御之,去则勿追,斯为上策。若专务穷兵,朕所不取,卿等慎之。"③

明太祖主张在西北地区采取稳扎稳打、注重防御的边防政策,着手大力巩固新占领区。他很清楚哈密作为"西域之襟喉,以迫诸番之朝贡"④和西北尤其是甘肃屏障的重要性,于是决定进军西域。

洪武十三年(1380年),明朝第一次用兵西域。此年四月,甘肃"都督濮英练兵西凉,请出师略地,开哈梅里之路以通商旅"⑤。明太祖批准其所请,并且授以见机行事的特权,赐予其玺书曰:"略地之请,听尔

---

①张廷玉等:《明史》卷329《西域一·哈密卫》,第8511页。

②谷应泰编《明史纪事本末(二)》卷10《故元遗兵》,载王云五主编《丛书集成初编》,商务印书馆,1937,第36页。

③黄光升:《昭代典则》卷7《太祖高皇帝》,颜章炮点校,商务印书馆,2017,第239页。

④黄道周注断《广名将传》卷19《马文升》,孟冰点校,书目文献出版社,1986,第331页。

⑤张廷玉等:《明史》卷330《西域二·哈梅里》,第8567页。

便宜。然将以谋为本，尔慎毋忽。”①濮英遂进兵西征哈密，向西拓展土地。他发动突然袭击，俘虏了故元柳城王等 22 人，部民 1300 余人，缴获 2000 余匹良马以及大量符印，并且派遣专使“以所获符印来上”。②此年五月，濮英进兵至白城，俘获故元平章忽都帖木儿；进兵至赤斤站之地，俘获故元豳王亦怜真及其部属 1400 人，缴获金印 1 颗。③ 七月，濮英进兵至苦峪，俘获故元省哥失里王、阿者失里王的母亲、妻子及其他家属，斩杀其部下阿哈撒答等 80 余人，之后还兵肃州。④ 明朝这次进兵西域，没有到达哈密就返回了。虽然这次进军并未至哈密，却使明军的声威远播，震动了西域诸族诸国，大明王朝业已成为西域诸族诸国首领向中原寻求联系的首要对象。

濮英进军西域，沉重打击了盘踞在嘉峪关内外的故元残余势力，但并没有稳固已获成果。明军撤兵后，这些地区“复为蒙古部人所据”。尽管如此，这次用兵西域却对哈密产生了极大的震慑作用，哈密肃王“兀纳失里惧，遣使纳款”。洪武十四年（1381 年）五月，他派遣回回阿老丁来明朝进贡良马。明太祖“诏赐文绮，遣往畏吾儿之地，招谕诸番”。⑤

洪武二十一年（1388 年），北元可汗脱古思帖木儿被也速迭木儿用弓弦缢杀之后⑥，明朝将哈密王兀纳失里视为故元的一大残余势力，开始进行招抚。洪武二十二年（1389 年），明朝又着手再次经营西域，这次采用攻抚并用、恩威兼施的策略，兵锋直指哈密。十二月，明太祖鉴于故元兀纳失里大王居于和林之西，命来降的太子八郎、镇抚浑都帖木儿前往进行招谕。⑦ 对于明朝的招谕，兀纳失里做出了积极反应。洪武二十三年（1390 年）五月，“哈梅里王兀纳失里遣长史阿思兰沙、马黑

---

①张廷玉等：《明史》卷 330《西域二·哈梅里》，第 8567 页。

②《明太祖实录》卷 131，洪武十三年（1380 年）四月甲申条。

③《明太祖实录》卷 131，洪武十三年（1380 年）五月壬寅条。

④《明太祖实录》卷 132，洪武十三年（1380 年）七月甲辰条。

⑤张廷玉等：《明史》卷 330《西域二·哈梅里》，第 8567 页。

⑥《明太祖实录》卷 194，洪武二十一年（1388 年）十月丙午条。

⑦《明太祖实录》卷 198，洪武二十二年（1389 年）十二月甲子条。

木沙来贡马”①。九月，明太祖闻听兀纳失里与其他部落互相仇杀，诫谕甘肃都督宋晟等严兵以待，“训练凉州、甘肃等处兵马备之”。② 洪武二十四年(1391 年)，哈密肃王兀纳失里又派遣使者请求在延安、绥德、平凉、宁夏等地以马互市，意在向明朝明确双方的势力范围，同时也是为了借此机会刺探情报，侦察明朝的虚实。明太祖对此看得一清二楚，一针见血地指出：“番人黠而多诈。互市之求，安知非觇我。中国利其马而不虞其害，所丧必多。宜勿听。自今至者，悉送京师。”③遂断然拒绝其要求。以马互市遭到拒绝后，兀纳失里恼羞成怒，转而与明朝为敌。当时“西域回纥来贡者，多为哈梅里所遏。有从他道来者，又遣兵邀杀之”④，其势力扩展到了甘肃、河西边外，大有与明朝分庭抗礼之势。这不仅严重阻碍了明朝与西域诸族诸国的联系，而且对明朝西北边境的安全形成了严重威胁。哈密这种敌对行为彻底激怒了明太祖，洪武二十四年(1391 年)八月，他命令左军都督佥事刘真和甘肃都督宋晟督兵大举讨伐。刘真等统率大军从凉州西出哈梅里即哈密之境，在夜幕掩护下直抵哈梅里城下，从四面将此城团团包围。哈密知院岳山闻知大惊，急忙在夜晚缒城向明军投降。至黎明，哈密肃王兀纳失里驱马 300 余匹突围而出，明军争相抢夺其马，兀纳失里乘混乱之机率家属紧紧跟随在马后遁去。刘真等遂攻破其城，斩杀豳王别儿怯帖木儿、国公省阿朵尔只等 1400 人，俘获王子别列怯部属 1730 人，缴获金印、银印各 1 颗，马 630 匹。⑤ 这次战役明军收获很大，也对哈密产生了极大的震慑作用。洪武二十五年(1392 年)，哈梅里遣使贡马、骡请罪，其兀纳失里王派遣回回哈只阿里等来明朝进贡马 46 匹、骡 16 匹。明太祖收下贡物以后，“诏赐使者白金、文绮有差”。⑥

①《明太祖实录》卷 202，洪武二十三年(1390 年)五月乙未条。

②《明太祖实录》卷 204，洪武二十三年(1390 年)九月戊申条。

③张廷玉等：《明史》卷 330《西域二·哈梅里》，第 8567 页。

④张廷玉等：《明史》卷 330《西域二·哈梅里》，第 8567 页。

⑤《明太祖实录》卷 211，洪武二十四年(1391 年)八月乙亥条。

⑥《明太祖实录》卷 223，洪武二十五年(1392 年)十二月辛未条。

第二节　永乐时期哈密卫的设置

明朝对哈密真正实行有效控制是从永乐时期开始的。“靖难之役”后，燕王朱棣依靠武力登上皇位，是为明成祖。继位后，他立即改变乃父明太祖“严为守备”的消极边防政策，对周边积极拓展，明王朝经略西北边疆进入了一个新阶段。“靖难之役”近3年的争夺皇位战争，极大地消耗了明朝国力，新即位的明成祖也不时遭到建文朝遗民的责难与反对，国内形势不太稳定。在这种情况下，为稳定内部由“靖难”而引起的动荡，明成祖对周边各政权采取恩威并用的方针。据《明太宗实录》卷22记载，为增强西北边疆的边防力量，永乐元年（1403年）六月，明成祖下令“增设庄浪卫通远驿，并通远递运所”，恢复镇番卫，他说“镇番地接胡虏守御，不可废，命兵部亟复之，选边将一人，率庄浪军士戍守”；[①]八月，他又恢复“甘州前、后卫，威虏卫镇夷千户所”[②]。同时，明成祖不断向周边各政权派遣使臣进行招谕，极力进行拢络羁縻。永乐元年（1403年）二月，他派遣使者携勅书前往“迤北”谕鞑靼可汗鬼力赤说：“元运既衰，我皇考太祖皇帝受（缺“命”字——引者）天下，抚有天下。朕，太祖嫡子，奉藩子（当为“于”——引者）燕，恭承天眷，入继大统，嘉兴万邦，同臻安乐。比闻北地推奉可汗正位，特差指挥朵儿只恍惚等赍织金文绮四端往致朕意。今天下大定，薄海内外皆来朝贡，可汗能遣使往来通好，同为一家，使边城万里烽堠无警，彼此熙然，共享太平之福，岂不美哉？”[③]

同时，明成祖还派遣使者勅谕“虏”太师右丞相马儿哈咱，太傅、左丞相也孙台，太保、枢密知院阿鲁台等以遣使往来之意，赐予马儿哈咱

---

①《明太宗实录》卷21，永乐元年（1403年）六月庚申、甲戌条，中央研究院历史语言研究所，1962。

②《明太宗实录》卷22，永乐元年（1403年）八月庚午条。

③《明太宗实录》卷17，永乐元年（1403年）二月丁巳条。

等“文绮各二,及赐朵儿只恍惚等白金、钞币、衣服有差”。[1] 同年四月,明成祖派遣镇抚答哈帖木儿等人赍勅书前往瓦剌谕“虏酋”马哈木、太平、把秃孛罗。[2] 五月,他又派遣河州卫千户康寿“赍敕抚谕撒里、畏兀儿及安定卫诸部落”。[3] 七月,他再次派遣指挥革来等赍勅书谕“虏主”鬼力赤以修好之意,并赠送鬼力赤“文绮彩币表里各二”,赐予所部马儿哈咱也孙台板台、阿鲁台、干里不花、脱脱不花、阿怜帖木儿、脱火赤朵儿、只藏百、哈失帖木儿、失剌千、千家奴、打兰麻罗、呵脱老温等“彩币表里各一”。[4] 十一月,他又勅谕兀良哈部落说:“朕承天眷,君临天下,赏遣使赍诏谕尔。尔等闻命即遣人来朝,其诚可嘉。今仍旧制设泰宁、福余、孕颜三卫,俾尔等统属军民,镇守边境。旧尝授官者,列名以闻,咸复之。若头目人等前未授官,于今当授者,亦第其名来闻。朕即授之,俾世居本土,安其生业。”[5]

明成祖招谕周边诸族诸国的政策,其效果首先见于哈密。此年十一月,明成祖派遣使臣亦卜剌金等赍诏前往哈密抚谕,允许哈密以马与明朝贸易。对此,《明太宗实录》卷 25 永乐元年(1403 年)十一月甲午条记载:“哈密安克帖木儿遣使臣马哈木沙、浑都思等来朝,贡马百九十匹。先是,上遣是(当为‘使’——引者)臣亦卜剌金等赍诏往哈密抚谕,且许其以马入中国市易。至是来朝贡马,其市易马四千七百四十匹。上命悉官偿其值,选良者十匹入御马监,余以给守边骑士。”[6]

明朝的招谕活动得到自封为哈密王的故元肃王安克帖木儿的积极回应。安克帖木儿派遣的使臣马哈木沙、浑都思等人,不仅进贡 190 匹良马,而且带来了 4740 匹“市易马”。不言而喻,哈密使者马哈木沙、浑都思等此行的主要目的是与明朝互市易马。当然,明成祖允许“其以马入中国市易”是经过深思熟虑的,因为如此既可以补充军马以充实明朝的军事实力,又可以向周边民族政权宣扬自己的皇恩浩荡,鼓励哈密向

---

①《明太宗实录》卷 17,永乐元年(1403 年)二月己未条。

②《明太宗实录》卷 19,永乐元年(1403 年)四月壬子条。

③《明太宗实录》卷 20(上),永乐元年(1403 年)五月戊子条。

④《明太宗实录》卷 21,永乐元年(1403 年)七月庚寅条。

⑤《明太宗实录》卷 25,永乐元年(1403 年)十一月辛卯条。

⑥《明太宗实录》卷 25,永乐元年(1403 年)十一月甲午条。

明王朝靠拢,可谓一举两得。因此,他对来朝哈密使臣的赏赐十分可观。《明太宗实录》卷 25 永乐元年(1403)闰十一月壬戌条的记载即说明了这一点:“赐哈密安克帖木儿使臣马哈木沙、浑都思等金织文绮衣各一袭,钞各百锭,及纻丝表里等物,仍命礼部赐安克帖木儿银百两、纻丝十表里。”①

由此可知,明成祖对哈密安克帖木儿遣使来朝进行了积极回应,不仅“命悉官偿其值”,而且“命礼部赐安克帖木儿银百两,纻丝十表里”进行表彰。半年后,安克帖木儿再次派遣使者来朝,“表请赐爵”。对此,《明太宗实录》卷 32 永乐二年(1404 年)六月甲午条详细记载说:“封哈密安克帖木儿为忠顺王。时安克帖木儿遣使来朝,表请赐爵。上命礼部尚书李志(至)刚会太子太傅、成国公朱能等议。至刚等议奏:‘安克帖木儿兄忽纳失里元封威武王,改封肃王。忽纳失里卒,安克帖木儿继为肃王。今既内属,宜仍王爵而改封之。’上曰:‘前代王爵,不足再论。今但取其能归心朝廷而封之,使守其地,绥抚其民可也。’遂封为忠顺王,遣指挥使霍阿鲁秃等赍敕封之,并赐之彩币。”②

从此条记载中我们可以知道,对于如何封赐安克帖木儿,明朝统治集团内部颇为认真地进行了一番讨论。李至刚等大臣主张哈密安克帖木儿“今既内属,宜仍王爵而改封之”。而明成祖却认为如今朝代已更替,世易时移,今非昔比,元代王爵不能再论。于是他取安克帖木儿“能归心朝廷”之意,封其为忠顺王。同年十一月,哈密忠顺王安克帖木儿派遣使者兀鲁思等“贡马谢恩”③。而哈密忠顺王安克帖木儿之所以对明朝的态度如此积极,并主动请求明廷给予封赐,是因为当时哈密的周边环境非常险恶,急需要以明朝作为靠山。此时的哈密处在明朝、鞑靼、瓦剌、别失八里(东察合台汗国)等势力的夹缝中,处境十分艰难。特别是洪武二十四年(1391 年)明军对哈密进行征讨后,其实力已经大

①《明太宗实录》卷 25,永乐元年(1403 年)闰十一月壬戌条。

②《明太宗实录》卷 32,永乐二年(1404 年)六月甲午条。按:《明史》不见李志刚,而有李至刚。又,《明太宗实录》卷 17 永乐元年(1403 年)二月癸丑条、《明太宗实录》卷 33 永乐二年(1404 年)七月庚申条皆载:“礼部尚书李至刚……”据此,“李志刚”疑为“李至刚”之误。

③《明太宗实录》卷 36,永乐二年(1404 年)十一月己亥朔条。

为衰落。而永乐初年，哈密的近邻蒙古部落鞑靼、瓦剌又混战不休。据《明太宗实录》卷24永乐元年(1403年)十月戊午(十四日)条记载："通事锁飞自迤西还。初，锁飞与镇抚答哈帖木儿等奉命使迤西，时鬼力赤、阿鲁台方率众与瓦剌马哈木战……"①

对此，《明太宗实录》卷32永乐二年(1404年)七月辛酉条亦记载说："敕甘肃总兵官、左都督宋晟曰：'近兀良哈有人来言，虏酋也孙台、阿鲁台、马儿哈咱各怀异见。去年大败瓦剌，今春瓦剌亦败鬼力赤。'又云：'鬼力赤部落比移向北行。'"②

面对如此险恶的周边政治形势，为求自保，安克帖木儿选择依附势力强大的明王朝非常明智。此外，依附明朝还可以通过朝贡得到大量赏赐，获取实实在在的经济利益。因此，当明成祖派遣使者招谕哈密之后，安克帖木儿便迅速做出积极反应，派遣使者到明朝答谢，并且请求赐爵。对明朝而言，封哈密安克帖木儿为忠顺王，可以实现"一以断北狄右臂，二以破西戎交党。外以联络戎夷，察其逆顺而抚驭之；内以藩屏甘肃，而卫我边郡"③等多个目标。因此，安克帖木儿内附，对明朝和哈密双方而言，都是有利可图的双赢之举。

原为故元肃王的哈密忠顺王安克帖木儿积极与明朝建立密切关系的政治倾向，引起了其近邻蒙古鞑靼部落的严重不安。永乐三年(1405年)，安克帖木儿被鞑靼汗鬼力赤毒杀，别失八里沙迷查干遂率兵讨伐鬼力赤，问毒死哈密忠顺王安克帖木儿之罪，此举受到明成祖嘉赏。对此，《明太宗实录》卷41永乐三年(1405年)夏四月庚辰条记载道："遣使以彩币赐别失八里沙迷查干。时哈密忠顺王安克帖木儿为鬼力赤毒死，沙迷查干率兵讨鬼力赤之罪。上闻而嘉之，故赐之。"④

在得知没有子嗣的忠顺王安克帖木儿去世之后，明成祖便将自幼被俘养在明朝的其兄长之子脱脱，送还哈密承袭忠顺王王位。但是此举引起了以脱脱祖母速哥失里为首的哈密地方势力的不满，加之脱脱

①《明太宗实录》卷24，永乐元年(1403年)十月戊午条。

②《明太宗实录》33，永乐二年(1404年)七月辛酉条。

③霍韬：《哈密疏》，载陈子龙等辑《皇明经世文编》卷186，中华书局，1962。

④《明太宗实录》卷41，永乐三年(1405年)夏四月庚辰条。

久居内地，在哈密并无多少根基，于是他们驱逐了脱脱。永乐四年(1406年)正月，甘肃总兵官、西宁侯宋晟将此事上奏朝廷，明成祖随即下诏对速哥失里等哈密大小头目进行严厉斥责说："安克帖木儿死，朕念一方之人，无所统属，其侄脱脱久在朝侍卫，朕抚之如子，遂令袭封王爵，仍回哈密，承其宗祀，抚绥其人。比闻其祖母以脱脱不能曲意奉承，一旦逐出之。然脱脱朝廷所立，虽其有过，不奏而擅逐之，是慢朝廷。老人昏耄，任情率意，不顾礼法如此！尔大小头目亦不知有朝廷，故坐视所为而不言耶？朕念此事，初非出汝等本心，故持敕往谕尔等，宜即归脱脱，俾复其位，尔等尽心赞辅之，善事祖母，孝敬如初，则尔哈密之人，亦永享太平之福于无穷。"①

在明成祖的强力干预之下，脱脱才得以重新返回哈密恢复忠顺王位。永乐四年(1406年)三月，明成祖"设哈密卫，给印章"，同时派官员协助脱脱治理哈密，将哈密地方的大小官吏任命权收归明朝，以其头目马哈麻火者等为指挥、千百户、镇抚等官，任命辜思诚、哈只马和哈麻为经历，周安为忠顺王长史，刘行为纪善，以辅佐脱脱。又谕令脱脱说："凡部下头目可为指挥、千百户、镇抚者，具名来闻，授之以职。"②对于长史、纪善等官的职掌，《明史》卷75《职官四》记载说："长史掌王府之政令，辅相规讽以匡王失，率府僚各供乃事，而总其庶务焉。……纪善掌讽导礼法，开谕古谊，及国家恩义大节，以诏王善。"③

明成祖以明朝宗室亲王府邸中才配置的"长史""纪善"等官辅佐哈密忠顺王，待之以亲王礼仪，宠异冠于西域各方国。无怪乎明人王世贞感慨地说："西虏如忠义王，北虏如太平王，如和宁王，皆待之以王号，取羁縻而已。独永乐哈密忠顺王筑城池，赐金印，复设长史、纪善、卫经历，以中国庶僚周安、刘行、韦思诚充之，则俨然亲王矣。"④

明朝对哈密忠顺王的册封，标志着双方藩属关系的正式确立。而哈密卫的设立则表明哈密地区已经被明确纳入明王朝的统治体系，处

①《明太宗实录》卷50，永乐四年(1406年)正月辛酉条。

②《明太宗实录》卷52，永乐四年(1406年)三月丁巳条。

③张廷玉等：《明史》卷75《职官四》，第1837页。

④王世贞：《弇州史料后集》卷47《夷王如亲王》，明万历四十二年(1614年)刻本。

于其直接统治之下，这延续了汉代以来中原王朝对西域地区的管辖，使西北边防得到一定程度的巩固。明成祖在哈密设卫，既恢复了前代对这一带的统治，使大明王朝的疆域大幅向西拓展，又向全国尤其是建文朝遗民彰显了自己的文治武功，特别是自己继承皇位的合理性和合法性。

而哈密卫特殊的地理位置，既使它成为沟通中原和西域的咽喉要道，又使它成为周边强蕃觊觎的对象，成为各方势力激烈角逐的舞台。起初，复位后的忠顺王脱脱竭力推动哈密与明朝的关系发展，非常恪守本分，与明朝的关系比较融洽。永乐四年(1406 年)闰七月，甘肃总兵官西宁侯宋晟奏请给屯军农具及授予忠顺王部下头目以官职。明成祖命工部如所奏给屯军农具，兵部“量授忠顺王头目官”。① 十一月，明成祖派遣使者赐给哈密忠顺王脱脱及其祖母速哥失里彩币，并应脱脱所请，任命其头目六十、阿里等 19 人为都指挥、指挥、千百户等官。② 永乐五年(1407 年)三月，哈密忠顺王脱脱派遣使者向明朝贡马。明成祖复派遣使者至哈密诫谕脱脱，令他“孝以事亲，忠以事朝廷，善抚下人，毋令失所，并赐脱脱绮帛”③。永乐六年(1408 年)二月，哈密忠顺王脱脱及其祖母速哥失里派遣都指挥同知买住、头目哈剌哈纳和火鲁忽赤到明朝贡马，明成祖回赐忠顺王脱脱等文币 100 匹、彩绢 250 匹，并且任命哈剌哈纳为都指挥同知，火鲁忽赤为指挥使，“俱赐冠带袭衣”。④

然而随着时光的流逝，脱脱的本性逐渐显露出来，令明廷非常失望。早在永乐五年(1407 年)六月，回回安命帖木儿等即向明朝揭发他暗中与蒙古鞑靼汗鬼力赤来往说：“鬼力赤数遣人至哈密市马，木雅失里亦遣人与鬼力赤往来。”⑤此外，他还整日“沉湎于酒，昏愦颠越，凌辱朝使”，部下哈剌哈纳、买住、那那等多次向他进谏，皆无济于事，于是永乐八年(1410 年)十一月，明成祖派遣指挥毋撒等出使哈密，对忠顺王

①《明太宗实录》卷 57，永乐四年(1406 年)闰七月丁卯条。

②《明太宗实录》卷 61，永乐四年(1406 年)十一月丁卯条。

③《明太宗实录》卷 65，永乐五年(1407 年)三月庚午条。

④《明太宗实录》卷 76，永乐六年(1408 年)二月戊子条。

⑤《明太宗实录》卷 68，永乐五年(1407 年)六月戊子条。

脱脱进行诫谕，并命哈剌哈纳等好生辅佐脱脱。① 然而这样做的效果并不理想，脱脱依然我行我素，并无丝毫悔意，这使得明廷对他极为不满。及至永乐九年（1411 年）忠顺王脱脱暴毙，因为他的儿子卜答失里年纪幼小，加之明廷也意识到脱脱在哈密尚未赢得民心，所以明成祖并没有立即册封他的儿子卜答失里承袭忠顺王之位，而是趁此机会借口哈密地方势力强烈呼吁请求，另封"忠谨诚恪，众所推服"的"脱脱从父之子"的免力帖木儿为忠义王，掌管哈密卫事务，一度让忠顺王爵长期空缺。明成祖派遣指挥程忠等前往宣谕此决定道："哈密近在西境，曩命脱脱为忠顺王，俾抚治军民。乃肆为凶骜，暴虐下人，慢侮朝使，天地鬼神不容，致其遽没。尔免力帖木儿忠谨诚恪，众所推服，特封为哈密忠义王，赐印诰及彩币二十匹，玉带一，世守本土，抚其部属，恭修臣节，毋替朕命。"②

免力帖木儿是颇为强大的哈密地方势力的政治代表，明成祖顺势而为，封其为忠义王，"世守哈密"。这是明智的，此举有利于迅速稳定哈密动荡的政局和社会秩序。之后，明朝与哈密的关系日益密切。永乐十年（1412 年），哈密忠义王免力帖木儿派遣使者到明朝贡马谢恩。此后，哈密"修贡惟谨，故王祖母亦数奉贡"③。永乐十七年（1419 年），明成祖"以朝使往来西域者，忠义王致礼延接，命中官赍绮帛劳之，赐其母妻金珠冠服、彩币，及其部下头目"④。不久，哈密使臣及境内回回贡马 3500 余匹，以及貂皮诸物。明成祖下诏赏赐其钞 32000 锭，绮 100 匹，帛 1000 匹。永乐二十一年（1423 年），哈密又入贡骆驼 330 头，马 1000 匹。

可以说永乐年间，对于明朝而言，哈密地区具有羁縻国与羁縻卫的双重身份，明朝千方百计地欲将哈密纳入明朝的西北边防体系中，使其成为明朝西北的边防前哨，而不是仅局限于羁縻。它的这种地位在明朝周边诸族诸国中是唯一的，这显示哈密地位的重要，以及明朝对其控

---

①《明太宗实录》卷 110，永乐八年（1410 年）十一月壬午条。

②《明太宗实录》卷 120，永乐九年（1411 年）十月癸卯条。

③ 张廷玉等：《明史》卷 329《西域一・哈密卫》，第 8513 页。

④ 张廷玉等：《明史》卷 329《西域一・哈密卫》，第 8513 页。

制的加强。

第三节 宣德时期哈密卫“二王并立”

明太祖和明成祖精心地在西北进行战略布局，对以后的继任者的哈密政策影响很大，他们亦非常重视哈密。永乐二十二年(1424 年)十一月明仁宗践祚之初，他即派遣中官鲁安等以即位诏书前往哈密谕忠义王免力帖木儿，并赐予其彩币表里。[①] 洪熙元年(1425 年)，哈密也派遣使者再次入贡并祝贺明仁宗即位。此年五月十二日，明仁宗驾崩。其子朱瞻基从南京匆忙赶回，于六月十二日继承皇位，是为明宣宗。不久，哈密忠义王免力帖木儿亦卒，其使者来明朝告知此凶讯。宣德元年(1426 年)正月，明朝遂派遣官员到哈密赐祭忠义王免力帖木儿，并出于制衡哈密地方势力的考虑，在忠义王免力帖木儿死后，并没有立即再让人嗣位忠义王，而是于此月命其侄子、已故忠顺王脱脱的儿子卜答失里嗣忠顺王之位。而且明宣宗以登极大赦天下，“命其国中亦赦”[②]，哈密复入明朝贡马谢恩。对于此事，《明宣宗实录》卷 13“宣德元年正月庚戌条”详细记载说：“(宣德元年正月)庚戌，遣使祭故哈密忠义王免力帖木儿，仍命其侄卜答失里嗣封忠顺王。先是，上谕行在礼部臣曰：‘哈密受皇祖厚恩，封为王，而能恭修臣职。今既死，宜有继承。然免力帖木儿初承其兄忠顺王脱脱，今脱脱子卜答失里亦长，宜仍立为忠顺王，守其地。’赐以绮帛，其诸臣亦皆赐赉。复赐诏谕之曰：‘朕祇奉天命，主宰华夷。夙夜惓惓，惟上体天心，欲使天下生灵，咸得其所。爰自即位之初，以今年为宣德元年，大赦天下，四方万国之人，皆已翕然从化。惟尔哈密，近在西境，昔我皇祖太宗皇帝临御之日，尔大小官员军民人等能识达天命，竭力效忠，恪修职贡，是以朝廷眷待，弥久弥厚。朕今绍承

①《明仁宗实录》卷 4 上，永乐二十二年(1424 年)十一月癸酉条，中央研究院历史语言研究所，1962。

②张廷玉等：《明史》卷 329《西域一・哈密卫》，第 8513 页。

先皇帝之志，用广一视同仁之德，特遣使赍诏往谕。凡尔哈密大小官员军民人等，自诏书至日以前所犯罪无大小，悉赦不问。尔等自今宜笃初心，归诚朝廷，安处本境，打围飞放，自在生理，庶以永享太平之福。'"①

宣德二年(1427年)，哈密忠顺王卜答失里派其弟北斗奴等到明朝进贡骆驼、马匹和方物，明廷授予北斗奴都督佥事之职。并派中官携带诏书宣谕忠顺王卜答失里，让其派遣已故忠义王免力帖木儿之弟脱欢帖木儿赴京。其时，嗣封忠顺王的卜答失里还年幼，根本不可能处理政事。针对这一实际情况，宣德三年(1428年)明廷又让已故忠义王免力帖木儿之弟脱欢帖木儿袭封为忠义王。从此，哈密出现忠义王和忠顺王二王并立，共同管理国事的局面。由于向明朝进贡既能密切与明廷的关系，巩固自己的王位，又可以从中获取巨大的经济利益，于是哈密忠顺王和忠义王争相向明朝进贡，每年到明朝三四次，“奏求婚娶礼币”②，明廷皆予以满足。这种局面一直持续到第三代忠义王脱脱塔木儿去世。

明廷在政治上给予哈密高规格的待遇，试图突破传统羁縻政策的限制，将哈密视为由明朝管辖的军事卫所。从明成祖册封脱脱为忠顺王，到明宣宗时同时册封忠义王和忠顺王，明廷事实上已经将哈密卫视作明朝的疆土来对待。如果说明成祖册封免力帖木儿为忠义王是对哈密颇为强大的地方势力暂时妥协的话，那么宣德元年(1426年)正月明宣宗复封卜答失里为忠顺王，则是明朝与哈密的地方势力争夺对这一地区控制权所采取的重要举措，哈密官员任免权乃至忠顺王王位的继承权都由明朝掌管，更是明廷欲牢牢掌控哈密采取的关键性措施。但令人遗憾的是，明朝和哈密并没有将双方这种特殊的关系进行严格规范，形成具体的制度固定下来，而是将这种关系建立在双方的最高统治者彼此信任的基础上。而随着双方统治者的更换，在利益变化、双方的信任下降或是外力强势介入的情况下，这种没有牢固基础的关系不可避免地会逐渐发生变化，使哈密对明朝的离心倾向增加，以至于出现了

①《明宣宗实录》卷13，宣德元年(1426年)正月庚戌条，中央研究院历史语言研究所，1962。

②张廷玉等:《明史》卷329《西域一·哈密卫》，第8513页。

双方都不愿意看到的结果。

在永乐、宣德时期，明朝对哈密的驾驭得心应手，比较顺利。封王设卫，未遇到多少阻碍；扶植脱脱为忠顺王虽然不合哈密地方贵族的本意，而且产生了一些矛盾，但脱脱有明朝的强力支持，木已成舟，哈密地方势力只得承认既成事实；忠顺王脱脱死后，一者其子还年幼，二者明朝也意识到脱脱在哈密人心未服，于是又另外册封忠义王管理哈密事务；其后又让卜答失里袭封忠顺王，二王并存，互相牵制，再后来又终止了忠义王的承袭。明朝几乎可以随心所欲地插手哈密的地方事务，这应该与当时明朝的国力强盛，蒙古的瓦剌、鞑靼两个部落长期内斗，混战不休，无暇顾及哈密有着密切的关系。而这种局面并没有一直维持下去，到明英宗时，随着北方蒙古主要部落瓦剌的强大和东察合台汗国政治中心向东转移，明朝对哈密的控制渐渐显得心有余而力不足，在与蒙古、吐鲁番诸势力争夺对哈密控制权的斗争中逐渐处于下风，直到嘉靖初期，最终不得不放弃对哈密的经营，使明朝在这一带多年的辛苦努力付之东流。

第四节　正统至天顺时期明与哈密关系的转变

宣德十年(1435 年)正月三日，明宣宗去世。此月十日，他年仅 9 岁的儿子朱祁镇继位，是为明英宗。次年，明廷改年号为正统。当时“英宗幼冲，大臣务休息，不欲疲中国以事外蕃”①。加之不久王振专权，明朝的政治趋于腐败，致使北部及西北的卫所大多废弛，防御能力大为下降。与此同时，蒙古主要部落鞑靼衰落，与之长期争斗的蒙古另一个主要部落瓦剌乘鞑靼衰败之机迅速崛起，成为明朝的一大祸患。正统初，瓦剌首领脱欢“内杀其贤义、安乐两王，尽有其众”②，统一了瓦剌的三大部。不久，脱欢统一蒙古各部，立元宗室脱脱不花为汗，自为

①张廷玉等:《明史》卷 332《西域四・哈烈》，第 8611 页。

②张廷玉等:《明史》卷 328《外国九・瓦剌》，第 8499 页。

丞相。正统四年(1439 年),脱欢去世,其子也先嗣立,较之其父他更为骄横,不断袭扰明朝的边境。对此,明万历时人严从简的《殊域周咨录》卷 17《鞑靼》称:"自脱欢杀阿鲁台并吞诸部,势浸强盛,至也先益横,北边自此多事矣。"①《明史》卷 328 也记载道:"北部皆服属也先,脱脱不花具空名,不复相制。"②瓦剌日益强盛,极力向外扩张,明朝和哈密皆成为其染指的主要对象。而此时的哈密内部也出现了新情况,为瓦剌对其进行袭扰提供了可乘之机。

正统二年(1437 年),哈密忠义王脱欢帖木儿去世,明廷封其子脱脱塔木儿为忠义王。孰料不久脱脱塔木儿也去世。于是明廷不复在哈密封忠义王。正统四年(1439 年),忠顺王卜答失里亦卒,明廷封其子倒瓦答失里为忠顺王,明朝和哈密的关系进入一个新时期。因为向明朝进贡能获取巨额财富,并可借以巩固自己的政治地位,正统五年(1440 年),哈密忠顺王倒瓦答失里三次派遣使者向明朝进贡。因为要成倍地回赐大量财物,不堪重负的明朝统治者认为哈密进贡太频繁,"廷议以为烦"③,于是明确规定哈密每年只可以进贡一次,以减轻自己沉重的经济负担。

而等到倒瓦答失里被明朝封为哈密忠顺王之后,都督皮剌纳却暗中勾结瓦剌猛可卜花等人,意欲谋杀忠顺王倒瓦答失里,结果失败。倒瓦答失里之父卜答失里在位时,哈密曾经收"纳沙州叛亡百余家"④。这时明廷屡敕忠顺王倒瓦答失里遣返这些人,结果他阳奉阴违,仅仅遣返一半。哈密贡使又多次侮辱驿站吏卒,呵斥通事,在四方贡使大宴之日恶言诟詈。为了不影响明朝与哈密的关系,明英宗不治哈密贡使之罪,只令忠顺王倒瓦答失里慎择使臣。孰料明廷的宽容却使倒瓦答失里忘乎所以,更加肆无忌惮。哈密与其北面的瓦剌,西面的吐鲁番,东面的沙州、罕东、赤斤诸卫,"悉与构怨"⑤,四面树敌。于是邻国交侵哈密,罕东兵直抵哈密城外,大掠人畜而去;沙州、赤斤先后派兵入侵哈

①严从简:《殊域周咨录》卷 17《鞑靼》,第 560 页。

②张廷玉等:《明史》卷 328《外国九·瓦剌》,第 8499 页。

③张廷玉等:《明史》卷 329《西域一·哈密卫》,第 8513 页。

④张廷玉等:《明史》卷 329《西域一·哈密卫》,第 8514 页。

⑤张廷玉等:《明史》卷 329《西域一·哈密卫》,第 8514 页。

密，皆饱掠大获而归。

哈密号称“西域之襟喉”，是进出西域的必经之要道，也是瓦剌与西域、中原地区进行贸易的中转站，战略地位非常重要。因而不论是明朝还是瓦剌，都千方百计地扩展各自在哈密的影响力，不放过一切可以在这一地区扩张势力的机会。明朝要求哈密忠顺王“迎护朝使，统领诸番”①，不仅成为西方边境的屏障，“为西陲屏蔽”，而且成为明朝联系西域诸族诸国的桥梁，“凡夷使入贡者，悉令哈密译语以闻”②。而瓦剌也不甘示弱，积极结好哈密的同时，不时也以武力相迫，恩威并用。哈密忠顺王卜答失里（1426—1439 年在位）的妻子弩温答失里，本是瓦剌首领脱欢之女。瓦剌太师也先，则是嗣忠顺王倒瓦答失里的母亲弩温答失里之弟，他亦派兵围攻哈密城，“杀头目，俘男妇”，抢掠牛马骆驼不可胜计，“取王母及妻北还”，胁迫忠顺王倒瓦答失里到瓦剌与自己见面。③ 忠顺王倒瓦答失里极为恐惧，不敢贸然前往，同时多次派遣使者向明朝“告难”求救。明廷遂敕令诸部修好，结果各部不从，最终只有忠顺王倒瓦答失里的母亲和妻子得以返回哈密。正统十年（1445 年），瓦剌首领也先又强行掠走忠顺王倒瓦答失里的母亲、妻子、弟弟和撒马儿罕贡使等 100 余人，“又数趣王往见”④。于是忠顺王倒瓦答失里“外顺朝命，实惧也先”⑤。正统十三年（1448 年）夏天，也先命哈密忠顺王的倒瓦答失里率众前往瓦剌，后者被迫亲自到瓦剌谢罪，他在瓦剌滞留两月之久方返回哈密。返回后，哈密忠顺王倒瓦答失里却派遣使者诳骗明英宗说自己严格遵守明朝之命，并不敢前往瓦剌，于是尚蒙在鼓里的明英宗赐给其敕书褒奖。但是谎言毕竟是谎言，不久，明英宗终于知道了事情的真相，倒瓦答失里所说纯粹是彻头彻尾的谎言，明白了其奸诈，但也只能严旨诘责而已，并没有采取任何行之有效的反制措施。此后，忠顺王倒瓦答失里始终不能振作起来努力进行经营哈密，这一带的局势并无多少起色。多亏此时瓦剌首领也先正积极地准备向东进犯，

①张廷玉等：《明史》卷 329《西域一·哈密卫》，第 8513 页。

②许进：《平番始末》，第 2 页。

③张廷玉等：《明史》卷 329《西域一·哈密卫》，第 8514 页。

④张廷玉等：《明史》卷 329《西域一·哈密卫》，第 8514 页。

⑤张廷玉等：《明史》卷 329《西域一·哈密卫》，第 8514 页。

不复返回故土,哈密方获得暂时的和平,“以是哈密获少安”①。由以上可见,这一时期瓦剌对哈密有着相当大的影响,双方上层间的关系十分复杂而微妙,哈密虽然名义上还是明朝边外的羁縻卫所,但是实际上已经很大程度上被瓦剌控制,其忠顺王成为受瓦剌操纵摆布的傀儡,并没有多少自主权。

而永乐年间,明成祖在哈密封忠顺王的初衷,是看到哈密是西域的交通要道,意欲其迎护明朝使节,“统领诸番,为西陲屏蔽”②。而哈密王大多庸懦无能,加之其地有多个民族部落杂居,其中主要的“一曰回回,一曰畏兀儿,一曰哈剌灰”,其头目不相统属,哈密王也不能对他们进行有效地节制,遂导致“众心离涣,国势渐衰”。③ 可以说,因为自身的诸多问题,哈密并没有担负起明朝赋予的重要使命,没有发挥明廷所期望的护送使节、统领诸番、屏蔽西陲的重大作用。

在正统十四年(1449 年)六月发生的“土木堡之变”,使明王朝受到瓦剌重创,精锐尽丧,元气大伤,不仅明英宗被俘,明军的众多精兵强将也大多在这次军事大失败中纷纷阵亡,军力大幅下降,这对武将集团来说是一个沉重的打击。明英宗被俘后,为避免主少国疑,兵部右侍郎于谦等大臣劝服孙太后,让明英宗同父异母的弟弟郕王朱祁钰继承皇帝位,改次年的年号为景泰。景泰年间,文臣开始掌握军权,主管边疆的防务,对于哈密请求封官之事一概拒绝。景泰三年(1452 年),哈密忠顺王倒瓦答失里派遣的使臣捏列沙来明朝朝贡,他欲依照“使臣至京必加恩命”之例,请明廷授予自己官职。当时兵部尚书于谦执掌大权,他对此事非常不满,断然拒绝其请求道:“哈密世受国恩,乃敢交通瓦剌。今虽归款,心犹谲诈。若加官秩,赏出无名。”④封赏哈密使臣捏列沙之事遂不了了之。终景泰一朝,哈密使臣没有授官者。

景泰八年(1457 年)正月十六日至十七日,宦官曹吉祥、右佥都御史徐有贞与总兵官、武清侯石亨等人经过精心策划,借景泰帝病重之

①张廷玉等:《明史》卷 329《西域一·哈密卫》,第 8514 页。
②张廷玉等:《明史》卷 329《西域一·哈密卫》,第 8513 页。
③张廷玉等:《明史》卷 329《西域一·哈密卫》,第 8513 页。
④张廷玉等:《明史》卷 329《西域一·哈密卫》,第 8514 页。

机，突然发动“夺门之变”，拥戴被软禁在“南宫”的太上皇明英宗成功复辟帝位，年号天顺，改景泰八年为天顺元年。此年，哈密忠顺王倒瓦答失里去世，其弟卜列革派遣使者向明朝报丧，明英宗随即封卜列革为忠顺王。当时都指挥马云出使西域，闻听“迤北酋乩加思兰梗道”，不敢前进。恰逢忠顺王卜列革报说道路已经通畅无阻，马云乃行至哈密。而他至哈密后却发现贼兵实际并未退去，并且谋劫明朝使者。于是明英宗怀疑哈密忠顺王卜列革与贼兵勾结，派使者对其进行严厉诘责。天顺四年(1460年)，忠顺王卜列革辞世。他无子嗣，遂由其母弩温答失里主持哈密的事务。此前的景泰六年(1455年)，瓦剌首领也先在激烈的争权夺利内讧中被杀，因弩温答失里是也先的姐姐，也先的弟弟伯都王及侄子兀忽纳遂被迫前往投奔她，仓皇逃往哈密并居住在那里。此时掌管哈密事务的忠顺王倒瓦答失里的母亲弩温答失里遂上书明廷，乞求授予自己的弟弟伯都王为都督佥事，侄儿兀忽纳为指挥佥事。忠顺王卜列革去世后，没有亲属可以继承王位，忠顺王倒瓦答失里的母亲弩温答失里命哈密国人商议应当由谁承袭忠顺王之位。头目阿只(清人嵇璜:《续文献通考》卷247《四夷考》记为“阿齐”)等人建议说:“脱欢帖木儿外孙把塔木儿官都督同知，可继。”弩温答失里听后却否定其议说:“臣不可继君，而安定王阿儿察与忠顺王同祖，为请袭封。”①

天顺七年(1463年)冬天，忠顺王母弩温答失里请封安定王阿儿察嗣忠顺王的奏书送达明英宗。礼官进谏说:“乩加思兰见哈密无主，谋据其地，势危急，乞从其请。”②于是明英宗命都指挥贺玉往哈密宣敕封阿儿察嗣忠顺王，不料贺玉至西宁却逗留不前。哈密使臣苦儿鲁海牙遂请求先行一步，贺玉又不允许。明英宗闻报后大怒，将贺玉逮捕治罪，改命都指挥李珍前往，而敕安定、罕东护送使臣一同前往。他们到达哈密后，不料阿儿察却以哈密多灾多难为由，竭力推辞不嗣位忠顺王，使臣李珍万般无奈，被迫返回北京。

哈密本来就衰微，又加上妇人主管国事，人心极为不安，“众益离散”，于是早就对哈密虎视眈眈的虏酋乩加思兰乘隙袭破哈密城，大肆

---

①张廷玉等:《明史》卷329《西域一・哈密卫》，第8515页。

②张廷玉等:《明史》卷329《西域一・哈密卫》，第8515页。

杀掠，忠顺王母弩温答失里被迫率领亲属、部落逃往苦峪城，仍然多次派遣使臣向明朝朝贡，并“且告难”。[①] 而明朝因国力下降，不能援救哈密，唯有勅其国人速议当继承忠顺王者而已。

哈密城池残破，其国人来明朝者日益增多，频繁的进贡回赐所费甚巨，这成为竭力维护自己的颜面而打肿脸充胖子的大明王朝沉重的经济负担。明宪宗成化元年(1465 年)，礼官姚夔等即不满地上奏说：“哈密贡马二百匹，而使人乃二百六十人。以中国有限之财，供外蕃无益之费，非策。”[②]明宪宗深以为然，他让朝臣商议后，明确规定哈密每年进贡一次，每次不得超过 200 人。成化二年(1466 年)，兵部进言：“王母避苦峪久，今贼兵已退，宜令还故土。”[③]此建议得到明宪宗批准。不久，哈密贡使说当地粮食缺乏，气候寒冷，饥寒交迫的男女 200 余人跟随自己前来丐食，不能归国。明廷乃决定赐给每人 6 斗米、2 匹布，将他们遣返哈密。以前哈密国人曾经请求明朝立脱欢帖木儿外孙把塔木儿为忠顺王，因为忠顺王母弩温答失里不答应，所以长达 8 年没有人嗣位忠顺王。这时哈密头目向明朝不断上奏章请求封王，言辞极为哀怜。于是明宪宗提拔把塔木儿为右都督，摄行国王事，赐之诰印。成化五年(1469 年)，忠顺王母弩温答失里奏陈自己年老多病，乞明廷赐给药物，明宪宗遂赐予她大量药物。不久，因为向明朝进贡有利可图，哈密与瓦剌、吐鲁番派遣使者 300 余人争相来明朝进贡。边疆大臣上报朝廷，朝臣讨论后提出建议说：“贡有定期，今前使未回后使又至，且瓦剌强寇，今乃与哈密偕；非哈密挟其势以邀利，即瓦剌假其事以窥边。”[④]于是明宪宗帝采纳此建议，果断地拒绝了他们前来朝贡，下令边疆大臣宴请并馈赠他们礼物后，将这些贡使遣回。不料这些贡使坚决不接受赐物，表示一定要到北京面见明朝皇帝。无奈之下，明宪宗被迫命边疆“遣十之一赴京”[⑤]。显然，这些贡使坚持面见明宪宗只不过是一个冠冕堂皇的借口，他们坚决要求进京朝贡的真实目的是贪图明朝大量的回赐。

---

①张廷玉等：《明史》卷 329《西域一・哈密卫》，第 8515 页。
②张廷玉等：《明史》卷 329《西域一・哈密卫》，第 8515 页。
③张廷玉等：《明史》卷 329《西域一・哈密卫》，第 8515 页。
④张廷玉等：《明史》卷 329《西域一・哈密卫》，第 8516 页。
⑤张廷玉等：《明史》卷 329《西域一・哈密卫》，第 8516 页。

第五节　成化至正德时期吐鲁番对哈密的劫掠

明宪宗成化年间，哈密西边的近邻吐鲁番迅速崛起，不断向东扩张，哈密成为其觊觎的首要目标，不时进行侵扰。当时吐鲁番的最高统治者称“速坛”，又称“速檀”或“锁鲁檀”，意为首领，其部落普遍信奉伊斯兰教，强大之后的吐鲁番将矛头对准了原本信奉佛教的近邻哈密。早在明成祖永乐年间(1403—1424 年)，在帖木儿帝国使臣火者・盖耶速丁对哈密的印象中，哈密筑有一座规模很大的佛寺，其中有一尊大佛①，说明当时这一带盛行佛教。而明英宗正统四年(1439 年)，哈密却出现了第一位自称“锁鲁檀”的忠顺王倒瓦答失里，由此可以发现这一带民众的宗教信仰由佛教向伊斯兰教转变的些许痕迹。可以说，吐鲁番侵扰哈密，或多或少地掺杂着宗教因素。

成化八年(1472 年)，把塔木儿的儿子罕慎因为父亲已卒，遂向明朝请求承嗣其父的右都督之职。明宪宗虽然准许其请，但并不允许他主持国事，致使哈密无人发布政令。成化九年(1473 年)，早已经对哈密虎视眈眈的吐鲁番速坛阿力，乃趁此良机突然发动袭击，攻破哈密城，俘获忠顺王的母亲弩温答失里，夺去金印，强迫忠顺王的孙女为妾，据守其地。哈密卫畏兀儿首领罕慎等被迫避居苦峪(在今甘肃安西县境内)。哈密第一次失守，落入吐鲁番割据者之手。城门失火，殃及池鱼。因为吐鲁番侵逼哈密，关西各卫俱受到严重影响，“哈密三立三绝”②，赤斤卫“益遭蹂躏。部众不能自存，尽内徙肃州之南山，其城遂空”③，罕东左卫“相率徙肃州塞内”④。此后，吐鲁番速坛满速尔不时挥兵东进，将战火烧到了明朝境内的河西走廊。

---

①火者・盖耶速丁:《沙哈鲁遣使中国记》。

②张廷玉等:《明史》卷 329《西域一・哈密卫》，第 8526 页。

③张廷玉等:《明史》卷 330《西域二・赤斤蒙古卫》，第 8559 页。

④张廷玉等:《明史》卷 330《西域二・罕东左卫》，第 8566 页。

直到成化九年(1473 年)四月,哈密失守的消息才传到京城,明宪宗方知道吐鲁番速坛阿力乘机袭破哈密城之事,他急忙命令边疆大臣小心戒备,敕罕东、赤斤诸卫协力战守。起初,明朝企图通过敕谕使吐鲁番退出哈密,但并没有取得什么成效。吐鲁番久居哈密不退,兵部主事官才意识到问题的严重性,认识到"哈密实西域诸夷喉咽之地,若弃而不救……则我边之藩篱尽彻,而甘肃之患方殷,设使河套之虏不退,关中供亿愈难继矣"①。不久,明廷派遣都督同知李文和右通政刘文二人赶赴甘肃经略肃州,但是李、刘二人的经略"莫克济事"。兵部再请派武职重臣前往西北,明宪宗认为"重臣未可轻遣",只是敕谕甘肃地方将官"熟思审处",小心防范,并派遣锦衣卫千户马俊奉敕前往哈密宣谕。当时吐鲁番速坛阿力留其妹婿牙兰据守哈密,而自己携忠顺王母砮温答失里和金印已经返回吐鲁番。马俊至吐鲁番宣布朝廷命令,阿力蛮横拒绝此令,而且出言不逊,羁押马俊一个月有余。一日,其妹婿牙兰忽然到来,报称明朝的三万大军即将从西边赶来。阿力闻言十分惊恐,急忙宴请慰劳马俊等人,命人抬着忠顺王母砮温答失里出来相见。王母恐惧一言不发,夜晚却悄悄派人转话说:"为我奏天子,速发兵救哈密。"②都督同知李文、右通政刘文等将此事奏闻朝廷,明廷遂檄哈密右都督罕慎及赤斤、罕东、乜克力诸部集合大军,共同进讨吐鲁番。

成化十年(1474 年)冬天,明朝集合的各路大军进军至卜隆吉儿川,谍报阿力集众抗拒,并且勾结别的部落谋掠罕东、赤斤二卫。都督同知李文等不敢继续进军,命令罕东、赤斤二卫还守本土,罕慎及乜克力、畏兀儿之众退居苦峪,李文等亦撤回肃州。于是明宪宗命令右都督罕慎暂时主持国事,并且应其请求,送给哈密大量米和布,赐予其许多谷种。结果李文等无功而还,吐鲁番仍然长期占据哈密,明朝只好命令边疆守臣修"筑苦峪城,移哈密卫于其地"③。

吐鲁番占据哈密城 9 年后的成化十八年(1482 年)春天,在明廷的

①《大明宪宗成化实录》卷 118,成化九年(1473 年)七月壬辰,载田卫疆编《〈明实录〉新疆资料辑录》,新疆人民出版社,2002,第 158 页。

②张廷玉等:《明史》卷 329《西域一・哈密卫》,第 8516 页。

③张廷玉等:《明史》卷 329《西域一・哈密卫》,第 8517 页。

统一部署下，避居苦峪城的哈密卫头领、右都督罕慎联合罕东、赤斤二卫，得兵1300人，与自己所部共计10000人，乘夜晚袭破哈密城。据守哈密城的吐鲁番将领牙兰仓皇遁走，明军乘胜连续收复8座城池，罕慎重新控制了哈密地区，哈密民众得以返回故土居住。巡抚王朝远将此事上报朝廷，明宪宗大喜，赐敕奖励，并褒奖罕东、赤斤两卫。王朝远请求封罕慎为忠顺王，并且说吐鲁番亦革心向化，与罕慎议和，应该乘机安抚，取还忠顺王孙女及金印，俾其跟随忠顺王母弩温答失里共同执掌哈密事务，哈密百姓亦请求册封罕慎为王。明朝廷臣讨论后，否决了这一请求，兵部认为“境土新复，人心未固，金印未获，未可轻议”①。于是进罕慎为左都督，赏赐“白金百两、彩币十表里，特敕奖劳，将士升赏有差”②。

因吐鲁番无意退出哈密，明朝于成化十二年（1476年）十一月被迫新铸哈密卫印交给都督罕慎。第二年，明廷又将哈密卫移至苦峪城。见明朝无意出兵，哈密都督罕慎便和甘肃将官王玺等谋划，借助赤斤、罕东二卫的兵将，于成化十八年（1482年）收复哈密城。接着甘肃边将以及哈密大小头目上奏请封罕慎为忠顺王。兵部只是升罕慎为哈密卫左都督，总理国事。成化二十二年（1486年），哈密大小头目再次请封罕慎王爵，明朝依然不许。③

在围绕出兵哈密、罕慎封王的问题上，明朝中央与地方的分歧很大。甘肃与哈密深受吐鲁番的袭扰之害，哈密为甘肃的屏障，哈密有警则甘肃不宁，因此甘肃的官员力主用兵吐鲁番，给其以沉重打击。在哈密忠顺王继承人问题上，哈密更倾向于拥立掌握实权的罕慎。而明朝君臣却对吐鲁番占据哈密重视不够，当罕慎以及甘肃将官自行谋划夺回哈密时，明廷更加坚持吐鲁番之乱无足轻重的看法。并且当哈密请封罕慎为王时，明廷欲趁机要求其夺回金印，兴复哈密，之后再论功封赏。④ 尽管哈密各方一再请封，明朝都不为所动，以致于出现了“罕慎

---

①《大明宪宗成化实录》卷235，成化十八年（1482年）十二月庚午，载田卫疆编《〈明实录〉新疆资料辑录》，第178页。

②张廷玉等：《明史》卷329《西域一·哈密卫》，第8517页。

③张廷玉等：《明史》卷329《西域一·哈密卫》，第8517页。

④张廷玉等：《明史》卷329《西域一·哈密卫》，第8517页。

难封”的奇怪现象。

好事多磨，明孝宗弘治元年(1488 年)，明廷终于批准哈密百姓之请，册封罕慎为忠顺王。这时吐鲁番首领阿力已经死去，其子阿黑麻嗣为速坛，他假意与哈密忠顺王罕慎结为婚姻，诱而杀之，仍令牙兰占据哈密城。在发生这一重大变故之后，哈密都指挥阿木郎急忙到北京向明朝求救，廷臣商议后请求诏谕吐鲁番贡使，令吐鲁番归还所侵占的哈密之地，并敕赤斤、罕东共图兴复哈密。弘治二年(1489 年)，哈密旧部绰卜都等率众攻打牙兰，杀死其弟，俘获其叛臣者盼等人和大量牲畜归顺明朝。明孝宗非常高兴，对绰卜都等人进秩加赏。此前，罕慎派遣使者到明朝进贡，使者尚未返回罕慎就已经遇难，其弟奄克孛剌率部众逃往边境，明朝遂命以赐给罕慎的物品改赐给其弟奄克孛剌。后来阿黑麻离开哈密，只留 60 人辅佐牙兰。哈密都指挥阿木郎侦知哈密城防卫空虚，急忙请明朝的边疆大臣调赤斤、罕东兵夜袭哈密，攻破此城，“牙兰遁去，斩获甚多”①。

其时阿黑麻桀傲异常，他自以为“地远中国”，屡抗明朝皇帝之命。他在攻破哈密之后，又派遣贡使频繁至北京，明廷则委曲求全，仍予以善待，于是他更加轻视明朝，认为其软弱可欺。为改变这种对明朝极为不利的局面，迫使吐鲁番归还哈密，明孝宗大量减少对吐鲁番的回赐，有时还拘留其使臣，拒绝其贡物，下敕责令阿黑麻悔罪，改过自新，多管齐下。而占据哈密与明朝交恶，使吐鲁番并没有捞取多少好处，不仅蒙受了巨大的经济损失，而且政治上也非常被动。对吐鲁番而言，尤为不妙的是这时明朝已经访获忠顺王的族孙陕巴，将辅立他为哈密忠顺王。阿黑麻逐渐警惧，弘治三年(1490 年)四月，为改变这种对自己极为不利的局面，于是他向明朝派遣使者叩关示好，入贡狮子等方物，表示愿意献还哈密城及金印，释放哈密被拘留的使臣，并且乞求遣使通好。弘治四年(1491 年)十二月，吐鲁番又派遣使臣写亦满速儿等人进贡骆驼、马匹等方物，并且被迫向明朝献还所掠的金印 1 颗，城池 11 座，人口 500 余人。看到阿黑麻确实有悔过的实际行动，明孝宗方接受吐鲁番的贡物，但仍然羁留其以前的使者。第二年，阿黑麻果然以哈密城和

---

①张廷玉等:《明史》卷 329《西域一・哈密卫》，第 8517 页。

金印来归降，明朝遂听从兵部尚书马文升之言，归还被拘押的吐鲁番使臣。马文升又建议说："番人重种类，且素服蒙古，哈密故有回回、畏兀儿、哈剌灰三种，北山又有小列秃、乜克力相侵逼，非得蒙古后裔镇之不可。今安定王族人陕巴，乃故忠义王脱脱近属从孙，可主哈密。"①

对于马文升的这一建议，明孝宗深以为然，而此时"诸番亦共奏陕巴当立"②。弘治五年（1492 年）春天，明朝遂册封陕巴为忠顺王，赐予印诰、冠服及守城兵器，提拔阿木郎为都督佥事，与都督同知奄克孛剌共同辅佐忠顺王陕巴。不久，诸番向陕巴索要犒赐不得，皆怨恨阿木郎，又引乜克力人劫掠吐鲁番的牛马。反复无常的吐鲁番速坛阿黑麻闻报大怒，弘治六年（1493 年）春，他暗中派兵夜袭哈密城，杀死 100 余人，"逃及降者各半"③。陕巴与阿木郎据大土剌（大土台）拼死防守，吐鲁番兵围攻三天攻打不下。阿木郎急忙调乜克力、瓦剌二部兵卒来救援，孰料乜克力、瓦剌二部前来救援的大军俱被吐鲁番的军队击溃，大败而去，于是吐鲁番大军俘获陕巴，擒得阿木郎后立即将其肢解。阿黑麻遂派牙兰复据守哈密城，并送书信给明朝边疆防守大臣诉说阿木郎之罪。这样，明朝再一次失去了哈密。

失去哈密后，明朝采取了两项紧急措施：一方面，立即断绝了吐鲁番的进贡；另一方面，积极准备以武力恢复对哈密的控制。当时吐鲁番前后来朝贡的贡使皆没有归程，边臣以其书信言辞不逊，而且僭越擅自称可汗，请求派兵先剿除牙兰，然后直抵吐鲁番斩杀阿黑麻，取还陕巴；或者降敕严责，令他归还哈密忠顺王陕巴之后才能赦免其罪。廷臣讨论后，建议采纳后面的办法，命令守臣拘留贡使，故意放回数人，让他们携带敕书给阿黑麻，示之以利害，晓之以祸福。明孝宗采纳此建议，命大臣赶赴甘肃经略。兵部尚书马文升请求前往甘州，而廷臣皆言"北寇强，本兵未可远出"④，并且推荐兵部右侍郎张海和都督同知缑谦前往。而二人皆为庸才，上任后仅派遣吐鲁番人归谕其首领阿黑麻，令其献还

①张廷玉等：《明史》卷 329《西域一·哈密卫》，第 8518 页。
②张廷玉等：《明史》卷 329《西域一·哈密卫》，第 8518 页。
③张廷玉等：《明史》卷 329《西域一·哈密卫》，第 8518 页。
④张廷玉等：《明史》卷 329《西域一·哈密卫》，第 8518 页。

所侵哈密之地,自己却驻于甘州静心等待回音。

弘治七年(1494 年),阿黑麻派遣使者叩关求贡,诡言愿意归还陕巴及哈密城,请求明朝亦归还吐鲁番的使者。兵部右侍郎张海等将这一情况奏闻朝廷,请求明廷再次降敕宣谕吐鲁番。对此,朝堂上大臣们进行了热烈的讨论,他们献策说:“先已降敕,今若再降,有伤国体,宜令海等自遣人往谕。不从命,则仍留前使,且尽驱新使出关,永不许贡,仍与守臣檄罕东、赤斤诸部兵,直捣哈密,袭斩牙兰。如无机可乘,则封嘉峪关,毋纳其使。陕巴虽封王,其还与否,于中国无损益,宜别择贤者代之。”①

明孝宗进一步问朝臣道,既然哈密忠顺王陕巴于明王朝的利益没有多少损益,那么哈密城池已经残破,如果阿黑麻献还陕巴,应当将他如何处置?朝臣商议后复回奏说:“陕巴乃安定王千奔之侄,忠顺王之孙,向之封王,欲令镇抚一方尔。今被虏,孱弱可知,即使复还,势难复立。宜革其王爵,居之甘州,犒赉安定王,论以不复立之故。令都督奄克孛剌总理哈密事,与回回都督写亦虎仙,哈剌灰都督拜迭力迷失等分领三种番人以辅之。且修浚苦峪城堑,凡番人散处甘、凉者,令悉还其地,给以牛具口粮。若陕巴未还,不必索取,我不急陕巴,彼将自还也。”②

明孝宗认为此言很有道理,于是完全采纳这一建议,敕谕兵部右侍郎张海等人按照此计策行事。张海等见敕书中说明廷将要放弃陕巴,非常高兴,立即驱逐吐鲁番的贡使,关闭嘉峪关,修缮苦峪城,命令流寓的番人返归其地,拜疏还朝。弘治八年(1495 年)正月,张海等人到达北京,言官纷纷弹劾他们经略无功,要求明孝宗予以惩处,于是他们皆被贬降品秩。而吐鲁番归还哈密之事却一拖再拖,杳杳无期。之后,兵部尚书马文升锐意谋划兴复哈密。面对反复无常的吐鲁番,他认为对其“若专示以恩而不加之以威,彼终不知畏,必须用陈汤故事”③;大臣

①张廷玉等:《明史》卷 329《西域一・哈密卫》,第 8519 页。

②张廷玉等:《明史》卷 329《西域一・哈密卫》,第 8519 页。

③薄音湖编辑、点校《明代蒙古汉籍史料汇编(第七辑)》,内蒙古大学出版社,2011,第 329 页。

许进也认为“堂堂天朝不能发一镞塞外，何以慰远人”①。明孝宗对二人的建议非常赞赏，准其所请，决定用兵西北，于是任用许进巡抚甘肃以图之。此年，许进和大将刘宁等率领明军暗中突然发动夜袭，出兵收复哈密。由于筹划不周，吐鲁番守将牙兰事前侦知消息后提前弃城而逃，明军仅收复一座哈密空城，斩其所遗士卒60余人，“抚降余众而还”②。尽管如此，这次用兵有力地震慑了西北诸部。自明初以来，官军无涉其地者，诸番始知畏。经此一战，吐鲁番速坛阿黑麻始知畏惧明朝，“阿黑麻亦欲还陕巴”③。

然而哈密屡次被攻破，遗民入居城内者，整日提心吊胆地生活，生怕贼寇再来自己遭殃。不久，反复无常的阿黑麻果然率军又来攻打哈密城。城内军民拼死固守，吐鲁番士兵久攻哈密城未下才心有不甘地散去。而哈密城内诸人自以为处境穷窘，难以把守城池，随即尽焚其室庐避走肃州，要求明朝救济。边疆守臣奏闻朝廷，明孝宗下诏赐予哈密难民牛具、谷种，并遣发流寓的回回、畏兀儿、哈剌灰三种番人，以及寄居于赤斤的哈密人，让他们皆赶赴苦峪、瓜州、沙州，俾自己耕牧以图兴复。当时哈密长期无王，以奄克孛剌为长。弘治十年（1497年），他派遣部下写亦虎仙等到明朝朝贡，明廷给“币帛五千酬其直”④，孰料使臣贪心不足，犹久留大肆咆哮。礼官徐琼等请治其罪，“将各夷执送锦衣卫明正其罪”⑤。明廷遂将哈密使臣驱逐出境。⑥

弘治十年（1497年）冬天，明朝起用王越总制三边军务，同时兼经营哈密。弘治十一年（1498年）秋天，王越上奏说朝廷决不可以放弃哈密，陕巴亦不能废除，应该仍然沿袭其旧封。并令吐鲁番首先归还哈密城，酌量给以修城筑室之费，犒赐回回、畏兀儿、哈剌灰三种番人及赤斤、罕东、小列秃、乜克力诸部，以奖赏他们以前的功劳，而且鼓励其以

---

①张廷玉等：《明史》卷186《列传第七十四·许进》，第4924页。

②张廷玉等：《明史》卷329《西域一·哈密卫》，第8519页。

③张廷玉等：《明史》卷329《西域一·哈密卫》，第8519页。

④张廷玉等：《明史》卷329《西域一·哈密卫》，第8520页。

⑤《大明孝宗弘治实录》卷129，弘治十年（1497年）九月戊午，载田卫疆编《〈明实录〉新疆资料辑录》，第217页。

⑥张廷玉等：《明史》卷329《西域一·哈密卫》，第8520页。

后继续诚心效劳。明孝宗认为言之有理，遂批准王越所请。从此，哈密又恢复了往日的安定，吐鲁番亦如以前一样，向明朝“修贡惟谨”。①

而当时诸番以明朝闭关绝贡不得入，皆怨恨阿黑麻。阿黑麻后悔不迭，遂送还虏掠的哈密忠顺王陕巴以及大量百姓，乞求明朝向以前一样通贡。对于这一请求，明朝大臣进行了充分的讨论，西北边疆的防守大臣也对此事发表了自己的意见。据《明孝宗实录》卷131弘治十年(1497年)十一月庚子条记载，此年十一月，甘肃镇巡等官、太监陆訚等上奏道：“土鲁番速檀阿黑麻并其兄速檀马黑木今已悔过，送还陕巴及哈密人口，乞仍通贡路，并乞廷臣议处陕巴住守哈密及发遣哈密寄住苦峪等处夷众与各夷进贡事宜。”②

明孝宗将此建议交由朝中大臣讨论。他们商议后，认为吐鲁番速坛阿黑麻攻劫哈密，杀头目阿木郎，虏走哈密忠顺王陕巴，窃据哈密城，朝廷闭关绝贡，拘留吐鲁番使者，于今已将近20余年。自弘治七年(1494年)明廷不许吐鲁番入贡，距今也已4年有余。吐鲁番速坛阿黑麻“比因诸番归怨，天兵往临”③，于是方将陕巴连同原来虏掠的人口送还哈密，遣人求贡，虽然似有悔过之意，但是并没有进呈真正的番文，是否真心悔过还不清楚。如果轻易地立即允许其贡使来朝入贡，“恐虏情谲诈，纳侮愈甚”④。陕巴柔懦不能镇守哈密，欲待其送回之后，革去王封暂时让他在甘州居住。因为他受封的时间不长，又恰逢哈密残破之余勍敌乘机攻掠，亦难以深责其咎。现今哈密回回、畏兀儿、哈剌灰“三种夷人头目奄克孛剌与拜迭力迷失，写亦虎仙名位颉颃，未肯相下，陕巴之堪否掌管国事，未经通拘三种头目会审，遽难轻废其”⑤。奄克孛剌等人连同家属2450多人现在寄居于苦峪，哈密既然已经恢复，本来

①张廷玉等:《明史》卷329《西域一·哈密卫》，第8520页。

②《明孝宗实录》卷131，弘治十年(1497年)十一月庚子条，中央研究院历史语言研究所，1962。

③《大明孝宗弘治实录》卷131，弘治十年(1497年)十一庚子，载田卫疆编《〈明实录〉新疆资料辑录》，第218页。

④《大明孝宗弘治实录》卷131，弘治十年(1497年)十一庚子，载田卫疆编《〈明实录〉新疆资料辑录》，第218页。

⑤《大明孝宗弘治实录》卷131，弘治十年(1497年)十一庚子，载田卫疆编《〈明实录〉新疆资料辑录》，第218页。

应当立即发遣回故土并力住守，但是考虑到忠顺王陕巴去留未定，加之哈密城屡遭兵燹，荒垒凄然，而小列秃野、乜克力环居左右，万一又似往年一样被摧残破败，恐重亏明朝的国体，有损朝廷尊严。而哈剌灰头目拜迭力迷失等人的家口 190 人乃蒙古瓦剌种类，他们留驻肃州境外，又有大虏窥伺，如果将其发往苦峪居住，倘若与彼会合，必然又增加一个劲敌。应该采纳都指挥杨翥的建议，先观察各夷动静，然后再决定是让他们离开肃州，还是继续留在肃州。朝廷应该嘉奖满剌阿力克等人的往返之劳，并且敕命他们晓谕阿黑麻，让他"具真正番文，差亲信头目备方物进贡"①。兵部仍然移文甘凉镇巡官前往哈密，将陕巴及其家口取来在甘州居住，听候明朝下一步的安排，并且召集在苦峪寄住的回回、畏兀儿、哈剌灰"三种夷人译审"②，若众心果然归附陕巴，即具奏给予其金印和原赐衣服等物，让其暂时在苦峪居住。等到吐鲁番进贡的使臣确实到来，西域各国通贡不绝，然后在修复哈密城池和房屋的工料及"夷众衣粮牛种规画已定"之后，再将陕巴及其部民遣返哈密城合力住守。如果陕巴果真柔懦不立，亦当以礼遣还原来居处。在甘州寄住的撒马儿罕等处使臣和男女部民，镇巡官再审查无妨碍，即先行遣返。最后，朝臣一致坚持吐鲁番入贡"无番文不可骤许，必令具文乃从其请"③。明孝宗对大臣的讨论很满意，当即采纳了以上建议。

不料一波刚平一波又起，被阿黑麻所杀的已故忠顺王罕慎之弟奄克孛剌却与现任忠顺王陕巴不和，明朝对此极为苦恼，遂令陕巴迎娶罕慎之女以与奄克孛剌和好。而陕巴嗜酒掊克，大失民心，部下阿孛剌等皆有怨言。弘治十七年(1504 年)春，他们暗中勾结吐鲁番速坛阿黑麻，迎其幼子真帖木儿入主哈密。哈密忠顺王陕巴恐惧至极，急忙携带家眷逃往苦峪。当时奄克孛剌与写亦虎仙正在肃州，明朝守边大臣认为这二人素为番众所折服，遂命他们返回哈密辅佐陕巴，并与百户董杰一同前往。董杰素有胆略，他们抵达哈密后，阿孛剌与其党羽 5 人约定

---

①《大明孝宗弘治实录》卷 131，弘治十年(1497 年)十一庚子，载田卫疆编《〈明实录〉新疆资料辑录》，第 218—219 页。

②《大明孝宗弘治实录》卷 131，弘治十年(1497 年)十一庚子，载田卫疆编《〈明实录〉新疆资料辑录》，第 219 页。

③张廷玉等：《明史》卷 329《西域一・哈密卫》，第 8520 页。

夜晚率兵来劫杀。董杰得知此消息后，与奄克孛剌等详细谋划，决定擒贼先擒王，假意召请阿孛剌等人议事，等阿孛剌等人来到后立即将他们斩杀，群龙无首，其部下遂不敢再叛乱。于是明廷命令陕巴返回哈密，真帖木儿返回吐鲁番。此时真帖木儿年方 13 岁，其母亲即罕慎的女儿。他闻听此时自己的父亲阿黑麻已经死去，由兄长满速儿嗣为速坛，并与诸弟互相仇杀，真帖木儿惊惧万分，不敢贸然返回吐鲁番，情愿投靠外祖父奄克孛剌。而明朝守边大臣考虑到他与陕巴之间存在矛盾，遂让其暂时居住于甘州。弘治十八年（1505 年）冬天，哈密忠顺王陕巴去世，其子拜牙即自称速坛，明朝册封他嗣为哈密忠顺王。明廷令奄克孛剌、写亦虎仙、满哈剌三等人共同辅佐忠顺王拜牙即。但写亦虎仙阴险狡诈，后来他暗中投靠吐鲁番，并唆使吐鲁番侵据哈密。

明武宗正德三年（1508 年），哈密派遣写亦虎仙到明朝入贡，他却不与通事同行，自己单独携带守边大臣的文牒到达北京投进。大通事王永对此非常恼怒，疏请明廷究治其罪，写亦虎仙亦奏称王永对自己横加勒索。当时王永"供奉豹房"，恃宠恣横。明武宗下诏勿究治写亦虎仙，并两次诫谕王永。通过这件事，写亦虎仙更加轻视明朝，潜怀异志。起初，拜牙即嗣忠顺王之位后，吐鲁番速坛满速儿与其通好，而且派遣使者向他索要真帖木儿。明朝守边大臣建议"与之便"，归还真帖木儿。而朝中大臣却认为"土鲁番稔恶久，今见我扶植哈密，声势渐张，乃卑词求贡，以还弟为名。我留其弟，正合古人质其亲爱之意，不可遽遣"①。明武宗遂采纳此建议，没有立即将真帖木儿归还吐鲁番。直到正德六年（1511 年），明朝才命令写亦虎仙同都督满哈剌三送真帖木儿西归吐鲁番。他们行至哈密，奄克孛剌欲加以阻止，却遭到写亦虎仙与满哈剌三二人的严辞拒绝。写亦虎仙与满哈剌三两人护送真帖木儿至吐鲁番后，却"以国情输满速儿"②，将哈密的虚实向其和盘托出，并且引诱忠顺王拜牙即背叛明朝。哈密忠顺王拜牙即本来就昏愦愚昧，生性好淫残暴。这时他心里非常害怕部下杀害自己，加之吐鲁番速坛满速儿又用甘言进行引诱，于是他欲胁迫奄克孛剌共同叛逃往吐鲁番，奄克孛剌

①张廷玉等：《明史》卷 329《西域一・哈密卫》，第 8521 页。

②张廷玉等：《明史》卷 329《西域一・哈密卫》，第 8521 页。

不从，趁机逃往肃州。正德八年(1513 年)秋天，拜牙即放弃哈密城，叛逃往吐鲁番前往依附，哈密再次失守。忠顺王拜牙即公开叛逃往吐鲁番，表明哈密彻底与明朝决裂，成为吐鲁番的附庸，这完全背离了永乐年间明朝设立哈密卫的初衷。

忠顺王拜牙即公开叛逃往吐鲁番，吐鲁番速坛满速儿立即派遣火者他只丁占据哈密。之后，他又派遣火者马黑木前往甘肃，向明朝守边官员诡言哈密忠顺王拜牙即才能平庸，不能防守哈密城，满速儿才派遣将领代替他镇守此城，请求明朝犒赐吐鲁番的代为守城之劳。正德九年(1514 年)四月，此事奏报明朝，明廷命都察院左都御史彭泽前往经略。彭泽还未到达，吐鲁番已经派兵分别劫掠了苦峪、沙州等地，而且扬言"予我金币万，即归城印"①。彭泽到达甘州，认为"番人嗜利，可因而款也"②，"增赏物以怀来之。而夷性变诈，嗜利无厌，卒不得要领"③。巡按御史冯时雍却上奏反对说："回夷贪狡反复，非厚惠可怀，宜闭关绝其朝贡。"④明朝最终采纳彭泽的建议，派遣通事马骥携带诏书前往抚谕吐鲁番说，如果归还所侵之地及忠顺王拜牙即，明朝就给予重赏。吐鲁番速坛满速儿假意答应，彭泽遂给以"币帛二千，及白金、酒器一具"。

正德十一年(1516 年)五月，巡抚都御史李昆寺又上奏朝廷说："速檀满速儿言：速檀拜牙即所为不顺，且交斗其兄弟，不可复立。即还哈密，人心已失，难保无变。乞下廷臣议，别立安定故王千奔后裔。如必欲仍取速檀拜牙即，乞降敕宣谕速檀满速儿兄弟并它只丁，仍各厚赐缯帛，冀其怀惠效顺。"⑤

明武宗将此事交由兵部加以讨论，兵部进行了充分的商讨后向他建议说："经略西番，已逾三年，而速檀拜牙即竟无还期，宜兴师绝贡，不

①张廷玉等：《明史》卷 329《西域一・哈密卫》，第 8521 页。

②张廷玉等：《明史》卷 329《西域一・哈密卫》，第 8521 页。

③《大明武宗正德实录》卷 137，正德十一年(1516 年)五月庚寅，载田卫疆编《〈明实录〉新疆资料辑录》，第 236 页。

④《大明武宗正德实录》卷 137，正德十一年(1516 年)五月庚寅，载田卫疆编《〈明实录〉新疆资料辑录》，第 236 页。

⑤《明武宗实录》卷 137，正德十一年(1516 年)五月庚寅条，中央研究院历史语言研究所，1962。

可遂其要求，损我威重。但城、印既归，国体具在，宜从昆等言，降敕二道：一切责速檀满速儿忘背国恩，乃听它只丁之言，要求无厌。仍量加赏赐，令其改过，与把巴歹送速檀拜牙即来归，所得赏物亦量分把巴歹，以示协和之意。一宣谕把巴歹，毋终执迷，以贻后悔。如番酋输诚听命，令袭封如故，狂悖不从，则闭关拒之。仍严兵以为备。"①

听了兵部的建议，明武宗采纳其策，派遣通事前往吐鲁番宣谕明朝的国威，"重赏，其酋悔过效顺"②。吐鲁番速坛满速儿得到明朝大量财物后，将金印及哈密城交给满哈剌三、写亦虎仙二人，召还占据哈密的火者他只丁，并归还所夺赤斤卫的印信。而哈密速坛忠顺王拜牙即，却仍滞留在吐鲁番速坛满速儿之弟把巴歹的阿速城未归。

起初，写亦虎仙与吐鲁番速坛满速儿深相勾结，首倡逆谋。不久二人之间发生矛盾，满速儿欲杀掉他。写亦虎仙非常害怕，恳求满速儿的心腹他只丁帮助自己脱险，并诡言事成之后，自己到肃州就给其币千五百匹作为报答。写亦虎仙还唆使吐鲁番入寇明朝，极言肃州唾手可得。满速儿大喜，令他与其女婿马黑木一同到明朝入贡以探听虚实，并且接收明朝的回赐财物。明朝守边大臣因为同来火者撒者儿是火者他只丁之弟，害怕其中有诈，他们会乘机作乱，于是将他连同同伙虎都写亦一块羁押在甘州，同时催促写亦虎仙出关。写亦虎仙大为恐惧，不肯只身出关。他只丁闻听其弟被明朝守边大臣拘押，勃然大怒，又重新率兵夺取哈密城，请满速儿移居哈密，分兵胁据沙州，拥兵入寇明朝。吐鲁番兵大举进犯，他们到达兔儿坝时，明朝游击芮宁与参将蒋存礼、都指挥黄荣、王琮各率兵前往抵御。芮宁领兵率先到达沙子坝，与敌遭遇后激战被围。吐鲁番兵采取围点打援的战术，将芮宁所率明军700人全部歼灭，之后直扑肃州城，并且声言索要以前写亦虎仙许诺给的大量币帛。形势十分危急，明朝副使陈九畴急忙率兵固守肃州城，他首先肃清了城内吐鲁番的许多内应。吐鲁番兵知道已经泄密，担心明朝的援军到达，遂在肃州城周围大肆抢掠一番后离去。

正德十二年(1517年)正月，明廷得知肃州告急，复命都察院左都

①《明武宗实录》卷137，正德十一年(1516年)五月庚寅条。

②张廷玉等:《明史》卷329《西域一·哈密卫》，第8522页。

御史彭泽总制军务，偕同中官张永和都督郄永一起率军西征，救援肃州。不久，吐鲁番兵返回到达瓜州时，副总兵郑廉联合奄克孛剌的士兵将他们击败，斩首 79 级，吐鲁番士兵仓皇逃去。之后，吐鲁番又与蒙古主要部落瓦剌为敌，双方进行了激烈的战斗，吐鲁番力量逐渐不支，遂被迫向明军“移书求款”投诚，于是彭泽等停止进军。而在此之前，哈密写亦虎仙与儿子米儿马黑木、女婿火者马黑木及其同伙失拜烟答，皆因为充当吐鲁番的内应被关押于肃州城内的监狱中，在审讯时失拜烟答被捶打致死。等到吐鲁番兵退去，危机解除后，写亦虎仙被押解往北京审问，被关押在刑部的监狱中，其子米儿马黑木则仍然被关押于甘州。失拜烟答的儿子米儿马黑麻是写亦虎仙的侄女婿，当时因为向明朝入贡恰好在北京未回，他探知兵部尚书王琼欲陷害都察院左都御史彭泽，遂突然闯入长安门为在甘州被捶死的父亲失拜烟答讼冤，于是他被关押进锦衣的监狱中进行审问。此时恰逢兵部法司请求到甘肃“讯报”，王琼意欲趁此机会兴起大狱。于是他奏请派遣两名科道官员前往甘肃勘明情况，并得到明武宗批准。正德十二年(1517 年)勘查书送达北京，结果这一案件与彭泽并无任何牵涉。王琼看到这一结果与自己希望的结果正好相反，恼怒异常，但是他并不甘心就此罢休。五月，他又奏劾彭泽“欺罔辱国”，彭氏被迫“以衰病乞休”离职。时人多为彭泽报屈鸣不平，谓“盖泽之去，实为兵部尚书王琼所挤，举朝虽惜之而不能留也”。① 彭泽称病离职后，王琼仍然不依不饶，继续罗织其罪，并大肆株连。正德十三年(1518 年)三月，明廷遂进一步贬斥彭泽为民，逮甘肃巡抚都御史李昆、兵备副使陈九畴至北京治罪。② 写亦虎仙亦免死减罪，他遂通过巴结明武宗宠幸的太监钱宁，与自己的女婿马黑木被允许在明武宗身旁服侍。写亦虎仙极尽谄媚之能事，明武宗对他很满意，“赐其国姓”，授锦衣指挥，随驾南征。

吐鲁番速坛满速儿侵犯明朝边境后，屡次向明廷请求通贡，皆未得逞。正德十五年(1520 年)，他只好归还以前俘虏的明朝将士和忠顺王家属，再次求贡，这样才获取了明廷的谅解，被允许继续通贡，而哈密忠

①《明武宗实录》卷 149，正德十二年(1517 年)五月乙未条。

②《明武宗实录》卷 160，正德十三年(1518 年)三月壬子条。

顺王拜牙即却仍然没有返回哈密。当时巡按御史潘倣竭力反对和吐鲁番通贡，但是明廷并没有采纳他的建议。

第六节　嘉靖时期明朝对哈密卫的弃守

正德十六年(1521 年)三月，平日行事不拘礼法的明武宗突然暴崩于豹房。因为他没有留下子嗣，此年四月，遂由其堂弟朱厚熜嗣大明皇帝位，是为明世宗，次年改年号为嘉靖。明世宗嗣位之初，主政的杨廷和因为写亦虎仙熟知明朝的虚实内情，担心他回到哈密后必为边境大患，于是在明武宗的遗诏中历数其罪后，连同其儿子、女婿一块儿诛杀，并且重新起用被贬谪的陈九畴为甘肃巡抚。当时吐鲁番速坛满速儿每年来朝贡，朝廷待之依旧向以前一样，亦不再过问哈密忠顺王拜牙即是否由吐鲁番返回哈密一事。

嘉靖三年(1524 年)秋天，吐鲁番突然以 20000 骑兵再次围攻肃州，分兵进犯甘州。甘肃巡抚陈九畴和总兵官姜奭等率领明军奋力作战，大败敌军，斩杀吐鲁番的重要将领他只丁，吐鲁番兵溃败退去。明廷闻报吐鲁番入寇，命兵部尚书金献民前往讨伐。他抵达兰州时，吐鲁番兵早已退去，于是他只好还朝。陈九畴遂力主“贼不可抚”，请闭关绝贡，专意巩固边防。明廷认为此言甚是，并采纳了他的建议。

嘉靖四年(1525 年)秋天，吐鲁番再次进犯肃州，分兵围攻明朝参将云冒，而以大军直抵南山。当时陈九畴已经被明廷解职，其他将领所率援兵到达后，吐鲁番士兵才解围遁去。欲壑难填的吐鲁番不断进犯，使甘肃蒙受了极大的损失，地方军民恐惧万分。此年十二月，基于对甘肃百姓安全的担忧，巡抚甘肃都御史寇天叙与镇守太监董文忠、总兵官都督姜奭、副总兵赵镇等地方官员一起上奏朝廷，提出了非常中肯的建议。对此，杨一清《关中奏议》卷 12《捉获奸细构引大势回贼犯边等事疏》记载他们的建议道：“况我边疆之守与不守，系于边备之修与不修，初不系于回夷之通与不通。使我边备诚修，回夷通亦可，不通亦可。我边备不修，通固不可，不通愈不可。吐鲁番酋所以敢屡肆逆命者，奸黠谲诈,固犬羊之常性,然以正德年来观之,我亦有可乘之衅也。为今之计,惟在修我边备,使粮草充积,士马精强,城堡坚完,烽火严明。彼来求和,则责以大义,峻词谢绝;彼来侵掠,则整顿兵马,痛加剿杀。使彼求通不得,侵掠无获,数年之后,必悔罪纳款,还我哈密,归我抢掠男妇,度其诚恳,姑容入贡。既通之后,必须查照祖宗旧规,处待有道,使彼无词可借,无隙可投,如此庶恩威两尽,不悖古人柔远之道。"

这些官员指出明朝的当务之急是加强地方的防御力量,力主应该以不变应万变,以静制动,彼有见地。对于这一点,提督陕西三边军务的兵部尚书杨一清在甘肃经略时,深有同感。针对吐鲁番一再进犯明朝西部边陲,有大臣提出用断绝其贡路的经济手段予以坚决回击,狠狠打击其嚣张气焰。嘉靖四年(1525 年)十二月,前述巡抚甘肃都御史寇天叙与镇守太监董文忠、总兵官都督姜奭、副总兵赵镇等地方官员在上疏朝廷时,力主此议。《关中奏议》卷 12 亦记载:"必欲永保河西,惟有闭关绝贡而已。闭关则我有益,绝贡则彼受害。何谓益? 在边则寄食省而军饷不费,在途则贡馈省而驿递不扰,在朝则赏赉省而财用有余,吾其不受益乎? 彼绝贡路,彩缎不去,则彼无华衣;铁锅不去,则彼无美食;大黄不去,则人畜受暑热之灾;麝香不去,则床榻盘虺蛇之害。彼日用之所不可无者,又不止此,一旦贡绝,一物不出,彼其不受害乎? 吾持此有益之柄,而彼蒙受害之实,吾不能持吾柄而屈彼之膝,而反事武之虚张,而受彼之祸,为计不已拙乎。"

这些官员的建议鞭辟入里地指出了吐鲁番的要害所在,建议明廷有针对性地在其朝贡一事上做文章,不战而屈之,非常有道理。当时对于如何对待吐鲁番朝贡的问题,明朝内部进行了一番讨论,但是意见始终无法统一。嘉靖五年(1526 年)正月,兵部尚书杨一清上《捉获奸细构引大势回贼犯边等事疏》,并不赞成"闭关绝贡"这种杀敌一千,自损八百的做法,主张"御戎无上策,自治为上策"。他认为绝贡既不能致吐鲁番之命,又不能使其心服口服。"我能绝其入贡之路,不能阻其犯边之路。倘此虏始终不悛,纠众复入,而我残破之寨堡,修葺未完,创伤之兵马,元气未复,甘肃之地,岂堪再破坏耶!",而且腹里人民为饥寒所迫,相率啸聚为盗,"彼强盛之虏,既失其所以为生,岂肯坐以待毙! 侵犯之谋，势所必有”，绝贡并不能一劳永逸。①

此时，吐鲁番屡次进犯边疆城池，明朝当权者却不能运筹帷幄，振扬国威，为边疆百姓复仇雪耻，个别新掌权者反而借此时机忙于弄权修恩怨，公报私仇，遂致“封疆之狱起”。锦衣卫带俸署百户王邦奇曾经已经传升千户，却突然“遇诏削级”，而诏书出自大学士杨廷和之手。等他奏请恢复旧职后，又为复职的兵部尚书彭泽所抑制。因此，他非常怨恨这两个人。嘉靖六年（1527 年）春天，他上疏陈述边事时别有用心地说：“今哈密失国，番夷内侵，由泽总督甘肃时赂番求和……廷和草诏论杀写亦虎仙所致。宜诛此两人，更选大臣，兴复哈密。则边事尚可为。”②借“大礼议之争”上台掌权的新贵吏部尚书桂萼和兵部左侍郎张璁等人，遂欲借此兴起大狱，他们不仅贬斥杨廷和与彭泽为民，而且“尽置其子弟亲党于理，有自杀者”③。明世宗复派遣给事、锦衣卫官“往按”，前往哈密了解具体情况。吐鲁番头目牙兰言：“非敢获罪天朝，所以犯边，由冤杀写亦虎仙、失拜烟答二人故。今愿献还城印赎前罪。”④朝廷将此事交由兵部讨论，兵部尚书王时中等言：“番酋乞贡数四，先已下总制尚书王宪，因其贡使镌责。所请当不妄，第其词出牙兰，非真求贡之文，或诈以款我。若果悔罪，必先归城印及所掠人畜，械送首恶，稽首关门，方可听许。”⑤

明世宗采纳其建议后，吏部尚书桂萼却出于为自己立威固权的政治斗争需要，“以前狱未竟”，必欲重兴大狱，请留吐鲁番头目牙兰为人质，派遣译者谕令吐鲁番速坛满速儿归还所侵之地。他随后与礼部尚书方献夫和兵部尚书王时中等共同商议，故意为挑激之词以激怒明世宗说：“番人上书者四辈，皆委咎前吏，虽词多诋饰，亦事发有因。宜遣官严核激变虚实，用服其心，其他具如前议。九畴报捷时，言满速儿、牙

---

①杨一清：《关中奏议》卷 12《捉获奸细构引大势回贼犯边等事疏》，清嘉庆五华书院刊本。

②《明世宗实录》卷 73，嘉靖六年（1527 年）二月己未条，中央研究院历史语言研究所，1962。

③张廷玉等：《明史》卷 329《西域一·哈密卫》，第 8524 页。

④张廷玉等：《明史》卷 329《西域一·哈密卫》，第 8524 页。

⑤张廷玉等：《明史》卷 329《西域一·哈密卫》，第 8524 页。

兰已毙炮石下，二人实未死。”①

明世宗本来就怀疑吐鲁番头目牙兰进犯肃州这件事必有其原因，看到桂萼等人所奏建议之后，更加坚定了自己先前的判断，怀疑守边大臣欺罔自己，于是他大动肝火，亲自写诏书数百言切责甘肃巡抚陈九畴，且动了杀机，欲置之死地，并告诫首辅杨一清不得庇护党羽。之后他差遣官员逮捕甘肃巡抚陈九畴、曾任兵部尚书的金献民、曾为甘肃巡抚都御史的兵部右侍郎李昆等人，此案牵连甚广，受株连者有40余人。

借“大礼议之争”掌权的桂萼、张璁等大兴“封疆之狱”，卷入其中的重臣杨廷和、金献民、陈九畴等人皆被罢黜，在桂萼等人极力推荐下，明廷遂起用前兵部尚书王琼主持西北防务。而这时哈密危机愈演愈烈，明廷的西北边政却毫无头绪，一塌糊涂，在哈密问题上明朝的处境越来越被动，妥善解决哈密问题已经迫在眉睫。而在对待吐鲁番朝贡的问题上，受政局变动、政治斗争加剧影响，明朝内部始终无法形成统一认识。在出兵兴复哈密没有任何希望的情况下，一些主事大臣乃退而求其次，开始筹划缓和同吐鲁番日渐紧张的关系，以便和平解决哈密问题。嘉靖六年(1527年)，主持西北防务的王琼力主发兵兴复哈密，不赞成实行“闭关绝贡”的政策与吐鲁番彻底闹翻。他到任后上疏明世宗皇帝说：“奈何守臣之计不能出此，漫谓土鲁番服而又叛，去而复来，非信义之所能结，往往大言以张虚名，不顾酝酿渐成实祸。既将已经奏准遣还夷人自今不放，又将新贡夷人羁留肃州，自谓使之进不得贡，退不得归，操纵在我，以慑其骄悍之气，盖止知泥古欲绝其入贡之路，而不知度今不能绝其入寇之路也。前此土鲁番令牙木兰来沙州住坐，乞放出进贡夷人带回赏赐，彼即退还哈密城池并抢去人口，在我自当推赤心置其腹中，许之可也。而守臣乃以为未有悔过输诚实迹，令其将先年抢去人口头畜尽数送还，及将教唆犯边首恶绑送甘州，又令其访取忠顺王的派子孙承袭。凡此皆自示以疑，而又责以难从之事，教之使不得和也。”②

明朝群臣也开始反思对吐鲁番的对策，进行了一场颇为激烈的讨

①张廷玉等：《明史》卷329《西域一·哈密卫》，第8524页。

②严从简：《殊域周咨录》卷13《西戎·土鲁番》，第460页。

论，纷纷提出自己的见解。刑部尚书胡世宁认为朝廷应该“如先朝和宁，交趾故事，置哈密不问，不必再辱皇命，究诘城印，以中彼要索之计”①，主张朝廷放弃哈密，不要为这一地区再劳心伤神，以小失大。兵部主事霍韬则坚决反对放弃哈密，他说：“保哈密所以保甘肃也，保甘肃所以保陕西也。若曰哈密难守则弃哈密，甘肃难守而亦弃甘肃可乎？因弃甘肃遂弃临洮、宁夏可乎？西北二边与虏为邻，退尺寸则失寻丈，是故疆场弃守之议不可不慎也。……若西北二边则据险以守，我一失险，则虏必据之矣。虏人据险，中国大患无穷矣。”②

同时，针对“今哈密之嗣三绝矣，天之所废，人谁能兴之”③的难题，兵部主事霍韬还建设性地提出册封哈密忠顺王要务实的建议，力主“苟于诸夷求其雄杰，足以守我城池，护我金印，和戢诸戎，修我贡职，力能自立，即可因立之矣，固不必求胡元之孽可也。……尔诸戎有并心共力破灭土鲁番，即封尔为忠顺王，授尔金印，以主西戎”④，建议选择镇守哈密者时不要画地为牢，拘泥于只能立忠顺王的子孙，而应该扩大视野，改变思维方式，选择有能力守卫哈密者来主政。

嘉靖七年（1528 年）正月，明世宗将甘肃巡抚陈九畴逮至北京下狱之后，吏部尚书桂萼等必欲杀陈九畴而后快，并株连杨廷和与彭泽。刑部尚书胡世宁竭力营救，苦苦劝谏，力辩其枉，明世宗方稍微醒悟，将陈九畴免死戍边，将彭泽、金献民等人免职。明廷此番自毁长城般的行为，使吐鲁番速坛满速儿的气势益骄。而桂萼又推荐王琼总督三边，全部释还陈九畴所系吐鲁番使者，答应其继续通贡。然而吐鲁番速坛满速儿根本不悔罪，“侮玩如故”。当时牙兰获罪其主满速儿，率部帐来归，守边大臣收留了牙兰。此事令满速儿非常恼怒，其部下虎力纳咱儿遂引瓦剌 2000 余骑进犯肃州。他们进军至老鹳堡，适逢撒马儿罕的贡使在堡中，“贼呼与语”。游击彭濬率兵向其发起攻击，他们急忙说“欲问信通和”，彭濬不信其言，继续攻打。当时总督三边的王琼秉承新掌

①《大明世宗嘉靖实录》卷 86，嘉靖七年（1528 年）三月庚寅，载田卫疆编《〈明实录〉新疆资料辑录》，第 258 页。

②严从简：《殊域周咨录》卷 12《西戎·哈密》，第 424—425 页。

③黄光升：《昭代典则》卷 26《世宗肃皇帝》，第 1137 页。

④黄光升：《昭代典则》卷 26《世宗肃皇帝》，第 1137—1138 页。

权的张璁、桂萼等人的意思,“必欲议抚”。于是说吐鲁番已悔过,应该赦免其罪以罢兵息民,并上奏彭濬及副使赵载立功情形,奏章送达兵部。起初,时任刑部尚书的胡世宁力救甘肃巡抚陈九畴时,向明廷建议放弃哈密。他说哈密忠顺王拜牙即长期滞留吐鲁番不归,实际上早已经成为其臣属,即使他再回到故土哈密,亦仍然是吐鲁番的臣属。而其他族裔无可继承忠顺王位者,“回回一种,早已归之”。哈剌灰、畏兀儿二族逃附肃州已久,不可以驱之出关,哈密如何能够兴复?即使得到忠顺王的“嫡派”,给之金印,助之兵食,则“谁与为守”?不过一二年又为他人夺去,如此只能增益彼之富强,侮辱大明王朝之皇命,“徒使再得城、印,为后日要挟之地。乞圣明熟筹,如先朝和宁交阯故事,置哈密勿问。如其不侵扰,则许之通贡。否则,闭关绝之,庶不以外番疲中国”。① 这时胡世宁由掌刑部改掌兵部,他又上奏明世宗,再次提出弃守哈密的建议。对此,《明史》卷 329 记载说:“番酋变诈多端,欲取我肃州,则渐置奸回于内地。事觉,则多纵反间,倾我辅臣。乃者许之朝贡,使方入关,而贼兵已至,河西几危。此闭关与通贡,利害较然。今琼等既言贼薄我城堡,缚我士卒,声言大举,以恐吓天朝,而又言贼方惧悔,宜仍许通贡,何自相抵牾。霍韬又以贼无印信番文为疑,臣谓即有印信,亦安足据。第毋堕其术中,以间我忠臣,弛我边备,斯可矣。牙兰本我属番,为彼掠去,今束身来归,事属反正,宜即抚而用之。招彼携贰,益我藩篱。至于兴复哈密,臣等窃以为非中国所急也。夫哈密三立三绝,今其王已为贼用,民尽流亡。借使更立他种,彼强则入寇,弱则从贼,难保为不侵不叛之臣。故臣以为立之无益,适令番酋挟为奸利耳。乞赐琼玺书,令会同甘肃守臣,遣番使归谕满速儿,诘以入寇状。倘委为不知,则令械送虎力纳咱儿。或事出瓦剌,则缚其人以自赎。否则羁其使臣,发兵往讨,庶威信并行,贼知敛戢。更敕琼为国忠谋,力求善后之策,以通番纳贡为权宜,足食固圉为久计,封疆幸甚。”②

对于后部尚书胡世宁的放弃防守哈密这一建议,明世宗深以为然,命令王琼“熟计详处,毋轻信番言”。一时明朝朝野上下几乎无人再主

① 张廷玉等:《明史》卷 329《西域一·哈密卫》,第 8525 页。

② 张廷玉等:《明史》卷 329《西域一·哈密卫》,第 8525—8526 页。

张兴兵收复哈密，鉴于这种情况，嘉靖八年(1529 年)，甘肃巡抚唐泽亦以哈密不容易兴复，“请专图自治之策”。此年四月，总制陕西三边军务的王琼认为其言很有道理，于是将他的建议上奏明世宗。对此，《明世宗实录》卷 100 嘉靖八年(1529 年)四月戊子条记载此事说：“臣闻汉赵充国奉命西征曰：‘愿至金城，图上方略。’盖百闻不如一见，阃外之事，难以臆度遥制故也。臣尝观都御史唐泽、御史刘濂议处哈密、土鲁番事宜，皆身亲履历，见真而议当，可谓国是矣。向已会奏而未见允行，故今日纷纷，迄无定论。其言曰：‘今议土鲁番占据哈密一节，有已然之迹，有当然之理，有必然之势。抚之以恩而彼志益骄，震之以武而我力先屈，此已然之迹也。顺则绥之而不为之释备，逆则御之而不为之劳师，此当然之理也。处置得宜则远服而迩安，处置失宜则兵连而祸结，此必然之势也。盖师不可以轻举，寇未可以横挑。其大者有五焉。我之军额空存百无一补而兵不足，屯田满望十有九荒而食不充，一也。屡挫而怯，久戍而疲，我之锐气未振；长驱而入，满载而还，彼之逆焰方张，二也。我失瓦剌之援而进无所资，彼合瓜州之力而退有所据，三也。河东临洮诸府，甘肃之根本，而伤夷未苏；关外赤斤诸卫，甘肃之藩篱，而零落殆尽，四也。西南巢海上之虏，防守难撤；东北梗山后之戎，馈饷难通，五也。况哈密地界群虎之中，今若大发兵粮，远冒险阻，强驱垂亡之部落，复还久失之封疆，是送羊入虎耳。掣兵而归，则彼难独立；留兵以守，则我难久劳，皆必危之道，非自然之策也。窃谓莫危于战，莫安于守，忠顺王之绍封，势宜加慎，土鲁番之求贡，理可俯容。索还城池，存我继绝之名，而渐图兴复。宜谕酋长，开彼效顺之路，而严加堤防。选任将帅而责其成，搜补卒乘而养其锐，专官运粟河东以济乏朵之急，募民广屯塞下以浚足食之源。俟我无不修之备而彼有可乘之机，然后惟所欲为，俫瓦剌，屯苦峪，城瓜沙，兴哈密，襟喉西域，拱卫中华，将无不可矣。若今日则非其时也。’臣反复参详泽等之议，知其明习时务，深加叹服。乞勅兵部，早定国是，以便奉行。”①

王琼在奏疏中对明朝的实力、关外诸卫、边备事宜以及吐鲁番情况

①《明世宗实录》卷 100，嘉靖八年(1529 年)四月戊子条，中央研究院历史语言研究所，1962。

进行了详尽的剖析，实事求是地深入分析了当时明朝面临的种种困难，在此情况下兴复哈密不啻白日做梦，其见解很中肯。明廷遂采纳以上意见，并且交由兵部商议。经过深入讨论，兵部尚书李承勋进言说："唐泽原奏固深合夷情，但机不可先设，变不可预图，用兵驭夷，惟在随机应变，要非画一之法可以持循而世守也。今第令甘肃镇巡诸臣量度事势，从宜行之。"①

明世宗对李氏的建议非常赞赏，深嘉其言，并采纳其策。② 此年，吏部尚书桂萼也主张"夷狄苟以诚归，朝廷亦当以诚待，今不乘其来而怀之，则哈密之地何时可归？而边鄙之患何时可息"③，应该扣留牙木兰作为人质，派遣译者单骑晓谕吐鲁番速坛满速儿，责以访哈密之后，归还所掠哈密金印、城池，改过自新，方允许继续通贡。他认为明朝解决哈密问题"不在于关门之闭与不闭，惟在于内治之修与不修也"④，现今哈密虽然不可兴复，但也不可废弃，明朝一旦放弃哈密，则吐鲁番"以为我不以哈密为轻重，必启其侵谋肃州之心，大为不可。故哈密之地，不可恢复而亦不可弃也"⑤，建议明廷既不可以立即收复哈密，又不能公开声明放弃哈密，采取模糊战略。如此，不但能够使明朝摆脱进退维谷的窘境，而且也不失对哈密的羁縻名分，维护了明廷的尊严，此一举两得的建议与明世宗的意思不谋而合，于是明朝君臣达成了在保存朝廷体面的前提下解决哈密问题的共识。至此，明朝"置哈密不问"的政策终于形成，正式放弃了对哈密的长期经营，被迫退守嘉峪关，抛弃了关外以西诸地，明初所设的关西诸卫也名存实亡。同时，明朝允许吐鲁番来明朝通贡，最终从围绕哈密而与西域不少政权之间产生的种种复杂矛盾中解脱出来，"西陲藉以息肩"⑥。而哈密后来为失拜烟答的儿

---

①《明世宗实录》卷100，嘉靖八年(1529年)四月戊子条。

②《明世宗实录》卷100，嘉靖八年(1529年)四月戊子条。

③《大明世宗嘉靖实录》卷83，嘉靖六年(1527年)十二月癸亥，载田卫疆编《〈明实录〉新疆资料辑录》，第255页。

④桂萼：《进哈密事宜疏》，载陈高华编《明代哈密吐鲁番资料汇编》，商务印书馆，2017，第410页。

⑤桂萼：《进哈密事宜疏》，载陈高华编《明代哈密吐鲁番资料汇编》，第411页。

⑥张廷玉等：《明史》卷329《西域一·哈密卫》，第8526页。

子米儿马黑木所占有，并且他仍然“服属”吐鲁番。需要注意的是，尽管明朝已经放弃了哈密，但是仍旧要求哈密每年向自己朝贡一次。在朝贡这一点上，哈密与明朝的关系明显不同于西域的其他诸番。直到隆庆、万历朝，哈密还入贡明朝不绝，然而此时统治哈密地区的最高统治者，已经不是昔日的“忠顺王苗裔矣”①。

结　语

综上所述，自永乐四年(1406 年)三月明成祖设哈密卫，至嘉靖八年(1529 年)四月明世宗“置哈密不问”，正式放弃对这一地区的长期经营，哈密卫存在了 120 多年。在这 120 年间，这一地区正式纳入了明王朝的直接统治之下，延续了汉代至元代以来西域地区受中原王朝管辖的局面。哈密卫自设置伊始，便承担了单独处理卫内事务、向明朝朝贡、代为管理西域进贡事宜、提供侦察情报等多种职能，扮演着“国”与“卫”的双重角色。对于哈密卫与明王朝亲密而复杂的关系及命运多舛，明人王世贞感慨地说：“西虏如忠义王，北虏如太平王，如和宁王，皆待之以王号，取羁縻而已。独永乐哈密忠顺王筑城池，赐金印，复设长史、纪善、卫经历，以中国庶僚周安、刘行、韦思诚充之，则俨然亲王矣。哈密累建累废，后为土鲁番所并。虽以诏旨还王及印，微弱不振终难复也。”②

哈密卫特殊的地理位置，既使它成为沟通中原和西域的咽喉要道，又使它成为周边强蕃觊觎的对象，成为中原和西域各方势力激烈角逐的场所。在哈密卫设立之初，这一地区的社会秩序还比较安定，西北边疆尚未出现大的变故。而随着西域和北方各种势力的此消彼长，哈密地区的变故不断。明英宗正统年间至天顺年间，哈密北部的近邻瓦剌日益强盛起来，不断与明朝争夺哈密地区。瓦剌首领也先蛮横地要求

---

①张廷玉等：《明史》卷 329《西域一・哈密卫》，第 8526 页。

②王世贞：《弇州史料后集》卷 47《夷王如亲王》。

哈密忠顺王背叛明王朝,归顺瓦剌。哈密忠顺王不敢答应,也没有完全拒绝,力图左右逢源,在瓦剌和明朝的夹缝中艰难地维持自己的地位,与明朝的关系由亲密开始向疏远转变。瓦剌衰落后,明宪宗成化以降,哈密西边的近邻吐鲁番迅速崛起,势力日渐强大,积极向外扩张势力,不断向东攻打哈密卫,强占其城池,虏掠其人畜。而明朝千方百计扶植的忠顺王非常平庸懦弱,哈密内部各部族又各为己谋,离心离德,加之明朝中后期政治腐败,党争不断,边备废弛,其对哈密的政策乏善可陈,致使哈密城屡被攻破,百姓流离失所,生活异常艰难。

嘉靖初期,明朝朝野上下对哈密卫的兴废问题展开了激烈讨论,但哈密卫的命运很大程度上为明朝内部的党派倾轧所左右。最终于嘉靖八年(1529 年)四月,明世宗冠冕堂皇地准许哈密"专图自治之策",主动放弃了哈密卫,实行战略收缩,明朝的势力退回到嘉峪关之内。之后,哈密即长期处于吐鲁番的统治之下。同时,明朝放弃哈密卫也意味着默认吐鲁番在西北诸族诸国中的领袖地位,而包括吐鲁番在内的西域诸族诸国定期与明朝通贡也说明,明朝以牺牲哈密卫为代价,在西北边境获得了体面却无多少实际意义的和平。一言以蔽之,尽管哈密卫地理位置险要,处于西域诸族诸国与中原联系的交通要道,明王朝付出巨大代价对其竭力扶植,长期羁縻。但非常令人遗憾,它自始至终没有能够胜任明王朝赋予的"迎护朝使,统领诸番"重任,却成了明朝长期而沉重的包袱,最终在明朝与西北边疆各方势力激烈的斗争中成了牺牲品。可以说,哈密卫的兴废是明代前期和中期西北边疆政治风云变幻的一个缩影,反映着当地的社会变迁。

第三章　明代哈密卫的社会经济

人类社会是一个有机整体，其走向和发展有赖于各种要素的相互作用和相互制衡。社会的现实基础是经济过程，特别是物质的经济过程。社会的生产－再生产是以一定的样式与其相关诸人的一定的社会诸关系伴生的。同时，在社会的经济样式乃至经济过程中，人们的社会诸关系形成了社会的经济构筑，而成为社会的基础构筑。人类的历史就如同地壳的地质构造一样，由于存立的时代及年龄之差异而有各种各类的社会的经济构筑重叠着、堆积着。不同历史时期的劳动生产力的发达水平是与社会构筑诸多要素中的某些因素相关联的。如果劳动生产力发达到足以突破社会构筑要素，则社会发展进步；否则就停滞不前或衰减。① 因此，就历史发展而言，不同历史时期的经济基础及其要素的变化对社会发展是至关重要的。

古代中国是一个农业立国的国度。农业的发达与否与社会发展息息相关。中国古代农业之始祖，据《诗经》所载，大概要算是周人之祖后稷。但周人并不是中国最初发明农业的民族。周人在定住岐山以南之前，还只是过着游牧生活。而当时的殷人已知栽培种种食用作物了。②由此可见，统一后的西周，适时融入时代发展，积极推行农业生产，才有了"普天之下莫非王土"的盛世局面。

明代的哈密卫古时曾是"汉伊吾卢地。明帝置宜禾都尉，领屯田。

①森谷克己：《中国社会经济史》，陈昌蔚译，商务印书馆，1936，第1—2页。

②森谷克己：《中国社会经济史》，第46页。

唐为伊州。宋入于回纥”①之地。南宋理宗时期改为哈密力，之后元末以威武王纳忽里镇之，改为肃王。明永乐二年(1404年)设哈密卫。它是明廷在丝绸之路要冲之地设立的重要的军政合一的地方权力机构，是明廷设立的西北七卫中最重要的一处政权。哈密卫“居诸卫最西，为西域噤喉，中华拱卫，凡诸番入贡，必哈密译其文乃发”，故而哈密地位“特重”。② 这一地位不仅是因为哈密虽“弹丸之域而有金汤之固也”③，更是因为其有强大的经济基础保障。

明廷设立的西北七卫，在以游牧为主的西北少数民族地区，哈密的地方经济则稍显与其他诸卫不同，是农业和畜牧业兼有的地区，这就为哈密在周边各地面政权中的竞争奠定了无可比拟的经济基础。基于此，哈密地区在明代历史上才受到了明廷极大的关注，并发挥着极其重要的作用。

明代哈密卫作为明朝的羁縻国，从1404年建立，到1529年，经过明朝宫中几场争辩，明嘉靖皇帝批准哈密“专图自治之策”，自此置哈密不问为止，前后共125年。其间哈密在与明廷以及其他诸卫的交往中，其政治、经济、文化等均有不同程度的发展，尤其是社会经济，在与明廷的互动中，其贡赐和民间贸易发展极为频繁，这不仅丰富了哈密当地的物质生活，而且也增加了作为汉唐以来丝绸之路的重要节点城市文化的厚重，并使其逐渐沉淀为中华民族文化的一部分保留下来。

第一节　哈密卫的社会经济生活

明朝初年，今新疆地区存在着几个分裂割据的政权。正如《明史·西域四·俺的干》中所说：“地大者称国，小者止称地面。”④几个割据政

①张廷玉等：《明史》卷329《西域一·哈密卫》，第8511页。

②钟方：《哈密志》卷3《舆地志一·沿革》，成文出版社，1968，第17—18页。

③钟方：《哈密志》卷7《舆地志五·形势》，第37页。

④张廷玉等：《明史》卷332《西域四·俺的干》，第8616页。

权中，以于阗、别失八里（今新疆吉木萨尔）疆域较大，而吐鲁番、哈密次之。[①] 明哈密虽然疆域不是最大的，但却有许多民族在此聚居，其种族、习俗各异。然而由于哈密所处地理位置特殊，为当地的农业生产提供了最基本的保障，且各族人民在长期的共同生活中，相互促进，相互融合，在物质生产方面加快了经济发展的步伐。

一、农牧业发展

明之后，哈密卫作为明政府的西北卫所之一，逐渐受到了明政府的关注。其社会和经济结构与之前相比发生了较大的变化。

哈密地区的农业经济在不同历史时期都有所发展，但这种发展变化与政权的更替和归属有直接关系。它们的更迭直接影响了哈密地区农业经济的发展。

对于明代哈密的经济情况，史籍中的直接记载很少。但相关史料中还可以透露出一些信息，哈密地面是一个农业和畜牧业兼而有之的政权所在地。

（一）哈密农牧业发展的基础

作为农业大国的中国，自古以来农业就是经济发展的基础。而农业的发展则有赖于基础设施建设，气候、地理环境和水资源等对农业发展具有重要影响。

哈密地区地处新疆东部，与甘肃酒泉相邻。当地气候与地理环境与新疆其他地方有所不同。新疆大部分地区的气候特征是："经年不雨，四时多风，春间尤甚……拔木扬沙，与海中飓风无异。南北西三面大山之雪四时不绝。"[②]而明代外交家陈诚《西域行程记　西域番国志》中对明代哈密的描述则为："居平川中，周围三、四里，惟东北二门……城东有溪水西南流……北面大山，三面平旷。"[③]清代《哈密志》中也有

①冯家昇、程溯洛、穆广文编著《维吾尔族史料简编（上册）》，第120页。

②《回疆志》卷1，成文出版社，1968，第15页。

③陈诚：《西域行程记　西域番国志》，周连宽校注，第112页。

类似记载:“城北倚天山南界瀚海……城建平川,北东西三面山环,南恃瀚海,乏水草为限,北倚天山,高峻险为障,上接盐池,山与巴里坤声援,犹可相及,西有梧桐谷,扼回疆之隘塞要害,东据安西之联络相接。”① 由此可以看出,哈密的气候特点与整个新疆相比,较为适宜发展农业生产。哈密建在平川之间,城周三面环山有效阻挡寒流入侵,而且该地溪流缠绕,水草丰美,这些因素正是发展农业生产的重要基础。因此明代哈密才出现了“荒村漠漠连天阔,众木欣欣向日荣”②的局面。

水源是发展农业生产的另一重要因素。“稻、绵花、小麦,皆藉水浇,若水不到处,难于耕种矣。”③不仅气候和地理环境是发展农业生产的基本要素,水资源的丰盈也是另一不可或缺的因素。由于哈密城北、东、西三面环山,因此水源也多从此出,用于哈密农作物及农副产品的生产。

“哈密城东北二百四十里至塔尔纳沁城东北山口曰暗门子,山沟水南流至河源小堡,山口水由东来,会为一,仍向南流至庙儿沟头,二三工屯东,屯田麦地资其灌溉,其西北屯田地均赖沁城周围大小十七泉井,潦水灌溉。

“哈密城东北榆树沟山口内至艾底尔回庄转路至东南,临大雪山西南角,下谓之雪莲坪,大雪山水并北黑沟水,转流入池曰水亭大海子,又有正东艾尔古木山水会流,均从榆树沟山口流出,最旺向东南流入东郭壁,立有拦水坝,以收水势,又在山口西旁建闸开渠,引水灌溉东新庄屯田。

“哈密城北板房沟、老龙窝、烟洞闸水,其源亦出大雪山,由北会黑沟水,由板房沟流出,下流曲折至中间分二支,一支东流入蔡把什湖,灌溉屯田,仍复归至哈密城东沼河,城东有聚水坝,激水掘小渠引入哈密城中,曲折流转,又由东南城下流出,仍入沼河。

“哈密城北天山南山口,水流至黑帐房不见,入地中流行至西新庄南坡下,复从地中出,名曰坡头脑泉,水南流至草湖,而草湖中百泉涌

---

①钟方:《哈密志》卷7《舆地志五·形势》,第37页。

②陈诚:《西域行程记　西域番国志》,周连宽校注,第124页。

③陈诚:《西域行程记　西域番国志》,周连宽校注,第73页。

出，水势愈大，过草湖出，南流名苏巴什河，设一支西流，上墁坡，转流至孔雀园，又引入回城，南出亦归入南湖，又东分一支灌溉贡瓜地。大泉脑……资其灌溉。……黄芦岗有大泉一泓，灌溉瓜田地。”①

由以上史料记载可知，哈密东北的塔尔纳沁城、榆树沟、艾底尔回庄、雪莲坪，城北的板房沟、老龙窝、烟洞、黑沟、蔡把什湖，城东的沼河等处均为哈密农业灌溉的水源地。与此同时在近城周边形成的大小不等的泉水成为沉淀、澄清、储存水资源的重要基地。坡头脑泉、大泉脑、热水泉、长流水泉、咸泉子、黄芦岗大泉、乌拉泉、柳树泉、沙枣泉、鸭子泉、梯子泉、一碗泉②都成为分布在哈密城东、北、西三面用于灌溉农田和瓜田的重要泉眼，它们为支撑哈密城市经济的发展起到了基础性作用。

这些水源地和泉眼对哈密的重要性，在前往哈密视察屯田、水源的官员及幕僚友人的诗句中可见一斑。从清人钟方所撰《哈密志》中收录的一些与哈密相关的清人官员和文人笔下也能窥见明代哈密的情状。镇西府知府色桐嵓委托查哈密新屯水源开渠入山时曾作诗四首，对文献中所提到的雪莲坪、水亭、艾底尔回庄、榆树沟的美丽景致以及作用做了形象描述。哈密厅幕友姚雨春对榆树沟、塔尔纳沁城也有类似描写。如色桐嵓的《榆树沟》诗云：“催骑几折出深山，入耳泉声乡尚潺。新树渐增垂两岸，故渠初浚带双湾。桑麻自此周原野，沙漠于今列阛阓。夷汉皆趋畎亩事，虽然绝塞乐安闲。”③此首诗不仅道出榆树沟因新增树木而形成的美景，而且也对渠水对新疏浚的情况进行了陈述，并预见了桑麻遍植原野，人们能安居乐业的美好画面。姚雨春的《东新庄屯田从榆树沟开渠》则进一步肯定了榆树沟开渠对哈密的重要作用：“榆树渠头水溅溅，膏腴万顷作良田。缘堤种树红流急，就地成渠绿荫连。俗杂侏㒧言语异，城临沙漠燠寒偏。遥知风化熙朝远，直看昆仑万里天。”④此外，哈密办事大臣务菴成书也有对沁城、蔡湖屯田以及其

① 钟方：《哈密志》卷9《舆地志七·川泉》，第45—46页。

② 钟方：《哈密志》卷9《舆地志七·川泉》，第46—47页。

③ 钟方：《哈密志》卷9《舆地志七·川泉》，第47页。

④ 钟方：《哈密志》卷9《舆地志七·川泉》，第47—48页。

他巡屯诗四首，无不对哈密周边湖泉对哈密城市发展的作用极尽赞美与褒扬。尤其是其《蔡湖屯田》（“早耕晚获看农忙，一熟须教谢两荒，蔡把什湖四千亩，三秋麦豆始登场。荷锄开渠四月天，不须好雨润芳田。真阳消尽阴山雪，顷刻飞来百道泉”①）对一年四季、早晚农耕的景象做了一番形象的描绘，一幅哈密城鲜活的农业生产场面跃然纸上。

正是哈密这种有别于新疆其他地区的特殊气候、地理环境和优势水源，为哈密农业生产、城市经济的发展和对外往来提供了有力的基础性保障。

（二）哈密农业

马克思在《资本论（第三卷）》中曾说：“农业劳动的生产力超过劳动者个人的需要这个事实，是每一个社会的基础。”②同时，他在《剩余价值学说史》中也肯定“本国农业或者外国农业的一定发展程度，是资本的发展基础”③。他认为土地和农业是财富的唯一源泉，农业劳动是唯一的生产劳动。恩格斯对此也有类似的论断：“农业是整个古代世界的有决定意义的生产部门。”④同时“也是古代社会的经济基础”⑤。之后列宁根据马克思政治经济学的原理，也强调指出：“真正的经济基础就是粮食储备。”“没有这种储备，国家政权便会化为乌有。”⑥因此，我们必须说农业是国民经济发展的基础，社会经济的繁荣与农业的发展密切相关。

中国作为农业大国，黄河流域的农业文化是古代文明的开始。自古以来农业既为不同历史时期政权争夺的根本，也是政权存续的保障。但凡政权统一，都采取休养生息的农耕政策恢复和发展生产。即使是

---

①钟方：《哈密志》卷9《舆地志七・川泉》，第48页。

②马克思：《资本论（第三卷）》，郭大力、王亚南译，北京理工大学出版社，2011，第586页。

③马克思：《剩余价值学说史》，郭大力译，北京理工大学出版社，2011，第34页。

④恩格斯：《家庭、私有制和国家的起源》，李东旭译，中国社会出版社，1999，第8页。

⑤陈旭：《商代农耕与农业生产状况》，《郑州大学学报（哲学社会科学版）》1982年第3期，第16页。

⑥邓拓：《农业是我国国民经济发展的基础》，载河南人民出版社编辑《为什么农业是国民经济的基础》，河南人民出版社，1960，第6页。

少数民族执政后，也采取积极的政策主动融入中原农业文明之中以谋求更好的发展，如北魏孝文帝统一后的迁都和一系列的汉化政策就是例证。

中国大陆西北地区自上古以来就是少数民族聚居地区，他们适应地理环境和气候特点，大多以游牧业为主。而哈密地区在周边多以游牧业为主的地面政权中，却是少数以农业和畜牧业兼而有之的地方政权。这与哈密地区的气候和地理环境等都有根本性的关系（上文已论，此不赘述）。

这种独特的农耕环境使得哈密的农业生产较为发达，农耕用地较广，作物产量较高。据清人钟方所撰《哈密志》卷18《食货志·屯田粮石》载："哈密城东北方塔尔纳沁东西南北四屯。"①城周四方均有屯田之所，可见哈密农业之高产。良好的农耕环境不仅带来哈密农业的高产，而且也丰富了当地的物产品种。该书卷23《食货志·物产》，共收录11个属类——谷、菜、果、花、木、药、虫、禽、兽、石、货属，排名第一的是"谷属"，且谷属作物收录21种之多。② 而以上这些物产皆为明清时期中原地区已经较为常见的农作物品种。

哈密经济所取得的成就可以从陈诚"城北大山，西南东皆平旷。地多碱卤，宜穄麦、豌豆，农耕亦用粪壤"③的描述中找到根本原因。农业社会中土壤的肥瘠是决定农作物生产量的一个重要的因素。明代哈密卫不仅地理环境、土地性质适合农业生产，而且当地民众也已掌握施肥发展农业生产、提高农业产量的技术。而这种"教民粪种"的方式是商代先民就已开始使用的农业生产方法。④ 北魏贾思勰《齐民要术》耕田篇中引用汉代《氾胜之书》说："凡耕之本，在于趣时，和土，务粪泽。"⑤南宋陈旉《农书》中也有"用粪犹用药"之说。元王祯《农书》粪壤篇也有"惜粪如惜金""田有良薄，土有肥硗，耕农之事，粪壤为急。粪壤者，所

---

①钟方：《哈密志》卷18《食货志一·屯田粮石》，第77页。

②钟方：《哈密志》卷23《食货志六·物产》，第97页。

③严从简：《殊域周咨录》卷12《西戎·哈密》，第413—414页。

④陈旭：《商代农耕与农业生产状况》，《郑州大学学报（哲学社会科学版）》1982年第3期，第18页。

⑤贾思勰：《齐民要术》，李立雄、蔡梦麒点校，团结出版社，1996，第3页。

以变薄田为良田，化硗土为肥土也”的记载。① 陈诚作为明代的外交官出使西域各国，所见到并记载的内容一定是他作为明廷之人认为西域各国可能不太常见的现象，或其独特之处，而明代哈密人已很好地掌握并使用粪壤进行农业生产，一定是陈诚惊讶于当地的文明发展程度才特别进行的记载。

但毕竟这里远离中土，故而在遭受天灾或特殊时期，他们依然要依赖于明廷，尤其是作为少数民族政权，在遭受外族入侵时对明廷的依赖更为明显。《明实录》对此种情况多有间接记述，当哈密遭受外族入侵掠夺无法生存时，其首领便会第一时间向明廷求援，明廷为了稳定边疆，在与哈密交往中本着厚往薄来、恩威兼施的原则，只要哈密方面提出要求一般都会为其提供必要的物资援助。当然明廷提供的援助物质一般都是保证当地农业生产生活的粮食、种子等。类似情况，在 15 世纪中叶之后曾多次出现。如明宪宗天顺时期，由于“哈密素衰微，又妇人主国，众益离散。乩加思兰乘隙袭破其城，大肆杀掠，王母率亲属部落走苦峪，犹数遣使朝贡，且告难”②，于是，天顺七年（1464 年）明廷“（六月乙未），给哈密大小麦种子一百石。时哈密忠顺王母累奏为乩加思兰所侵，禾苗无种，乞赐赈济。故给之”③。成化八年（1472 年），哈密政局出现变化：“把塔木儿子罕慎以父卒请嗣职。帝许之，而不命其主国事，国中政令无所出。吐鲁番速檀阿力乘机袭破其城，执王母，夺金印，以忠顺王孙女为妾，据守其地。”④吐鲁番数次争夺哈密，之后数年在明廷的支持下，派出都督同知李文、右通政刘文，协同罕东、赤金诸卫一起助力哈密。在与吐鲁番的对峙中，出于对哈密的考虑，“帝乃命罕慎权主国事，因其请给米布，且赐以谷种”⑤。类似记载在《明宪宗实录》中也有收录：“十一年（1475 年），诏给哈密种子。时哈密都督罕慎等为土鲁番侵掠，部落分散，遣使通款，乞衣粮种子。……至是，奏闻，

---

①胡厚宣：《殷代农作施肥说》，《历史研究》1955 年第 1 期，第 97 页；胡厚宣：《再论殷代农作施肥问题》，《社会科学战线》1981 年第 1 期，第 102 页。

②张廷玉等：《明史》卷 329《西域一·哈密卫》，第 8515 页。

③陈高华：《明代哈密吐鲁番资料汇编》，商务印书馆，2017，第 101 页。

④张廷玉等：《明史》卷 329《西域一·哈密卫》，第 8516 页。

⑤张廷玉等：《明史》卷 329《西域一·哈密卫》，第 8516 页。

因并以种子给之。"①从这两次哈密因受到外因侵袭而向明廷乞请之物上来看,主要集中在对禾苗、谷种的需求上,可见经营农业、生产粮食是哈密经济的重要成分。

据《哈密志》载,哈密的农作物品种,不仅有各种类似于中原地区的农作物,而且还有种类繁多的经济作物、瓜果花木等(见表3-1)。

表3-1　哈密主要物产

属类	名称	数量
谷	稻、谷子、小麦、大麦、糜子、青稞、荞麦、黄豆、绿豆、豌豆、小豆、扁豆、蚕豆、黑豆、棉花、葫麻、芝麻、高粱、糯谷、苞谷、小麻子	21
菜	王瓜、东瓜、丝瓜、倭瓜、甜瓜、西瓜、金瓜、苦瓜、芹菜、白菜、菠菜、莴笋、苋菜、葱、蒜、辣、韭、茄子、洋芋、江豆、刀豆、胡萝葡、水萝葡、大萝葡、西葫芦、葫荽、头发菜、葫芦、山药、茄莲、沙葱、蕉蒿、苜蓿、苦麻菜、长寿菜、马蛇菜、藜藿、蕨	38
果	桃、杏、李、梨、小枣、沙枣、石榴、葡萄、胡桃、苹果、槟子果、樱桃、楸子、桑葚	14
花	牡丹、玫瑰、葵花、高丽菊、臭芙蓉、千岁谷、海南花、鸡冠花、灯盏花、槟榔花、金丝莲、江西腊、刺梅花、喇叭花、罂粟花、马兰花、金针花、石竹花	18
木	松、梧桐、桑、皮树、杨柳、线柳、白杨、柏、槐、沙枣树、红柳树、臭椿、榆树	13
药	大黄、甘草、山药、党参、荆芥、薄荷、木贼、桃仁、杏仁、雪莲、小茴香、益母草、白扁豆、摧生草(合首乌)、车前	15
虫	家蚕、螳螂、八义虫、蜘蛛、蝎子、蛇、马蛇子、石龙、守工、野蚕	10
禽	鸡、鸭、鹅、蝙蝠、雉鸡、野鸭、斑鸠、雕、鹰、雁、鹞、野鸽、沙鸡、天鹅、半翅子、肐膊鸡、绒鸡子、水骆驼、大红袍、洋画眉、一点红	21

①《明宪宗实录》卷137,成化十一年(1475年)正月癸酉条,中央研究院历史语言研究所,1962。

续表

属类	名称	数量
兽	虎、狐、狸、狼、兔、豆鼠、野猫、黄鼠狼、羊、猪、牛、马、驴、骡、黄羊、大头羊、鹿、麅野猪、灵羊、野马、熊、野骡、牦牛、旱獭、豹、松貂	27
石	玉石、星星石、煤炭、沙石、石灰、青石、磨刀石	7
货	回子布、回子小刀、毡、桐油、黄蜡、白蜡	6
总计		190

（史料来源：钟方《哈密志》卷23《食货志六·物产》，第97—98页）

从表3-1中可以看出，钟方所撰《哈密志》中收录的各种农作物或经济作物达190种之多。这些作物中，稻米排在最前，说明该地区稻米产量高，食用稻米较多。这与整个回疆地区是不同的。“回人以麦为常食，故回疆多种麦。苗、茎、花俱与内地之麦无异。……唯收获较迟。”①陈诚的《西域行程记　西域番国志》中对哈烈农作物记载极为丰富：“多育蚕桑……土产桑、榆、杨、柳、槐、檀、松、桧、白杨，多植果树……广筑果园，盛种桃、杏、梨、李、花红、葡萄、胡桃、石榴之类……五谷之种，与中国同。麻、豆、菽、麦、谷、粟、米、粱，悉皆有之……多产良马，爱护甚密，皆于土房深处喂养，风日不及透，冬暖夏凉。人家畜养鸡犬鹅鸭。”②由此也可以类推，明代哈密也盛产此类农业及其经济作物的。但陈诚对哈密的记载是：“周围三、四里……人民数百户……城东有溪水西南流，果林二、三处，种楸杏而已。农耕须粪壤，惟穄、麦、豌豆、大小二麦。”③这应当是他前往的季节以及所经行之所的限制而已。《四夷广记》提到哈密的农作物有“麦、穄、米、豌豆、楸子、香枣、胡桐律一树似桐不类桑，虫食其树而沫出下流者，名胡桐泪，言似眼泪也，可以焊金眼，俗讹呼泪为律”④。书中所言楸子，当为《西域番国志》中的楸杏，胡桐即胡杨，胡桐律为胡杨的树脂，结晶体名胡杨碱。

---

①《回疆志》卷3，第92页。

②陈诚：《西域行程记　西域番国志》，周连宽校注，第72—73页。

③陈诚：《西域行程记　西域番国志》，周连宽校注，第112页。

④慎懋赏：《四夷广记》，玄览堂从书续集本，第90册。

(三) 哈密畜牧业

殷商以来,以旱作农业类型为主的中原地区随着殷商王朝对北戎、西狄、东夷、南蛮等少数民族部族的不断战争和持续兼并,民族之间交流和融合的步伐也开始加快,北方地区的原始游牧业类型逐渐渗透到中原早期文明之中,畜牧业养殖和家马本土化的历程开始。"农以富国·牧以强兵:中原地区早期文明发展的内部驱动"①,《左传·成公十三年》就已经有"国之大事,在祀与戎"的说法。冷兵器时代的中国,军队作战能力有赖于军事物资的保证。马匹就成为重要资源之一。任何一个初建的封建政权都会高度重视自我军事实力及力量的强弱。哈密作为古丝绸之路上重要的节点城市,是"汉明帝始取其地为屯田镇戍之所"②。哈密在长时期与汉民族的交往互动中,已经充分汲取了中原文明的文化精髓。发展到有明一代,哈密作为内地通往西域的必经之地,历代中央王朝和西域各地政权无不试图以控制哈密为先。故而哈密地面为自保和自身发展需要,在农业经济发展的基础上,对畜牧业发展也相当重视。

明代哈密的畜牧业规模亦相当可观,这从哈密向明廷朝贡时所贡马匹的数量上可以看出。从洪武十四年(1381 年)一直到明嘉靖初年,哈密向明廷贡奉的物品基本都有马、驼、骡等牲畜。朱元璋建立朱明政权全国统一后,着手统一西域,从洪武七年(1374 年)开始,明政府先后在西域设立七个卫所。这七卫的设立为统一新疆创造了条件。因此在洪武十三年(1380 年)凉州都督蒲英率军西征哈密,当时的哈密首领兀纳失里为求自保遣使投降。第二年,哈密就派使者来朝,以表示归顺和友好。使者所带物品即为当地的马匹。后来,哈密借助明廷威势,限制西域各地政权对明朝的贡赐往来,"西域回纥来贡者,多为哈梅里所遏。有从其他道来者,又遣兵邀杀之"③。在此情况下,朱元璋于洪武二十

①赵越云:《原始农业类型与中华早期文明研究》,博士学位论文,西北农林科技大学,2018,第 138 页。

②钟方:《哈密志》卷 3《舆地志一·沿革》,第 17 页。

③张廷玉等:《明史》卷 330《西域二·哈梅里》,第 8567 页。

四年(1391年)再次出兵攻破其城。第二年兀纳失里又贡骡马请罪,太祖准其复国为王。之后的100多年间,哈密与明廷之间的贡赐贸易物品中基本都有马、驼等物。

我们单以永乐年间哈密与明廷之间频繁的贡赐贸易为例,可以看出以马为主的贡品几乎贯穿整个朝贡贸易之中。明永乐元年(1403年)十一月,“来朝贡马,其市易马四千七百四十匹”①。永乐十七年(1419年),“贡马三千五百四十六匹”②。永乐二十年(1422年),“哈密忠义王免力帖木儿遣使舍黑马哈麻及土鲁番都督尹吉儿察贡马千三百匹,柳城打剌罕者马儿丁及哈密大师虎都卜丁等贡羊二千余只”③。永乐二十一年(1423年),忠义王再“遣使兀马儿火者等九十人贡马千匹、驼三百三十六头”④。可知,畜牧业亦为哈密经济的重要成分,其牧畜种类有马、羊、骆驼等。(见表3-2)

表3-2 明永乐年间(1403—1424年)哈密向明廷贡赐牲畜数量一览表

朝贡时间	统治者	贡赐物品及数量	出处
元年	安可帖木儿	马190匹、 市易马4740匹	《明太宗实录》卷25
二年	安可帖木儿	马	《明太宗实录》卷36、《殊域周咨录》卷12《西戎·哈密》
三年	脱脱	马	《明太宗实录》卷46
四年	脱脱	马35匹	《明太宗实录》卷62
五年三月	脱脱	马	《明太宗实录》卷65
五年六月		马	《明太宗实录》卷68
五年十二月	脱脱	马	《明太宗实录》卷74
六年	脱脱	马	《明太宗实录》卷76

①《明太宗实录》卷25,载陈高华编《明代哈密吐鲁番资料汇编》,商务印书馆,2017,第24页。以下关于《明实录》的文献,若无其他出处标注,均出自此书,亦不再赘述。

②《明太宗实录》卷216,第41页。

③《明太宗实录》卷254上,第42页。

④《明太宗实录》卷260,第42页。

续表

朝贡时间	统治者	贡赐物品及数量	出处
七年	脱脱	马	《明太宗实录》卷 88、91、96、98
九年	脱脱	马	《明太宗实录》卷 119、120
十年	免力帖木儿	马	《明太宗实录》卷 126、127、128
十一年	免力帖木儿	马	《明太宗实录》卷 145
十二年	免力帖木儿	马	《明太宗实录》卷 157
十三年	免力帖木儿	马	《明太宗实录》卷 170
十四年	免力帖木儿	马 300 匹	《明太宗实录》卷 181
十五年	免力帖木儿	马	《明太宗实录》卷 192
十六年	免力帖木儿	马	《明太宗实录》卷 197
十七年三月	免力帖木儿	马	《明太宗实录》卷 210
十七年九月	免力帖木儿	马 3546 匹	《明太宗实录》卷 216
十七年十一月	免力帖木儿	马	《明太宗实录》卷 218
二十年三月	免力帖木儿	马	《明太宗实录》卷 247
二十年十二月	免力帖木儿	马 1300 匹(两次来贡)	《明太宗实录》卷 254 上
二十一年	免力帖木儿	马 1000 匹、驼 336 头	《明太宗实录》卷 260
二十二年正月	免力帖木儿	马(两次来贡)	《明太宗实录》卷 267
二十二年二月	免力帖木儿	羊、马	《明太宗实录》卷 268
二十二年三月	免力帖木儿	羊、马(两次来贡)	《明太宗实录》卷 269
二十二年八月	免力帖木儿	马	《明仁宗实录》卷 1 下
二十二年九月	免力帖木儿	马	《明仁宗实录》卷 2 上
二十二年十月	免力帖木儿	马	《明仁宗实录》卷 3 下

(史料来源:陈高华《明代哈密吐鲁番资料汇编》,第 24—43 页)

从上表可知,明代永乐时期的 22 年间,哈密历三任忠顺王,向明廷贡赐中包含有牲畜的次数有 30 余次。其中,贡赐明廷的牲畜贡品中马最多,其次是羊和驼。除了永乐八年、十八年、十九年这几个年份没有来朝贡马等牲畜外,其他年份均有贡赐,而且五、七、九、十、二十、二十二这几个年份一年之中都有数次与明廷的贡赐互动。且在有具体贡赐马匹数量记载的年份中，最多一次贡马数量多达4000多匹。由此伴随贡赐还开启了明廷与哈密之间的民间贸易。如果没有强大的畜牧业经济的发展，是不能促成此种经济行为发生的。因此，哈密作为明政权西北的一个羁縻卫国，发达的畜牧业成为支撑与明廷外交互动的重要经济物质来源之一。

二、经济生活方式

由于有史以来哈密的发展是在对各种政权的依附中前行，相关史料基本是在与当时主要政权的互动中生发，因此对哈密人的生活方式史无确载。据张雨《边政考》载："哈密城……北三十里为速卜哈剌灰，南三十里为畏兀儿把力，哈密西三十里为阿思打纳城。阿思打纳城……北五十里有卜古儿，西五十里至阿打纳城，又西为也帖木儿，又西南五十里为剌木城。城南有钵和寺城，城西五十里至哈剌帖乩，其西北为剌木城。(剌木)城至哈剌帖乩亦五十里。自哈剌帖乩而西有察黑儿，有川中双泉儿城。又西百里有中中泉，又西百里有双泉儿墩。阿思打纳西北为把儿思阔……"①从这些史料中可知，哈密居民当以定居为主，这一点与一般的北方游牧民族有所不同。

蒙古统一天山南北，打破了长期以往的割据局面，为当地人们从事正常的经济活动创造了良好的外部条件。元朝初期，在天山南麓的畏兀儿人聚居区，农业及种植业经济很快得到恢复和发展。到了明朝，农耕经济继续发展，而哈密地面的自然地理环境更为哈密的农业及种植业发展提供了有利条件。永乐十二年(1414年)陈诚出使西域，其《西域行程记　西域番国志》中记载了哈密的地貌特征、自然环境，这对了解当时哈密自然地理条件提供了依据。书中记述："初六日……向北行。过一平川，渡一大溪，名畏兀儿河……有夷人种田，好水草，系哈密大烟墩处……初八日……向西行，过一平川，约行一百三十里，方有水草，安营。哈密使人来接。初九日，晴。明起，向西行，皆平川。约行九

① 张雨：《边政考》卷8《西域诸国》，第594—595页。

十里，至哈密城东南果园边安营，住五日。十五日，晴。明（早）起，由哈密城东门外渡溪水，向西行，皆平川。约行有七十余里，有人烟好水草处安营。”①

从这段记述可知，陈诚从开始准备进哈密到出哈密前后共计八天时间，其中多次提到平川、水草、果园、溪水等，而且从他一路往西的路径上看，哈密城往东一百三十里、往西七十余里的范围内，皆为平川，且水草丰美。因此陈诚能在经行的哈密城东南看到成片景观壮丽的果园，并选择此地安营扎寨。因此可以肯定，明代陈诚出行西域的时期，哈密城周围皆是水草丰美之地，“城东有溪水西南流”②。陈高华收录《西域土地人物略》中也提到“沙州西三百里为哈密城（城东有河，河上有桥，有水磨）”③。这更进一步说明，哈密周边水源丰富，而且哈密人民为便利生活和农业生产，已直接在河上架桥、建水磨了。可见，哈密所处地势比较平坦，有水有草。充足的水源为从事农业和种植业的生产提供了水利保证；肥美的草地尤为畜牧业发展提供了基础；地势平坦，更有利于农田的耕作。所以，明朝时期，哈密地面的农业、种植业生产已有了较快的发展。所以当地才会盛产“豌豆、麦……楸子、胡桐律、阴牙角、香枣”④等。

哈密地面人民除从事农业生产外，亦进行畜牧业和狩猎活动。这既有古代畏兀儿人传统的畜牧业经济的原因，同时也受到入主西域的以游牧业为主要经济形式的蒙古族的影响。其中，哈密地面部族之一哈剌灰人（“就是指明代吐鲁番、哈密乃至甘肃河西等地正在‘回回化’过程中的蒙古人”⑤）便是以“射猎为生”。当然进入明代以后，这些哈剌灰人也开始逐渐受到日益强大的回回人的影响，改变着他们的生活习俗。当地畜养的牲畜主要有马、橐驼和大尾羊（“羊尾大者重三斤，小者一斤，肉如熊，白而甚美”⑥）。畜牧业的发展，不仅促进了农业的发

①陈诚：《西域行程记　西域番国志》，周连宽校注，第35页。

②陈诚：《西域行程记　西域番国志》，周连宽校注，第112页。

③陈高华编《明代哈密吐鲁番资料汇编》，第404页。

④陈高华编《明代哈密吐鲁番资料汇编》，第373页。

⑤马寿千：《明代哈密地方的哈剌灰人》，《新疆社会科学》1983年第2期，第117页。

⑥陈高华编《明代哈密吐鲁番资料汇编》，第373页。

展，为农田提供粪肥，保证了农业生产所需土地质量的供应，而且大量马、驼的畜养，也为与明朝进行朝贡贸易提供了条件。

哈密的手工业在农业和畜牧业发展保障的基础上也有一定的发展，其地出产“玉石、镔铁（有砺石，谓之吃铁石，剖之得镔铁）”①、速来蛮石、青金石、把咱石、玉等物。农业、畜牧业和手工业共同发展，相互促进。哈密“人民数百户，住矮土房”，“蒙古、回回杂处于此，衣服礼俗，各有不同”。② 他们虽然生活习俗各异，但同属于明朝受封的忠顺（义）王的臣民。“哈密之人凡三种，曰回回，曰畏兀儿，曰哈剌灰，皆务耕织，不尚战斗，脱脱善抚之，国殷富。”③陈诚西行经过哈密时作诗一首盛赞哈密，即《哈密城（古伊州之地）》：“此地何由见此城，伊州哈密竟谁名。荒村漠漠连天阔，众木欣欣向日荣。灵凤景星争快睹，壶浆箪食笑相迎。圣恩广阔沾遐迩，夷貊熙熙乐太平。”④诗中虽是歌颂明主之功，但字里行间也能反映出当时哈密人民生活安居乐业、一片祥和之景象。

地处丝绸之路要津的哈密，商业及与之相关的服务业当占有一定的地位。哈密地面的几种主要人种中回回人素善经商，因此带动这一地区商业蓬勃发展起来。加之哈密是贯通东西交通的枢纽，所以经过哈密前往中原王朝进贡贸易的使者、商人络绎不绝，“凡经此处，必有求焉”⑤。哈密也凭借其优越的地理位置，从中获得不少好处。“西域三十八国入贡经哈密者，相拦出入，索道路钱乃已。”⑥

众多的贸易团体途经哈密，商业行为必然会在其地发生，商队要吃要住，服务业收入当亦不菲。特别是史料所言的“买路钱”，可能相当于现代的某种税收。商业贸易及相关的税收是哈密不容小视的一项经济收入。“岁征出关路过商民贩货，铁辋车每辆税银三两，木辋车税银二两。……赴巴里坤吐鲁番两路无论商民运货，铁辋车木辋车每辆税银均系二两。……商民进关口票每张税银四钱。……巴里坤吐鲁番民人

①陈高华编《明代哈密吐鲁番资料汇编》，第 372 页。

②陈诚：《西域行程记　西域番国志》，周连宽校注，第 112 页。

③许进：《平番始末》，第 2 页。

④陈诚：《西域行程记　西域番国志》，周连宽校注，第 124 页。

⑤陈诚：《西域行程记　西域番国志》，周连宽校注，第 112 页。

⑥严从简：《殊域周咨录》卷 12《西戎・哈密》，第 414 页。

口票每张税银七钱。……进关西路运贩玉块商民，论斤重取税、给口票，税银无定额。”①以上五项是哈密每年固定税收收入。三十八国皆出此地往来内地与西域各国之间，虽然没有见到每年该项税收总额，但不难想见数额之大。

他们不仅从过往客商那里收取税赋，更有甚者，还掠夺中亚诸地进贡明朝的贡物或者抢夺明朝赐给使者的赏赐。如正统十三年（1448年），明朝就谕哈密忠顺王倒瓦答失里："前岁撒马儿罕等处来朝使臣回至尔处，不即遣人护送，却纵令无知之人，潜通瓦剌，拘留使臣，夺取赏赐。”②除了劫掠贡物外，哈密亦成为人口买卖的转运站，被蒙古封建主抢劫和俘虏的汉人往往从这里转卖到撒马儿罕等地。如景泰六年（1455年）五月哈密忠顺王倒瓦答失里在上奏明廷的奏章里曾曰："累闻迤北走回人言：汉人男女先被达贼抢去，有转卖与尔哈密地方者，有自逃回尔地方潜住者，有经过尔处被尔部扣留不发者，前后约有三千余人。中间被尔部下卖与撒马儿罕地面去者约一千余人，其余尚有二千余人。”③凡此种种都是因依据了其地理位置上的优势。

哈密统治者本应好好利用这个条件治理国家，为明廷把守好后门，然而正是因哈密是“西域之喉襟”，加之哈密后期统治者多数为平庸懦弱之辈，哈密国势渐衰，并时常受邻部侵掠的威胁，政权处于风雨摇摆之中，其中威胁最大的便是西邻之国吐鲁番。哈密政权在经历三立三绝后，最终在嘉靖初年，明廷完全放弃了对该地的统治，使其归附于吐鲁番。

第二节　哈密卫与明廷的朝贡贸易

明朝初年建立的哈密卫由于地理位置特殊，使其虽“弹丸之域而有

①钟方：《哈密志》卷21《食货志四·杂课》，第93页。

②《明英宗实录》卷163，第79页。

③《明英宗实录》卷253，第86—87页。

金汤之固也”①。因此自汉唐丝绸之路开辟以来，哈密作为丝绸之路的必经之地一直都位居要冲，是各种政治势力争夺的焦点。明朝建立，天下初定，统治者为巩固新生的政权，四方用兵，开拓疆域，招徕四夷，使尽可能远的政权都臣服于其统治。哈密作为连接中亚、西亚的枢纽之地，“因诸番入贡者众，皆取道哈密，……使为西域襟喉，凡夷使入贡者，悉令哈密译语以闻，而诸国之向背、虚实，因赖其传报，由是，诸番唇齿之势成”②。因此明廷认为“哈密地方境接番夷，为四面酋虏襟喉之地，故立哈密国土以为我中国腹心之寄。一闻番夷有警，有哈密必能预知，令其传报”③。在此态势下，明廷本着“以抚为主，恩威兼施”的策略开启了对明哈密卫这一西北羁縻卫所的统治，要求西域诸番国“凡有入贡夷使方物，悉令至彼译表以上”。④ 而哈密统治者也顺应时势地臣服于明朝，享受丰厚的贡利，从而满足其经济、政治上的需求。

因此，哈密自臣服于明朝开始，就一直与明朝保持着友好的朝贡贸易关系。对明廷而言，这种朝贡贸易也是中原王朝与周边附属国以及少数民族地区所采取的一种经济文化交流形式。汉代丝绸之路的开辟就是这种交流发展的一个见证，西域的少数民族以及西亚诸国都通过这条古道来与中原王朝贸易，满足其经济需求。故而，此道又被称为“金路”。通过贸易交流，双方都得到了各自所需的物品，尤其对哈密来说，其经济利益是显而易见的。朱元璋建立朱明政权后，一路向北消灭元蒙残余势力，势如破竹。洪武十三年（1380 年）四月，明太祖命都督濮英率兵西征哈密，哈密王兀纳失里获悉，非常惧怕，遂遣室纳款。次年五月，兀纳失里又遣使者回回阿老丁来朝贡马。这是两地交往的初期阶段⑤，也是明朝历史上哈密第一次以“贡马”的方式与朱明政权开始发生朝贡贸易关系。在随后的历史发展中，哈密与明政权之间政府交往多以“马”作为主要贡赐之物进行交流往来。

---

①钟方：《哈密志》卷 7《舆地志五·形势》，第 37 页。

②许进：《平番始末》，第 2 页。

③严从简：《殊域周咨录》卷 12《西戎·哈密》，第 421 页。

④严从简：《殊域周咨录》卷 12《西戎·哈密》，第 413 页。

⑤田卫疆：《论明代哈密卫的设置及其意义》，《西北民族大学学报（哲学社会科学版）》1988 年第 1 期。

一、朝贡贸易的出现及发展

明代哈密的社会关系中最重要的一个方面就是与明王朝的经济关系。这种关系的维持主要是以贡赐和互市贸易形式为主的。贡赐贸易是明廷对西北少数民族实行“怀柔政策”的一种形式，是对西北各番国“恩威兼施”政策的一种有效手段，同时也是西北少数民族政权作为中央王朝直辖之下的地方向中央输诚、纳忠，表明隶属关系的方式之一，也是中央王朝对该地方采取的爵赏、尊崇、“厚往薄来”的优礼政策的重要组成部分。这种贸易本身是一种特殊的经济活动，带有浓厚的政治色彩，是政治旗帜下的经济行为，贸易双方的目的都在于加强联系、增进关系，其政治意义是第一位的。

由于双方贸易的出发点具有较强的政治意义，因此西北各地与明廷政治关系密切社会安定时，贡赐贸易就繁荣兴盛，反之，贡赐即被限制，甚至取消。换言之，明廷掌握着他们贡与不贡、何时贡、如何贡的权力。但明代西北少数民族政权为了生存和各自利益往往违反规定，擅自入贡。明廷出于控制西域各国的需要，而西域各国则为了获得更多汉族中央政权更多文明成果以维持和发展自身，因此双方这种经济活动并不是一种完全的等价交换。进贡者谋求政治上的依托与援助，并获得物质利益；赏赐者将这种贸易看成是一种政治需要大于经济利益的手段，作为安抚边境，结好各民族的基本国策，更是满足中原“天朝上国”的心理需要。因此，入贡可以得到比贡物多一倍甚至数倍的回赐，获利甚厚。诸番国向明廷进贡马、驼、皮货、硇砂、玉石等地方土特产，明政府也照例向他们回赐金银、文绮、彩币等财物，满足了双方的需要。

哈密作为内地连通西域各番国的重要卫所，从明朝初年都督濮英请出师以通商旅，哈密首领兀纳失里因惧怕而于洪武十四年（1381 年）派遣回回阿老丁来朝贡马始，至隆庆（1567－1572 年）、万历（1573－1620 年）朝，哈密一直与明朝进行着朝贡贸易交流。而且洪武年间开通的朝贡贸易在明成祖即位之后，一改其父以往谨慎小心、闭关自守的做法，专门遣使主动前往哈密等西域各地，“先是，永乐时，成祖欲远方万国无不臣服，故西域之使岁岁不绝”①。在与西域各国保持朝贡的同时，明朝统治者还凭借这种朝贡关系保障其国防安全，更开启了民间贸易：“帝以西番产马，与之互市。”②“许其以马入中国市易。至是，来朝贡马，其市易马四千七百四十匹。”③除此之外，明朝还赐给哈密使臣金织袭衣等物，赐给哈密王银百两、纻丝十表里。自此，朝贡交流往来逐渐频繁。

明初关西七卫的设立便是做此考虑，尤其是哈密卫，“诸番入贡皆取道哈密”，因而哈密便成为为明朝迎护夷使、探听边境动向的西北门户。“由是，诸番唇齿之势成，华夷内外之力合，边境宁谧余八十年。”④当然，哈密等卫建立初始还是达到了明朝中央的政治要求。当然在经济方面，明朝也需要西域的一些方物特产，如马、玉石等丰富中原地区的经济文化生活。随后各代，哈密与明朝保持着持续不断的朝贡关系。即使在成化年间受到吐鲁番侵掠，哈密亦坚持向明朝朝贡，如成化十三年（1477 年）九月，“苦峪寄住哈密都督罕慎等遣使臣沙六海牙等来朝，贡马驼”⑤。哈密不断地派出使节团向明朝进贡，使节团少则数十人，多则数百人，所进贡之物数量也不少。进贡物品主要是当地盛产之物如马匹、驼、玉石等。

哈密与西域其他诸番国一样，与明廷的贡赐贸易基本上有朝贡、回赐、给赏、求讨这几种形式等。“朝贡”是哈密在内的西域诸番国向明廷进贡方物；“回赐”是明廷对诸卫以朝贡形式带来的货物的一种经济性封赏；“给赏”是明廷除入贡者回赐外，额外给的赏赐；“求讨”则是指诸卫统治者派使臣向明王朝讨要他们所缺的用品。除贡赐贸易外，与明王朝的经济来往还包括互市和茶马贸易及明廷所给予的其他经济援助。互市是以市马为主，哈密使团利用进贡之机，携带当地土特产到中原内地贸易，以换取各种生活必需品，调剂生产生活资料余缺。由于前来互市的商人多借朝贡之名，或者随朝贡师团一同前来，故互市也常被

---

①张廷玉等：《明史》卷 332《西域四・于阗》，第 8614 页。

②张廷玉等：《明史》卷 330《西域二・西番诸卫》，第 8540 页。

③《明太宗实录》卷 25，第 24 页。

④许进：《平番始末》，第 2 页。

⑤《明宪宗实录》卷 170，第 122 页。

作为贡赐贸易的一种补充形式。明朝“专以止宿各处夷使及王府公差内外官员”①的接待机构会同馆，在负责朝贡使节各种衣食住行、钦赐宴席、联系和安排与皇帝会面、承办对朝贡贸易国家给予丰厚赏赐等职能的同时，在与少数民族政权交往过程中，也开始承担朝贡使节与中国商民之间的经济贸易②，成为他们交易货物的固定场所和集散地。在这里，朝贡使节携带的私货会“由会同馆官员安排在会同馆内与中国商民进行贸易，明政府允许其于会同馆开市三天或五天”③。

哈密毕竟只是明廷设立于西北的一个羁縻卫所，相比明帝国物资并不丰盈，因此哈密在向明廷进贡的朝贡货物中，大多数物品都是当地所产的、具有地域特色的物品，奢侈品所占的比重很少。《明实录》中哈密的贡赐货物中基本上是“贡马及方物”居多。在朝贡物品中，只有少量是进献给皇帝的“正贡”，而更多的是哈密首领、使节以及随行商人们携带的当地特产以及沿途收买的牛、羊、铁、家禽或生活用品。它们被称为“附至番货”，这些物品数量大、品种多、价格低。而且对于京城的人们而言，与其日常生活息息相关，而商品又有别于平常所常用之物，因此这些使节携带而来的“私货”反而成为朝贡贸易中的主要商品。由于适应普通人群的需求，有着广阔的市场。这是西域各番国与明廷之间朝贡贸易频繁、繁荣的重要原因之一。

明廷对朝贡贸易做了严格限制的规定，对于违反明廷朝贡政策在规定的合法交易场所之外进行交易的现象，明廷制定了十分严厉苛刻的惩罚措施：对于夷人违反者，“潜入人家交易者，私货入官，未给赏者，量为递减。通行守边官员，不许将曾经违犯夷人起送赴京”；对于官民违反者，“凡会同馆内外四邻军民人等代替夷人收买违禁货物者，问罪枷号一个月，发边卫充军”，“私将应禁军器卖与夷人图利者，比依将军器出境因而走泄事情者律，各斩为首者，仍枭首示众”，“在京在外军民人等与朝贡夷人私通往来，投托管顾，拨置害人，因而走泄事情者，俱问，发边卫充军。军职有犯，调边卫带俸差操；通事并伴送人等，系军职

①《明孝宗实录》卷35，第137页。

②张云飞：《明朝会同馆研究》，硕士学位论文，陕西师范大学，2012，第15—17页。

③张云飞：《明朝会同馆研究》，硕士论文论文，陕西师范大学，2012，第17页。

者,照军职例,系文职有赃者,革职为民”,“夷人贡船未曾报官盘验,先行接买番货者,比照私自下海收买番货五十斤以上事例,边卫充军;其交结夷人,诓骗惹衅及教诱为乱者,比照川、广、云、贵、陕西等处事例,边卫永远充军;一应代替夷人收买违禁货物者,比照会同馆内外军民事例发遣”。① 明政府对交易场所及交易办法做出如此细致的限制,阻碍了自由贸易的进行,给交易者带来极大的不便,严重限制了朝贡贸易的发展。

哈密卫与其他西域番国一样:“诸番贪中国财帛,且利市易,络绎道途。”②因此哈密在与明廷贡赐交往中,不仅贡使数量多,最多时多达几百人,而且朝贡次数也较为频繁。西域其他诸国入贡一般为“或比年,或间一岁,或三岁,辄入贡”③。从永乐二年(1404 年)哈密卫设立,到明嘉靖初年被吐鲁番占据的 100 多年中,几乎每年,甚至有的年份每月都有贡使到京朝贡,有时候甚至一个月中有几批贡使到京。这种情况逐渐成为明廷的负担。成化元年(1465 年),礼部尚书姚夔会太保会昌侯孙继宗等上述陈述了哈密与明廷朝贡情况和负担,并提出建议:“哈密乃西域诸番之要路,祖宗待之特为优厚。然朝贡有期,遣使有数。近年为乩加思兰残破其国,人民溃散,无所栖止,不时来贡,动以千百。将瘦损驼马数匹,名为进贡,实则贪饕宴赐。朝廷保小怀远之仁,固不恤此,然道路疲于迎接,府库竭于赏赐。合酌量事体,哈密使臣岁一入朝不得过二百人……依期同来,不得过十人。”④明廷采取此种建议,此后规定“哈密每年一贡,贡三百人,送十一赴京,余留关内,有司供给”⑤。每年贡赐的数量,如明正德三年(1508 年)的四月,“哈密使臣写亦虎仙等来朝,贡方物”⑥;八月,“哈密忠顺王并都督……遣使臣脱云虎力等来朝,贡驼马”⑦;十一月,“哈密卫忠顺王速檀拜牙即遣使臣都督写亦虎仙等

①申时行:《明会典》卷 167《刑部九・律例八》,明万历内府刻本。

②张廷玉等:《明史》卷 332《西域四・于阗》,第 8614 页。

③张廷玉等:《明史》卷 332《西域四・撒马儿罕》,第 8599 页。

④《明宪宗实录》卷 22,第 103—104 页。

⑤张廷玉等:《明史》卷 332《西域四・哈烈》,第 8611 页。

⑥《明武宗实录》卷 37,第 186 页。

⑦《明武宗实录》卷 41,第 187 页。

贡驼马"①。当然明廷为了维护"天朝大国"的威仪也给予相当数量的赏赐。

总之,明代哈密卫作为明廷西北地区的一个羁縻卫所,在明廷政治目的为主的贡赐贸易互动中,不仅从中获取了地方经济发展所需要的各种基本物资资料交易,而且也在这种频繁的经济往来中有效地促进了民族之间的交往,为中华民族的融合做出了一定的贡献。

二、各时期与明廷朝贡和贸易的具体表现

西域诸番国与明廷的朝贡和贸易往来是双方互利互惠的必然结果。明朝统治者对西域各国的朝贡非常欢迎,且屡次遣使,广事招徕,而西域各国,包括哈密在内的地方小政权亦是乐于朝贡的。对明廷而言,可以通过达到羁縻西域各国的目的,进而达到明朝威仪远播,泽被天下,恩沐四方的目的。除此之外,明朝统治者还凭借这种朝贡关系来保障其国防安全。由此可见,无论从政治还是经济方面来考虑,朝贡对明朝来说是有利的。而对西域各国则是政治依附经济联系的需要所导致的。历史上长期形成的对中原地区的政治倾向力使得他们争相向明朝进贡。此外,也因"服食器用,悉仰给于中国"的经济需要,包括哈密在内的西域诸国与明朝之间的经济联系也主要采用朝贡贸易形式,从而获得地方经济生活发展所需的必需物品。

(一)哈密与明廷朝贡贸易互动

明廷对哈密的经营从永乐到嘉靖,历时120多年。哈密作为明廷西北防御体系构建中的重要一环,朱明政权建立之初就开始了与哈密的贸易互动。哈密与明廷的朝贡贸易可分为几个不同的历史时期:明成祖设立哈密卫之前的阶段,明永乐到嘉靖之间,嘉靖之后到明朝末年。当然在设立哈密卫的100多年间,哈密与明廷之间的朝贡贸易也出现过起伏变化。但双方的这种互动贸易总体上较为频繁,交易商品也较为集中。

①《明武宗实录》卷44,第187页。

1. 洪武时期的朝贡贸易

明初,元朝虽然在中原被明军打败,但其中央机构基本完整,仍具有较强大的军事实力,对当时西域仍具有较大的影响力。而哈密地处新疆东部的塔里木盆地,位于古丝绸之路东西方交通的要道上,历来是东西方民族进行政治、经济、文化交流的枢纽。因此,哈密自然成为各方势力角逐的对象。

明太祖在攻打下大都,迫使元军北遁,取得北伐的初步胜利后,鉴于北元的强大和明朝初创,百废待兴的局面,决定对西北采取军事防御、控制该地为主的策略,以应对北方蒙古之需。明朝对西北各部采取招抚措施,频抛橄榄枝,西北诸部纷纷归附明朝。在此情况下,明朝开始试探性地进军西域,洪武十三年(1380 年)四月,甲申,“都督濮英练兵西凉”①后(丁亥)“都督濮英复请督兵略地,开哈梅里之路,以通商旅”②,随后的五月和七月濮英先后兵至白城、苦峪,俘虏其首领、妻母及家属,并斩杀部下阿哈撒答等 80 余人。其此次进兵对当时的西域各部产生了重大影响。迫于这种军事威胁,第二年(1381 年)五月,“哈梅里回回阿老丁来朝贡马,诏赐文绮,遣往畏吾儿之地招谕番酋”③。之后,洪武二十年(1387 年),明朝击败东北地区的元军,东北略定。洪武二十一年(1388 年)明朝把哈密作为故元的残余势力着手进行招抚④。面对明朝的招抚,洪武二十三年(1390 年),“哈梅里王兀纳失里遣长史阿思兰沙、马黑木沙来贡马”⑤。但作为西北地区势力较为雄厚的哈密来说,不甘心臣服。洪武二十四年(1391 年)二月,“哈梅里王兀纳失里遣使请于延安、绥德、平凉、宁夏以马互市”⑥,妄图以此明确与明廷在西北的势力范围,并窥探明朝虚实。明太祖当即拒绝其要求,并于洪武二十四年(1391 年)八月以“西域回纥来朝贡者,多为哈梅里兀纳失里

---

①《明太祖实录》卷 131,第 20 页。
②《明太祖实录》卷 131,第 20 页。
③《明太祖实录》卷 137,第 20 页。
④和田清:《明代蒙古史论集》(上册),商务印书馆,1984,第 41—42 页。
⑤《明太祖实录》卷 202,第 22 页。
⑥《明太祖实录》卷 207,第 22 页。

所阻遏。有从他道来者，又遣人邀杀之，夺其贡物”①为由出兵哈密。此次进军明朝大获全胜，真等由凉州西出哈密之境，乘夜直抵城下，四面围之，知院岳山夜缒城降。黎明，兀纳失里驱马三百余匹突围而出，我军争取其马，兀纳失里以家属随马后遁去。真等遂攻破其城，斩豳王列儿怯帖木儿、国公省阿朵儿只等千四百人，获王子别列怯部属千七百三十人，金印一，银印一，马六百三十匹。哈密王兀纳失里彻底认识到明军的强大，于洪武二十五年(1392 年)“遣回回哈只阿里等来贡马四十六匹、骡十六只”②，表示臣服愿意成为明的藩国属地。明初明太祖对西北及哈密的军事策略为以后明成祖经略哈密打下了基础。

由此可知，明洪武年间，哈密与明廷之间的朝贡贸易是双方军事势力相抗衡的结果。从此以后，哈密作为明廷西北卫所之一，开启了与明廷之间的朝贡贸易和民间互市。(见表 3-3)

表 3-3　明洪武年间(1368—1402 年)哈密朝贡统计

序号	派遣人	贡使及身份	贡品	回赐	出处
1	兀纳失里	回回阿老丁	马	文绮	《明太祖实录》卷 137
2	兀纳失里	长史阿斯兰沙、马黑木沙	马		《明太祖实录》卷 202
3	兀纳失里	回回哈只阿里	马 46 匹、骡 16 只	白金、文绮	《明太祖实录》卷 223

(史料来源：陈高华《明代哈密吐鲁番资料汇编》，第 20—23 页)

2. 永乐至嘉靖时期的朝贡贸易

从明成祖开始，明王朝经略边疆的历史也开始了新的一页。就西北边疆而言，朱棣登上帝位的第二年就开始充实巩固河西诸卫所，并遣使前往哈密进行招谕。《明太宗实录》卷 25 永乐元年(1403 年)十一月甲午条记载：“哈密安克帖木儿遣使臣马哈木沙、浑都思等来朝，贡马百九十匹。先是，上遣使臣亦卜剌金等赍诏往哈密抚谕，且许其以马入中国市易。至是，来朝贡马，其市易马四千七百四十匹，上命悉官偿其值，

①《明太祖实录》卷 211，第 22 页。

②《明太祖实录》卷 223，第 23 页。

选良者十匹入御马监，余以给守边骑士。”①由此可见，明朝的招谕活动得到了哈密安克帖木儿的积极回应。其使臣不仅进贡了马 190 匹，而且还带来了多达 4740 匹用来交易的马。显然哈密使者此行与明朝互市易马的目的也很明显。而且明廷欣然接受了这一批“市易马”，其传递的信号一方面是为了加强边防军备，另一方面也扬新帝声威，且与哈密有主动联系的意图。因此哈密来使一个月后，闰十一月壬戌条记载：“赐哈密安克帖木儿使臣马哈木沙、浑都思等金织文绮衣各一袭，钞各百锭，及纻丝表里等物，仍命礼部赐安克帖木儿银百两、纻丝十表里。”②明成祖发出招谕马上得到哈密王的回应，而成祖也对这种回应很是满意，不仅“命悉官偿其值”，而且还“命礼部赐安克帖木儿银百两、纻丝十表里”。这一来一往的积极互动中，致使哈密安克帖木儿主动向明廷靠拢。此后半年后，安克帖木儿“遣使来朝，表请赐爵”③，封其为忠顺王。永乐二年（1404 年）十一月，“哈密忠顺王安克帖木儿遣兀鲁思等贡马谢恩”④。从此以后，哈密明确了与明廷的关系，开始了紧密的朝贡互动贸易活动。永乐年间尤为突出。表 3-4 可以看出这种贸易互动不仅频繁，而且贡品及回赐物品都极为丰厚。

表 3-4　明永乐年间(1403—1424 年)哈密朝贡统计

序号	派遣人	贡使及身份	贡品	回赐	出处
1	安可帖木儿	使臣马哈木沙、浑都思	马 190 匹、市易马 4740 匹	赐安可帖木儿银百两、纻丝十表里；赐使臣金织文绮衣各一袭，钞各百锭，及纻丝表里等物	《明太宗实录》卷 25
2	安可帖木儿	兀鲁思	马	钞及袭衣、绮帛	《明太宗实录》卷 36

①《明太宗实录》卷 25，第 24 页。

②《明太宗实录》卷 25，第 24 页。

③《明太宗实录》卷 32，第 24 页。

④《明太宗实录》卷 36，第 25 页。

续表

序号	派遣人	贡使及身份	贡品	回赐	出处
3	脱脱	头目(无名)	马	钞、币	《明太宗实录》卷46
4	速哥失里(脱脱祖母)	赤纳	马35匹		《明太宗实录》卷62
5	脱脱		马	赐脱脱绮帛	《明太宗实录》卷65
6	回回洗剌从	回回洗剌从	马	钞、币	《明太宗实录》卷68
7	头目把都右	头目把都右		赐袭衣、彩币	《明太宗实录》卷73
8	指挥马马火者	指挥马马火者	马	赐钞、币	《明太宗实录》卷74
9	脱脱	头目那那	马、方物	赐钞、币有差	《明太宗实录》卷74
10	脱脱及其祖母	都指挥同知买住、头目哈剌哈纳、火鲁忽赤	马	赐脱脱等文币百匹、彩绢250匹，使者赐冠带袭衣	《明太宗实录》卷76
11	所镇抚黑的儿	所镇抚黑的儿	硇砂	赐钞、币	《明太宗实录》卷83
12	脱脱	都指挥同知哈剌哈纳	马	赐脱脱金织文绮表里	《明太宗实录》卷88
13	指挥同知母撒		马	赐钞、币、袭衣	《明太宗实录》卷91

续表

序号	派遣人	贡使及身份	贡品	回赐	出处
14	脱脱及巴思罕安克王	指挥伯颜朵儿只、回回阿里	马、方物	赐钞、币、袭衣	《明太宗实录》卷96
15	回回你咎	回回你咎	马	赐钞3700锭	《明太宗实录》卷98
16	回回马黑麻哈非思		硇砂	礼部给钞	《明太宗实录》卷115
17	指挥那速儿丁	指挥那速儿丁	马及方物	赐钞、币	《明太宗实录》卷119
18	指挥同知哈剌马牙	指挥同知哈剌马牙	马	赐彩币	《明太宗实录》卷120
19	脱脱母		马	赐钞、币	《明太宗实录》卷121
20	免力帖木儿	阿都儿火者	马	赐钞千锭、文绮20匹	《明太宗实录》卷126
21	回回百户阿马丹	回回百户阿马丹	马及玉璞	赐赉有差	《明太宗实录》卷127
22	指挥虎秃帖木儿、千百户母撒	指挥虎秃帖木儿、千百户母撒	马及硇砂	赐之钞、币	《明太宗实录》卷128
23	免力帖木儿		马	赐免力帖木儿及其母并故忠顺王脱脱母彩币有差	《明太宗实录》卷145
24	免力帖木儿	掌吉帖木儿	马	赐宴	《明太宗实录》卷157

续表

序号	派遣人	贡使及身份	贡品	回赐	出处
25	免力帖木儿、都指挥木纳法虎儿丁		马	赐钞、币有差	《明太宗实录》卷170
26	免力帖木儿	指挥脱脱不花	马300匹	赐钞、币有差，赐宴	《明太宗实录》卷181、182
27	回回马黑麻撒剌只	回回马黑麻撒剌只	方物	赐钞、币有差，赐宴	《明太宗实录》卷181、182
28	免力帖木儿	兀马儿沙	马	赐钞、币	《明太宗实录》卷192
29	免力帖木儿	阿力迭里	方物	赐宴	《明太宗实录》卷194、195
30	免力帖木儿	把失忽里	马及方物	赐宴，赐冠带袭衣	《明太宗实录》卷197、198
31	回回土鲁迷失	回回土鲁迷失等137人	马	赐钞万锭、文绮70匹、彩绢200匹	《明太宗实录》卷210
32	回回满赖撒丁	回回满赖撒丁等250人	马3546匹及貂鼠皮、硇砂等	赐钞32000锭、文绮100匹、绢1500匹	《明太宗实录》卷216
33	免力帖木儿	兀马儿火者	马及方物	赐钞、绮币，赐宴	《明太宗实录》卷218
34	免力帖木儿	赤丹卜花	马	赐钞、币有差	《明太宗实录》卷247

续表

序号	派遣人	贡使及身份	贡品	回赐	出处
35	免力帖木儿	舍黑马哈麻、虎都卜丁	马 1300 匹、羊 2000 余只	赐赍有差	《明太宗实录》卷 254 上
36	免力帖木儿		马	赐彩币表里	《明太宗实录》卷 254 上
37	免力帖木儿	兀马儿火者等 90 人	马 1000 匹、驼 336 头	优赐	《明太宗实录》卷 260
38	回回千户悟牙思	回回千户悟牙思	马	赐钞、币	《明太宗实录》卷 267
39	免力帖木儿	兀马儿火者等 90 人	马	赐钞 60150 锭、彩币 70 表里、绢 1016 匹	《明太宗实录》卷 267
40	回回阿蛮	回回阿蛮	羊马	赐钞、币	《明太宗实录》卷 268
41	免力帖木儿	打剌罕马黑麻、迭力迷失等 160 人	马及方物	优赐	《明太宗实录》卷 269
42	回回苦剌虎力敏答	回回苦剌虎力敏答	羊马	赐袭衣及钞、币、表里有差	《明太宗实录》卷 269
43	指挥秃儿迷失	指挥秃儿迷失	马	赐钞、币有差	《明仁宗实录》卷 1 下
44	回回者剌刀丁	回回者剌刀丁	马及方物	赐袭衣、钞、币、表里	《明仁宗实录》卷 2 上
45	回回舍人阿力	回回舍人阿力	方物	赐钞、币	《明仁宗实录》卷 2 中

续表

序号	派遣人	贡使及身份	贡品	回赐	出处
46	回回舍黑马黑麻	回回舍黑马黑麻	马及方物	赐钞、币有差	《明仁宗实录》卷3下

（史料来源：陈高华《明代哈密吐鲁番资料汇编》，第24—43页）

从明永乐初年开始至嘉靖初年之间，哈密与明廷之间的朝贡贸易活动极为频繁，虽然其间由于哈密特殊的地理位置和重要性，吐鲁番数次与明廷抢夺哈密，兴兵东侵，也未阻挡双方的贸易互动。表3-5给出了明朝期间，哈密与明廷之间不同历史时期进行朝贡贸易的次数以及各时期的朝贡排序。由此表可以看出，明永乐初年明确了哈密卫的羁縻卫所性质后，哈密就积极向明廷靠拢，进行各种互惠互利的朝贡贸易。尤其是宣德、正统和天顺时期，每年的朝贡活动平均都在2.5次以上。但就明朝这15个历史时期来看，明永乐时期是哈密朝贡贸易的黄金时期，在朝贡次数、规模以及明王朝所给予的赏赐数量上都是空前的，这是与明成祖朱棣所执行的积极的开放政策关系密切。明成祖时期朝贡政策的核心就是鼓励西域诸番国入朝进贡："盖厚往薄来，柔远人之道。"①哈密对明廷的这种政策积极进行回应，让明廷大为赞赏。永乐二十二年（1424年），"哈密忠义王免力帖木儿使臣兀马儿火者等辞还，赐钞六万一百五锭、彩币七十表里、绢千一十六匹"②。这样的赏赐数量在整个西域诸番国与明廷的朝贡贸易史上应该是唯一的一次。

表3-5　明洪武初年至明崇祯时期哈密卫与明朝贡赐情况统计表

时间	年数	贡赐次数	年均次数	年均排序
洪武（1368—1402年）	35	3	0.09	11
永乐（1403—1424年）	22	46	2.09	4
洪熙（1425年）	1	3	3	2
宣德（1426—1435年）	10	37	3.7	1
正统（1436—1449年）	14	38	2.71	3

①《明太宗实录》卷24，第24页。

②《明太宗实录》卷267，第42页。

续表

时间	年数	贡赐次数	年均次数	年均排序
景泰(1450—1456 年)	7	8	1.14	5
天顺(1457—1464 年)	8	24	3	2
成化(1465—1487 年)	23	25	1.09	6
弘治(1488—1505 年)	18	8	0.44	8
正德(1506—1521 年)	16	15	0.94	7
嘉靖(1522—1566 年)	45	9	0.2	9
隆庆(1567—1572 年)	6	0	0	13
万历(1573—1619 年)	47	6	0.13	10
天启(1621—1627 年)	7	0	0	13
崇祯(1628—1644 年)	17	1	0.06	12
合计	276	212		

(史料来源:陈高华《明代哈密吐鲁番资料汇编》,第 20—366 页)

从上表可知,按照不同时期朝贡总次数和年份来计算,宣德时期平均每年贡赐次数最多,其次是天顺和正统时期的贡赐频率较多。嘉靖时期之后平均每年贡赐次数不足 0.2 次。但从贡赐总数量上来看,永乐时期哈密和明廷之间进行了多达 46 次的朝贡贸易活动。

除了永乐时期哈密与明廷之间朝贡频繁外,宣德和正统时期的朝贡活动,就年数和次数上来看,更甚于永乐时期。宣德 10 年有 37 次朝贡,正统 14 年有 38 次朝贡活动。所不同的是,宣德年间派遣人员成分复杂,而正统时期,忠顺王倒瓦答失里亲自派出的贡使团数量较多。宣德年间,由于忠顺王卜答失里年幼,故明廷"遣使立故忠义王免力帖木儿之子脱欢帖木儿嗣忠义王,俾同忠顺王绥抚部属"①。两王并立期间,忠顺王和忠义王为各自向明廷表明心迹都积极进行朝贡,宣德时期的 10 年间,先后进行了多达 37 次的朝贡活动。这些活动有两王分派,也有共派使臣的情况。(见表 3-6、3-7)

①《明宣宗实录》卷 35,第 50 页。

表 3-6　明宣德年间(1426—1435 年)哈密朝贡统计

序号	派遣人	贡使及身份	贡品	回赐	出处
1	哈剌苦出	哈剌苦出	马	赐钞、彩币表里、袭衣有差	《明宣宗实录》卷 15
2	卜答失里	舍剌夫丁	马及方物	赐钞、彩币表里、袭衣有差,加赐舍剌夫丁等钞。	《明宣宗实录》卷 17
3	镇抚小丁	小丁等 235 人	方物	纻丝、纱罗、绫绢、衣服、绵布	《明宣宗实录》卷 19
4	打剌罕忽都卜丁	打剌罕忽都卜丁	马	赐钞、彩币表里、袭衣、靴韈有差	《明宣宗实录》卷 21、22
5	打剌罕倒兀	打剌罕倒兀	羊马	赐钞、彩币表里、毡帽有差	《明宣宗实录》卷 24
6	打剌罕马哈木	打剌罕马哈木	马	赐钞、彩币表里有差	《明宣宗实录》卷 24、25
7	打剌罕沙卜、卜答失里	回回火者孛罗	马及方物	赐钞、彩币表里有差	《明宣宗实录》卷 25
8	卜答失里	北斗奴、乞力麻、打剌罕合思老讨烈思、打剌罕赛打黑麻	驼、马及方物	赐北斗奴等银、钞、彩币表里有差,赐乞力麻、打剌罕合思老讨烈思、打剌罕赛打黑麻钞、彩币表里有差	《明宣宗实录》卷 27、28
9	卜答失里、脱欢帖木儿	满剌亦蛮、舍黑马黑麻	方物	赐钞、彩币表里、纻丝袭衣有差	《明宣宗实录》卷 39、40
10	所镇抚罗哈喇	所镇抚罗哈喇	马	赐钞、彩币表里及纻丝表里有差	《明宣宗实录》卷 51

续表

序号	派遣人	贡使及身份	贡品	回赐	出处
11	卜答失里	都指挥使把台等46人	马	赐银、钞、彩币表里有差	《明宣宗实录》卷52
12	回回打剌罕倒兀	回回打剌罕倒兀	马	赐彩币表里、纱罗绫绸绢有差	《明宣宗实录》卷54
13	僧太仓	僧太仓	马	赐彩币表里、纱罗绫绸绢有差	《明宣宗实录》卷54
14	卜答失里	打剌罕哈忻	马	赐钞及纻丝金织袭衣、彩币表里有差	《明宣宗实录》卷54
15	打剌罕赛夫剌	打剌罕赛夫剌等34人	马	赐钞、彩币表里有差	《明宣宗实录》卷56
16	卜答失里	指挥佥事速来蛮等35人	马	赐彩币表里及绢有差	《明宣宗实录》卷66
17	卜答失里	指挥佥事舍黑马黑麻、打剌罕满剌哈密	马	赐彩币表里、绢、布、袭衣有差	《明宣宗实录》卷67、68
18	卜答失里	脱脱帖木儿、都指挥佥事拜拜兀马儿	马	赐彩币表里、绢、布有差	《明宣宗实录》卷72、73

续表

序号	派遣人	贡使及身份	贡品	回赐	出处
19	卜答失里	迭力迷失	马及玉石	赐白金、彩币表里、纱罗、绫绢有差	《明宣宗实录》卷73、75
20	脱欢帖木儿	副千户阿木力丁	马及方物	赐彩币、绢布有差	《明宣宗实录》卷77、78
21	黑蛮	黑蛮	方物	赐钞、彩币表里有差	《明宣宗实录》卷78、79
22	卜答失里	指挥速来蛮	马	赐彩币表里有差	《明宣宗实录》卷81
23	回回舍人哈三	回回舍人哈三	马及方物	赐白金、彩币、纱罗绸绢、金织袭衣等物有差	《明宣宗实录》卷84、85
24	回回副千户克牙思子马黑麻	回回副千户克牙思子马黑麻	马	赐彩币表里等物有差	《明宣宗实录》卷86、87
25	卜答失里	兀马儿火者、舍伯儿沙	马	赐彩币表里、绢、布及纻丝袭衣有差	《明宣宗实录》卷89
26	卜答失里	倒剌火者	马及玉石、硇砂等方物	赐银、钞、纻丝、纱罗、绢、布及金织袭衣有差	《明宣宗实录》卷90、91
27	卜答失里	指挥舍黑马黑麻	驼、马、玉石	赐白金、绫罗绫绸、绢、布及金织纻丝袭衣有差	《明宣宗实录》卷93、94
28	卜答失里	百户古力火者等47人	驼、马、方物	赐彩币、绢、布及金织袭衣有差	《明宣宗实录》卷100、101

续表

序号	派遣人	贡使及身份	贡品	回赐	出处
29	卜答失里	都指挥佥事亦麻剌、指挥佥事速来蛮打剌罕、舍人沙马力	驼、马、玉石	赐彩币、绢布及纻丝袭衣有差	《明宣宗实录》卷104
30	卜答失里	都指挥同知兀马剌、亦撒、格来		赐冠带	《明宣宗实录》卷105
31	卜答失里	指挥佥事舍黑马黑麻等5人		赐钞、彩币表里、袭衣等物有差	《明宣宗实录》卷106
32	打剌罕火者阿老丁	打剌罕火者阿老丁	马	赐钞、彩币表里及纻丝袭衣有差	《明宣宗实录》卷106、107
33	打剌罕兀思答、马黑麻、忽先	打剌罕兀思答、马黑麻、忽先	马	赐钞、彩币表里及纻丝袭衣有差	《明宣宗实录》卷106、107
34	卜答失里	百户撒剌	马	赐钞、彩币有差	《明宣宗实录》卷110
35	卜答失里、脱欢帖木儿	舍人赛奴、爪秃米昝	马	赐钞、币、绢布及纻丝袭衣有差	《明宣宗实录》卷111
36	卜答失里	哈非思俱	驼马、方物、器皿	赐彩币等物有差	《明英宗实录》卷3
37	脱欢帖木儿		马	赐彩币等物有差	《明英宗实录》卷4

（史料来源：陈高华《明代哈密吐鲁番资料汇编》，第47—60页）

表 3-7　明正统年间(1436—1449 年)哈密朝贡统计

序号	派遣人	贡使及身份	贡品	回赐	出处
1	卜答失里	指挥速来蛮	马驼、方物	赐宴并赐彩币等物有差	《明英宗实录》卷 19
2			马及方物	赐宴并赐彩币等物有差	《明英宗实录》卷 24
3	脱欢帖木儿	宰奴丁	马驼、方物	赐宴并彩币、钞绢有差	《明英宗实录》卷 32
4	卜答失里	指挥把失虎力等 36 人		宴赐如例	《明英宗实录》卷 32
5	卜答失里	把失虎力	马、驼及方物	赐宴并赐彩币等物有差	《明英宗实录》卷 34
6	卜答失里	兀马儿火者	马驼及方物	赐宴并彩币等物有差	《明英宗实录》卷 37
7	卜答失里	主乃	马驼、玉石、方物	赐宴并赐彩币等物有差	《明英宗实录》卷 51
8	卜答失里	阿力加	驼马及方物	赐宴并赐彩币等物有差	《明英宗实录》卷 56
9	倒瓦答失里	马黑麻	马、驼、鹰及貂鼠皮、药品	赐宴并赐彩币等物有差	《明英宗实录》卷 66
10	倒瓦答失里	都指挥脱脱不花、剌麻远丹坚错	马驼、佛像、铜塔、舍利	赐彩币等物有差	《明英宗实录》卷 67
11	倒瓦答失里	都指挥脱脱不花	驼马及方物	赐宴并赐彩币、袭衣等物有差	《明英宗实录》卷 69

续表

序号	派遣人	贡使及身份	贡品	回赐	出处
12	倒瓦答失里	哈斤	马驼、玉石、梧桐碱等物	赐宴并赐彩币等物有差	《明英宗实录》卷74
13	倒瓦答失里	马黑麻	马驼、方物	赐宴并赐彩币等物有差	《明英宗实录》卷80
14	倒瓦答失里	千户莽恪剌	马及方物	赐衣服靴靺有差	《明英宗实录》卷93
15	倒瓦答失里	满剌阿黑麻的	马及玉石	赐宴并彩币等物	《明英宗实录》卷98
16	倒瓦答失里	满剌阿黑麻的	马及方物	赐宴及赐彩币、钞、绢有差	《明英宗实录》卷100
17	倒瓦答失里		马驼	赐宴并赐彩币等物有差	《明英宗实录》卷101
18	倒瓦答失里	把鲁	马	赐宴及彩币表里等物有差	《明英宗实录》卷116
19	镇抚沙免力	镇抚沙免力	马	赐宴及彩币表里	《明英宗实录》卷123
20	倒瓦答失里		马驼及方物	赐宴及彩币等物有差	《明英宗实录》卷124
21	倒瓦答失里	哈只马黑麻	驼马及玉石	赐宴并彩币表里、纻丝袭衣有差	《明英宗实录》卷127
22	倒瓦答失里	阿力沙	驼马	赐宴并彩币表里等物有差	《明英宗实录》卷128
23	倒瓦答失里	知院阿不都剌	马驼等物	赐宴并彩币表里、钞锭有差	《明英宗实录》卷130

续表

序号	派遣人	贡使及身份	贡品	回赐	出处
24	倒瓦答失里	同知阿黑麻	金银器皿、象、马、驼等物	赐宴并彩币表里等物有差	《明英宗实录》卷139
25	倒瓦答失里	指挥法奴	马驼及方物	赐彩币表里、纻丝袭衣有差	《明英宗实录》卷141
26	倒瓦答失里	千户马黑麻的	马驼、方物	赐宴并彩币、衣服等物有差	《明英宗实录》卷156
27	所镇抚哈剌别	所镇抚哈剌别	马	赐彩币表里、金织袭衣、房屋、床榻、器皿等物	《明英宗实录》卷157
28	倒瓦答失里	千户马黑麻的	马	赐宴并彩币表里等物有差	《明英宗实录》卷157
29	倒瓦答失里	千户马黑麻的	马	赐彩币表里	《明英宗实录》卷159
30	倒瓦答失里	脱脱不花	马63匹、驼27只、速来蛮松都鲁思玉石2万斤、青鼠皮3万张	赐宴及袭衣、靴靺	《明英宗实录》卷160
31	倒瓦答失里	指挥阿卜都剌	金银器皿、土锦、象、马、方物	赐宴并彩币有差	《明英宗实录》卷161

续表

序号	派遣人	贡使及身份	贡品	回赐	出处
32	倒瓦答失里	鬼里赤	马驼、银鼠及方物	赐宴并赐彩币表里、绢、布、钞锭等物有差	《明英宗实录》卷162
33	倒瓦答失里		马	赐宴并彩币表里有差	《明英宗实录》卷165
34	倒瓦答失里	哈三	马驼、玉石	赐宴并彩币表里、绢、布等物有差	《明英宗实录》卷170
35	倒瓦答失里	哈三	马	赐宴及彩币等物,赍敕及金织表里归赐其王	《明英宗实录》卷171
36	倒瓦答失里	知院马黑麻	马驼及方物	赐宴并袭衣、钞币等物有差	《明英宗实录》卷172
37	倒瓦答失里	额鲁赤把失忽里	马	赐药	《明英宗实录》卷177
38	倒瓦答失里	阿力乩	方物	赐宴并彩币表里等物有差	《明英宗实录》卷178

(史料来源:陈高华《明代哈密吐鲁番资料汇编》,第61—82页)

但到了天顺时期,“乩加思兰乘隙破其城,大肆杀掠,王母率亲属部落走苦峪,犹数遣使朝贡,且告难”①,忠义王母弩温答失里主国事期间就有多达6次的朝贡活动,其目的除了维系双方政治关系外,更多了一层向明廷求助的意思。所以天顺时期的8年时间里,哈密地面向明廷主动示好21次。但也正是此时,臣子乱国,“其国以残破故”②。国势的逐渐衰落直接导致了哈密朝贡贸易规模的缩小。之后的哈密,虽然

①张廷玉等:《明史》卷329《西域一·哈密卫》,第8515页。

②张廷玉等:《明史》卷329《西域一·哈密卫》,第8515页。

也保持了西域朝贡中的领袖地位，但已经不再有永乐年间那样庞大的朝贡规模了。因此，从成化元年（1465 年）到嘉靖八年（1529 年）明廷“不复问忠顺王事”①为止的 64 年中，哈密朝贡活动平均每年都不足一次。且这一时期的朝贡贸易往来，多是明廷对哈密的赈济和哈密乞讨的行为。如：成化元年（1465 年）九月丁卯，“哈密地面遣使臣哈的马黑麻等来贡。礼部议：‘哈密贡马才二十匹，而使臣来者三百六十余人，皆欲给赏。’”②。成化三年（1467 年）三月戊子，“哈密来朝使臣闪思丁奏：‘本土饥寒，男妇二百六十余人随来，在边乞食，不能回还。’命人给绵布二匹、米六斗以遣之”③。

明廷与西域诸国经过明初至宣德时期六七十年的发展，西域诸番国都开始尝到了与明廷进行朝贡所带来的诸多好处。因此，进入正统时期，西域诸番国的全面朝贡时代开启。诸番国不仅频繁前来朝贡，而且还开始联合共同进行。正统元年（1436 年）十一月辛酉，“瓦剌、哈密、脱火麻三地面顺宁王脱欢等各遣使……俱来朝，贡马及方物，赐宴并赐彩币等物有差”④。这种情况到正统十三年（1448 年）出现了多达 19 处地面头目遣派使臣一起前往朝贡的壮观景象。四月甲申，哈密忠顺王倒瓦答失里，以及亦里把力、阿刺木、阿端、兀失、他石哈牙、帖力他、鲁城哈剌火州、儿白、苦先、领真、鸦儿、察弟儿、散竹、脱辛、剌术、昔儿勤、秃由、他替儿地面头目“等俱遣人来贡马。赐宴并彩币表里有差”⑤。忠顺王倒瓦答失里当政的明景泰三年（1452 年）十二月己丑朔，“哈密忠顺王倒瓦答失里、头目脱脱不花，亦里把力地面也先卜花王……等一百二十一处地面头目俱遣使来朝贡马”⑥。120 多个西域小番国约同前往明廷朝贡，不仅极大满足了明廷“天朝大国”的虚荣心理，而且也为这些地面政权获得了一定的经济利益。

这种政治经济活动显然也为哈密带来了诸多好处，因此利用朝贡

---

①张廷玉等：《明史》卷 329《西域一・哈密卫》，第 8523 页。

②《明宪宗实录》卷 21，第 103 页。

③《明宪宗实录》卷 40，第 105 页。

④《明英宗实录》卷 24，第 61 页。

⑤《明英宗实录》卷 165，第 79 页。

⑥《明英宗实录》卷 224，第 84—85 页。

一同进京的批次和人数越来越多，明廷不得不对进京人数开始加以限制。正统二年(1437 年)七月丁巳，“哈密忠顺王卜答失里遣指挥把失虎力等六十三人……来贡，俱至甘州。左副总兵都督任礼遣人送正副使把失虎力等十一人至京师，宴赐如例，余留甘州，皆馆馈之”①。此条记载可知派出的 63 位使臣只允许 11 人进京，其余皆留在甘州，但待遇礼节上都不差。

明正统时期哈密的朝贡贸易不仅在人数规模和联合形式上逐步扩大，而且还出现了与僧人同进的情况。正统五年(1440 年)五月丙寅，“哈密忠顺王倒瓦答失里等遣都指挥脱脱不花，并乌思藏铁禅等寺剌麻远丹坚错等俱来朝，贡马驼、佛像、铜塔、舍利。赐彩币等物有差”②。由此以后，明廷与西域包括哈密在内的地面政权在发展政治经济的同时，也开始了佛教文化方面的沟通和交流。

从总体上来看，明永乐至嘉靖时期的哈密，作为明廷西北重要的羁縻会所，双方的朝贡经济活动既经历了前期统领西域诸番国朝贡贸易的领袖时期，也有成化后逐渐衰落积重难返不再发挥朝贡主导作用的无奈。

3. 隆庆至崇祯时期的朝贡贸易

从明嘉靖初年哈密被吐鲁番彻底占领，明廷不再过问哈密忠顺王事开始，一直到明朝末年，《明实录》中记载的哈密朝贡次数加起来不超过 20 次，且多为嘉靖时期的朝贡，再有就是万历时期。哈密大多与其他西域地面政权一同朝贡，进贡之物也不过是以马匹为主并捎带一些地方特产，其数量与之前相比也已经不可同日而语。归附于吐鲁番的哈密在这一时期的朝贡活动中基本上也仅仅是西域诸国朝贡使团中的一员，早已经失去了当年统领西域各番国的辉煌地位。此不赘述。(明代各历史时期哈密与明廷朝贡贸易情况见附录二)

(二) 哈密遣使朝贡人员

整个明代，在哈密与明廷之间不同阶段进行的或多或少的贡赐贸

①《明英宗实录》卷 32，第 62 页。

②《明英宗实录》卷 67，第 65 页。

易中，出现了数量众多、不同身份和阶层的人员参与其中，在此对其进行梳理。

1. 上层统治者及其亲族

兀纳失里、安可帖木儿、脱脱、速哥失里（脱脱祖母）①、脱脱母②、免力帖木儿、卜答失里、脱欢帖木儿、倒瓦答失里、卜列革（倒瓦答失里弟）③、弩温答失里（卜列革母）④、罕慎、陕巴、速檀拜牙。

从《明实录》所载的朝贡记录上来看，共有13人是不同历史时期派遣贡使的上层统治者及其亲族集团成员，其中绝大多数属当时的忠顺王或忠义王，其亲族也只有脱脱的祖母、母亲和卜列革的母亲和弟弟。兀纳失里是元末哈密（哈梅里）肃王，明初在与明廷的交战中开始以朝贡方式调节与之关系。随后永乐时期开始逐渐被明廷封忠顺王对哈密进行羁縻管理。在对哈密进行羁縻统治管理期间，哈密先后历经忠顺王、忠义王、“母弩温答失里主国事”⑤的时期。但不论是统治者还是其祖母、母或弟，都竞相派出使者主动与明廷进行朝贡贸易，足见在经济上对明政权的依赖程度之深。

2. 各级官员及地面人物

在哈密与明廷的朝贡互动中，由于不仅带有极强的政治目的，也更有着不可忽视的经济利益，因此，除了哈密当政的统治者及其亲族派出使团和贡使出访外，各级中下级官员、头目以及地面上有身份的人物也纷纷组织队伍与明廷贸易。《明实录》中有记录的前往朝贡使团派出者人数不少。其中以永乐和宣德时期，各级官员和地面人物派遣的情况较多。这与该时期明廷对哈密的重视关系密切。

（1）各级官员。

头目把都右，指挥马马火者，指挥同知母撒，指挥那速儿丁，指挥同

①《明太宗实录》卷62，第28页。

②《明太宗实录》卷121，第33页。

③《明英宗实录》卷281，第90页。

④《明英宗实录》卷313、339、342，第93、95、96页。

⑤张廷玉等：《明史》卷329《西域一·哈密卫》，第8515页。

知哈剌马牙，都指挥木纳法虎儿丁，[1]指挥秃儿迷失[2]，头目哈剌苦出，镇抚小丁，所镇抚罗哈喇，头目黑蛮，回回副千户克牙思子马黑麻[3]，卫镇抚沙免力，所镇抚哈剌别，头目脱脱不花，正使钵若舍力，指挥哈只、回回指挥佥事捏伯沙，[4]都指挥苦儿鲁海牙[5]，都督奄克孛剌，都督奄克孛剌、哈剌灰头目指挥拜迭力迷失，[6]写亦虎仙，指挥佥事拜迭力迷失，头目速檀马黑木，[7]头目可春[8]，都督米儿马黑木[9]，头目速坛马黑麻阿力卜把都儿，指挥同知站卜剌，都督同知米尔马黑麻。[10]

哈密的地方官员是在永乐四年(1406 年)设哈密卫后确定并任命的。永乐四年(1406 年)三月，"设哈密卫，给印章……命脱脱：'凡部下头目可为指挥、千百户、镇抚者，具名来闻，授之以职。'"[11]。从此以后，从明太祖朱元璋时代开始，一直到明神宗时期都有不同等级的官员派出使者或本人亲自带队前往朝贡的朝贡行为。

(2) 地面人物。

洪武时期有 1 人：回回阿老丁[12]。

永乐时期有 9 人：洗剌从、马黑麻哈非思、土鲁迷失、满赖撒丁、千户悟牙思、失阿蛮、苦剌虎力敏答、[13]哈哈、阿力克。[14] 而且这些人除了哈哈和阿力克没有注明身份外，其他均为回回人。可见，组成哈密人口的回回族人在该地面上的政治和经济实力还是较为雄厚的。

宣德时期的 37 次朝贡活动中，有 13 个来自地面有影响的人物，包

---

①《明太宗实录》卷 73、74、91、119、120、170，第 29、30、31、33、33、39 页。

②《明仁宗实录》卷 1 下，第 43 页。

③《明宣宗实录》卷 15、19、51、78、86，第 47、48、51、55、56 页。

④《明英宗实录》卷 123、157、224、355、349，第 73、77、84—85、98、97 页。

⑤《明宪宗实录》卷 16，第 103 页。

⑥《明孝宗实录》卷 126、223，第 175、184 页。

⑦《明武宗实录》卷 37、46、71，第 186、188、189—190 页。

⑧《明世宗实录》卷 33，第 261 页。

⑨《明世宗实录》卷 135、196、451，第 327、336、349 页。

⑩《明神宗实录》卷 49、124、459，第 358、360、363 页。

⑪《明太宗实录》卷 52，第 27 页。

⑫《明太祖实录》卷 137，第 20 页。

⑬《明太宗实录》卷 68、115、210、216、267、268、269，第 29、32、41、41、42、43、43 页。

⑭《明英宗实录》卷 319、320，第 94、94 页。

括哈剌苦出、打剌罕忽都卜丁、打剌罕倒兀、打剌罕马哈木、打剌罕沙卜、回回打剌罕倒兀、打剌罕赛夫剌、回回舍人哈三、打剌罕火者阿老丁、打剌罕兀思答、马黑麻、忽先。[①] 另外该时期还有一位僧人太仓也曾派出参与朝贡。宣德四年(1429 年)五月己未,"哈密卫僧太仓为本卫僧纲司都纲。时俱来朝贡马"[②]。由此时开始,明廷开始在哈密卫设立僧纲司管理地方佛教事物。而佛教使团的朝贡更进一步说明了哈密与明廷之间不仅在政治经济领域的交往,文化和思想的交流也通过这种朝贡经济活动得以深入。

正统时期记载的 38 次朝贡活动中,没有地面人物派出朝贡使臣的记载,基本上为脱欢帖木儿、卜答失里、倒瓦答失里三位在任的忠顺王所派,尤其是从正统五年(1440 年)开始,除了其间有两次是官员镇抚沙免力和所镇抚哈剌别所派外,其他 28 次均受命于忠顺王倒瓦答失里派遣出使明廷。

天顺时期共 5 人:桑哥失里、哈的马黑麻、迭力迷失、哈哈、阿力克[③]。

成化时期共 2 人:写亦舍力乜力、哈的马黑麻[④]。

弘治时期共 2 人:革失帖木儿、满剌阿力克[⑤]。

嘉靖时期共 2 人:乢吉满可、满剌马黑麻打力哈即[⑥]。

其中,正统、景泰、正德、隆庆、万历、天启和崇祯时期《明实录》中没有地面人物派出朝贡的记载。

3. 朝贡使团人员

(1) 洪武时期共有 4 名贡使留下记载,即回回阿老丁、长史阿思兰沙、长史马黑木沙、回回哈只阿里[⑦]。其中回回人两人,官员长史两人。这一时期双方的朝贡贸易更多是一种军事交战之中使用的一种策略

①《明宣宗实录》卷 106、106、106、106,第 58、58、58、58 页。

②《明宣宗实录》卷 54,第 52 页。

③《明英宗实录》卷 292、315、315、319、320,第 90、93、93、94、94 页。

④《明宪宗实录》卷 13、21,第 103、103 页。

⑤《明孝宗实录》卷 125、130,第 175、175 页。

⑥《明世宗实录》卷 228、410,第 342、349 页。

⑦《明太祖实录》卷 137、202、202、223,第 20、22、22、23 页。

而已。

(2)永乐时期共有42名贡使留下记载。据《明实录》记载,永乐元年(1403年)至永乐二十二年(1424年)的23年间,哈密与明廷之间先后进行了多达46次的朝贡贸易活动,共派出贡使42名。其中永乐二十二年(1424年)一年之中,朝贡次数多达10次,从正月一直到十月每个月份均有一次朝贡,其中有五次都是回回人失阿蛮、剌虎力敏答、剌刀丁、阿力、舍黑马黑麻分别在正月、二月、三月、九月和十月主动前往明廷进行以贡马为主的朝贡贸易活动。由此也不难看出,哈密地面的回回人是民族构成的主要成分且在地方政治、经济中占有重要的地位。这些朝贡活动中大多遣使一人带领,有时候也有两人同往带队的情况。如永乐元年(1403年)十一月甲午,"哈密安可帖木儿遣使臣马哈木沙、浑都思等来朝,贡马百九十匹"①;永乐二十二年(1424年)三月己丑,"哈密忠义王免力帖木儿遣使打剌罕马黑麻、迭力迷失等百六十人贡马及方物,优赐赉之"②。这些贡使基本上分为三类,一类是在位的各级官员,一类是当地回回人,还有一部分是《明实录》中没有记载身份之使者。而且在这些贡使中,有的不仅是派遣之人,同时也是被遣使者。如"永乐五年(1407年)六月甲午,"哈密回回洗剌从等贡马,赐之钞、币"③;十一月己未,"哈密头目把都右等来朝,赐袭衣、彩币"④;十二月丙戌,"哈密卫指挥马马火者等……来朝贡马,赐之钞、币"⑤。以上三人均为自我派遣出使中国,他们不仅有回回人,而且不同等级的官员也有此举。(见表3-8)

①《明太宗实录》卷25,第24页。

②《明太宗实录》卷269,第43页。

③《明太宗实录》卷68,第29页。

④《明太宗实录》卷73,第29页。

⑤《明太宗实录》卷74,第29页。

表 3-8　明永乐年间(1403—1424 年)贡使情况一览表

使者身份	人名	人数
官员	头目把都右、头目那那、头目火鲁忽赤、都指挥同知买住、头目(都指挥同知)哈剌哈纳①、指挥同知哈剌马牙、指挥马马火者、指挥伯颜朵儿只、指挥那速儿丁、指挥虎秃帖木儿、指挥脱脱不花、把失忽里(指挥使)、指挥秃儿迷失、都指挥佥事掌吉帖木儿、所镇抚黑的儿、千百户母撒、回回千户悟牙思	17
回回人	洗剌从、阿里、你昝、百户阿马丹、马黑麻撒剌只、土鲁迷失、满赖撒丁、阿蛮、苦剌虎力敏答、者剌刀丁、舍人阿力、舍黑马黑麻	12
其他	马哈木沙、浑都思、兀鲁思、赤纳、阿都儿火者、兀马儿沙、阿力迭里、兀马儿火者、赤丹卜花、大师虎都卜丁、舍黑马哈麻、打剌罕马黑麻、迭力迷失	13
总数		42

(史料来源:陈高华《明代哈密吐鲁番资料汇编》,第 24—44 页)

(3) 洪熙时期共有两名贡使留下记载。因明洪熙时期只有一年时间,因此这一年中往来明廷的朝贡活动次数不多,贡使也只有两名留有记载。一位是回回满剌撒丁②,一位是都指挥脱脱不花③。这两位还都是在永乐十七年(1419 年)和永乐十四年(1416 年)均以使者身份参与过朝贡活动的人物。只是脱脱不花当年被哈密忠义王免力帖木儿派出时为指挥身份,洪熙时期已晋升为都指挥。

(4) 宣德时期共有 41 名贡使留下记载。《明实录》中留下名字的贡使见表 3-9。

①哈剌哈纳于永乐六年(1408 年)被脱脱及祖母遣,与当时的都指挥同知买住一起来朝贡马时被任命为都指挥同知。(《明太宗实录》卷 76,第 30 页)

②《明宣宗实录》卷 2,第 45 页。

③《明宣宗实录》卷 4,第 45 页。

表 3-9 明宣德年间(1426—1435 年)贡使情况一览表

使者身份	人名	人数
官员	镇抚小丁、(指挥)舍黑马黑麻、所镇抚罗哈喇、都指挥使把台、指挥佥事(指挥)速来蛮、指挥佥事舍黑马黑麻、指挥佥事拜拜兀马儿、副千户阿木力丁、头目黑蛮、回回副千户克牙思子马黑麻、百户古力火者、都指挥佥事亦麻剌、指挥佥事速来蛮打剌罕、舍人沙马力、都指挥同知(都督佥事)兀马剌、(指挥佥事)亦撒、(指挥佥事)格来、百户撒剌、舍人赛奴	19
回回人	打剌罕忽都卜丁、打剌罕倒兀、打剌罕马哈木、火者孛罗、打剌罕赛夫剌、舍人哈三	6
其他	哈剌苦出、舍剌夫丁、北斗奴、乞力麻、打剌罕合思老讨烈思、打剌罕赛打黑麻、满剌亦蛮、打剌罕哈忻、打剌罕满剌哈密、脱脱帖木儿、迭力迷失、兀马儿火者、舍伯儿沙、倒剌火者、爪秃米昝、哈非思俱	16
总数		41

(史料来源:陈高华《明代哈密吐鲁番资料汇编》,第 47—60 页)

(5) 正统时期有 25 名贡使留下记载。该时期相比较永乐和宣德时期,朝贡贸易有个显著特点:朝贡贸易的派遣者基本上都由当时的哈密忠顺王倒瓦答失里派出,而且在派出次数中所占比重越来越大。《明实录》中留下名字的贡使主要有各级官员及地面上有影响的人物,这一时期已经没有回回人主动派出朝贡的记载。(见表 3-10)

表 3-10 明正统年间(1436—1449 年)贡使情况一览表

使者身份	人名	人数
官员	都指挥 1 人:脱脱不花;指挥 5 人:速来蛮、把失虎力、法奴、阿卜都剌、把鲁;知院 2 人:阿不都剌、马黑麻;镇抚 1 人:沙免力;千户 2 人:莽恪剌、马黑麻的;同知 1 人:阿黑麻	12
回回人		0

续表

使者身份	人名	人数
其他	宰奴丁、兀马儿火者、主乃、阿力加、马黑麻、哈斤、满剌阿黑麻的、哈只马黑麻、阿力沙、鬼里赤、哈三、额鲁赤把失忽里、阿力乩	13
总数		25

（史料来源：陈高华《明代哈密吐鲁番资料汇编》，第 61—82 页）

(6) 景泰时期有 7 名贡使留下记载。这一时期派出贡使留有名字的是：阿力乩、捏列沙、扎力虎赤、黑牙思、阿力乩克、可儿陆凯牙、指挥陕西丁①。

(7) 天顺时期有 20 名贡使留下记载。《明实录》中留下名字的贡使见表 3-11。

表 3-11　明天顺年间(1457—1464 年)贡使情况一览表

使者身份	人名	人数
官员	指挥哈只、指挥同知虎迭力迷失、回回指挥佥事捏伯沙、正使钵若舍力、都指挥苦儿鲁海牙、头目满剌阿黑麻	6
回回人		0
其他	阿都剌、桑哥失里、察马力丁、演赤虎力、拜帖木儿、哈的马黑麻、哈哈、阿力克、陕西丁、火只乩儿的、把帖木儿、写亦哈三、阿蛮乜力、扎马力丁	14
总数		20

（史料来源：陈高华《明代哈密吐鲁番资料汇编》，第 89—102 页）

(8) 成化时期有 24 名贡使留下记载。《明实录》中留下名字的贡使见表 3-12。

①《明英宗实录》卷 211、219、222、222、228、253、270，第 83、84、84、84、85、86—87、88 页。

表 3-12　明成化年间(1465—1487 年)贡使情况一览表

使者身份	人名	人数
官员	指挥哈只、都指挥苦儿鲁海牙、指挥阿剌卜沙、都指挥阿都剌、指挥满剌阿力克、指挥哈哈	6
回回人		0
其他	写亦舍力乜力、哈的马黑麻、卜鲁罕虎力、斩阿沙、火只哈三、母撒法儿、失迭力迷失、皮剌的牙失力、沙六海牙、扎罕沙、失哈三、阿黑麻、都纲约家、阿力克、舍列夫丁、满剌法虎儿丁、马黑麻打力、火者阿里麻	18
总数		24

（史料来源：陈高华《明代哈密吐鲁番资料汇编》，第 103－132 页）

(9) 弘治时期有 5 名贡使留下记载。这一时期派出贡使留有名字的是：革失帖木儿、写亦虎仙、满剌阿力克、失拜烟答、马黑麻①。

(10) 正德时期有 14 名贡使留下记载。这一时期派出贡使留有名字的是：失拜烟答、都督写亦虎仙、脱云虎力、哈只迭力迷失、满剌阿黑麻、指挥佥事阿的纳、火撒答、阿都火者、阿黑麻、添哥乩儿、火者哈辛、阿的剌虎力、舍黑、白虽儿②。

(11) 嘉靖时期共有 3 名贡使留下记载。这一时期派出贡使留有名字的是：满剌挩慎、米儿马黑木、乩吉满可③。

(12) 万历时期共有 4 名贡使留下记载。这一时期派出贡使留有名字的是：哈辛、也先卜剌、买得克、都督同知米尔马黑麻④。

综上，哈密作为明代西北的羁縻卫国，凭借联通明廷与西域诸番国的重要交通地位在明代前期大力发展了以朝贡为主的经济贸易。哈密地面不仅上层统治者积极参与这种经济活动，而且各级官员和地方有影响的回回部族也都加入朝贡队伍。在这种活动中双方都达到了各自

①《明孝宗实录》卷 125、126、130、193、202，第 175、175、175、182、183 页。

②《明武宗实录》卷 13、37、41、46、58、60、71、74、107、114、120、123、182、182，第 185、186、187、188、189、189、189－190、190、191、193、193－194、194、256－257、256－257 页。

③《明世宗实录》卷 33、196、228，第 261、336、342 页。

④《明神宗实录》卷 49、124、178、459，第 358、360、361、363 页。

所需的政治和经济目的。

三、朝贡贸易的特点和意义

（一）朝贡贸易的特点

1. 受政治波动影响较大

从上文对整个明代哈密进行朝贡互动的情况分析可以看出，明代永乐、宣德和正统时期是哈密与明廷之间朝贡贸易的黄金时期。这一时期的朝贡活动不仅频繁，而且朝贡使团成员成分、规模以及朝贡物品和赏赐物都相当可观。如永乐十七年（1419 年），“哈密……等处回回土鲁迷失等百三十七人来朝贡马，凡赐钞万锭、文绮七十匹、彩绢二百匹……哈密等处使臣及经商回回满赖撒丁等二百五十人贡马三千五百四十六匹及貂鼠皮、硇砂等物，赐钞三万二千锭、文绮百匹、绢千五百匹遣还”①。从此条可以看出，哈密朝贡，一是进贡物品以马为主为多。二是哈密地面派出的使臣多数是回回使者，三是进贡可以得到相应的回赐。天顺时期以后，随着吐鲁番对哈密的不断侵扰，明廷在对待哈密的问题上态度隐晦。哈密政权先后出现了“三立三绝”的情况。随之哈密地面经济大受影响。之后的朝贡虽然也在继续，但朝贡次数和朝贡物品都大不如前，甚至出现了因贡马羸弱被退的情况。天顺四年（1460 年）九月庚辰，“哈密使臣哈哈贡马九匹，礼部验系甘肃总兵等官择退之数，羸弱不堪，宜令本使自鬻”②。同时哈密人民在战争中无奈选择通过进贡向明廷祈求衣食的情况开始增加，明廷因此不得不对此加以限制。天顺八年（1464 年）九月辛未，“时哈密人民溃散，无所依归，数以进贡为名，一年至者三次，惟求衣食图栖止而已。至是，人数多至千二百余。礼部言：‘若不审量事机，听其自来自往，费扰实多。今后宜审验相应者，方许放入。’”③。

①《明太宗实录》卷 210、216，第 41 页。

②《明英宗实录》卷 319，第 94 页。

③《明宪宗实录》卷 9，第 102 页。

2. 贡物以马为主,多方物特产

哈密卫与明廷贡赐贸易的输出物品主要是以马为主的各种方物特产。表 3-13 列出了明洪武至崇祯年间哈密朝贡明廷的贡物:

表 3-13 明洪武至崇祯年间(1368—1644 年)哈密卫贡赐物品一览表

时间	贡赐物品
洪武(1368—1402 年)	马、骡
永乐(1403—1424 年)	马、羊、驼、貂鼠皮、硇砂、玉璞、方物
洪熙(1425 年)	马、方物
宣德(1426—1435 年)	马、羊、驼、玉石、硇砂、器皿、方物
正统(1436—1449 年)	马、驼、玉石、方物、鹰、貂鼠皮、青鼠皮、银鼠、药品、速来蛮松都鲁思玉石、佛像、铜塔、舍利、梧桐碱、金银器皿、象、土锦
景泰(1450—1456 年)	马、驼、玉石、貂鼠皮、方物
天顺(1457—1464 年)	马、驼、玉石、方物
成化(1465—1487 年)	马、驼、方物
弘治(1488—1505 年)	无罗列
正德(1506—1521 年)	马、驼、方物、玉石
嘉靖(1522—1566 年)	马、驼、方物
隆庆(1567—1572 年)	
万历(1573—1619 年)	马、方物
天启(1621—1627 年)	
崇祯(1628—1644 年)	

(史料来源:陈高华《明代哈密吐鲁番资料汇编》,第 20—366 页)

(二) 朝贡贸易的意义

1. 促进了哈密当地社会经济的发展

虽然明代哈密相比较西域其他诸番国,其农业经济占据主要地位,但是通过与明廷的朝贡和互市贸易活动,这一地区的商品贸易也异常活跃。如天顺三年(1459 年)二月己卯,"礼部奏:'哈密等处地面使臣已将马驼进贡，其余玉石千二百斤乞令自卖。'"①。成化六年(1470年)十二月丙午，"哈密等地面使臣马黑麻等请以所带玉石、大黄、硇砂易买纱罗段并布、绢、瓷器、铜锡、药饵、鞍辔等物。礼部言：'鞍辔及铁器不可许，其余宜准于会同馆开市，令与民交易。'"②。明廷不仅允许哈密使臣携带玉石在中原自由买卖，而且还进一步于会同馆开市鼓励这种民间互市活动。由此可见，不论是朝贡，还是互市活动，其客观结果都是明朝中原地区的大量绢、绫段、瓷器、茶叶、药材、种子、食物等生活生产用品不断地流至哈密，而哈密的马、驼、玉石以及其他当地的土特产品亦传到中原。这种经济交流对哈密社会经济的发展起着非常重要的促进作用。交流是互动的，因而，朝贡贸易对明朝经济也有一定的刺激作用。通过朝贡贸易，明朝不仅可以获得其所急需的马匹，而且可以将中原没有仅为西域特产的物品在中原的市场上交易，使得中原人民对远在西域诸国之风土人情有了更具体的了解，促进民间文化的传播与发展。

2. 哈密回回人成为交流中最活跃的一部分

哈密与明朝第一次发生联系，哈密地面派遣使者便是回回使者阿老丁。之后，在哈密向明朝派遣的使节团中，回回使者往往占有重要地位。不论是单独出使还是受忠顺王的派遣，哈密地面上层对回回使者很是重用，表现出更多的信任。如洪武朝哈密前往中原朝贡贸易的使节团仅3起，其中使者为回回的有2人。永乐时期派出的42名使者中，有12人皆是回回人(包括1名官员)。宣德时期的41名贡使中有7人是回回人。他们不仅来往于哈密与明朝之间，在朝贡贸易中发挥其"善贾"的特点，尽可能满足其经济需求，而且接受明廷册封。如宣德二年(1427年)八月，"命哈密差来哈只火者为副千户，阿老丁、哈利甫丁、回回马哈麻答儿月失皆为百户"③。哈密本身是以三部族为主要民族成分的政权，而回回在朝贡贸易中发挥了特殊作用，这不能不说是朝贡贸易促进了各民族之间的交流和融合，发展了少数民族与中原汉族的

①《明英宗实录》卷300，第91页。

②《明宪宗实录》卷86，第109页。

③《明宣宗实录》卷30，第50页。

关系，促进了各民族经济文化的进一步交流发展。

当然，除了上述积极意义外，朝贡贸易也有其消极的方面，这主要是对明朝而言的。朝贡贸易耗费大量人力、物力、财力。如前所述，明廷不仅要赏赐入京使者，回赐相应物品，还得赐使者宴，关照沿途地方接待。永乐二十二年(1424年)十二月丁未，礼科给事中黄骥上书陈述朝贡贸易之弊："所贡之物，劳人运至，自甘肃抵京师，每驿所给酒食刍豆，费之不少。比至京师，又给赏及予物直，其获利数倍。……缘路军民，递送一里，不下三四十人，俟候于官，累月经时，妨废农务，莫斯为甚。比其使回，悉以所得贸易货物以归，缘路有司出车载运，多者至百余辆。男丁不足，役及妇女。所至之处，势如风火，叱辱驿官，鞭挞民夫。官民以为朝廷方招怀远人，无敢与较。其为骚扰，不可胜言。"①朝贡贸易对明廷的消极一面由此可见一斑。因此到明朝中后期，明朝政府严格规定了哈密等西域小国的朝贡次数和人数，一般都限三年或五年一贡。由此可见，朝贡贸易虽然给双方带来了经济利益，却也造成明朝财政上的困难，并且在边境地区引起混乱，给边境地区人民生活带来诸多不便。

结　语

明代哈密由于其所处地理位置的特点，形成了有别于新疆其他地区的特殊的气候、地理环境和优势的水源，为哈密农业生产、城市经济的发展和对外往来提供了有力的基础性保障。同时当地各族人民在长期的共同生活中，相互促进，相互融合，在物质生产方面加快了经济发展的步伐。由于这种独特的地理环境，哈密的地方经济则稍显与其他诸卫不同，是农业和畜牧业兼有的地区，这就为哈密在周边各地面政权中的竞争奠定了无可比拟的经济基础。同时哈密在丝绸之路上的特殊地理位置也使得这里逐渐成为联通中西方文明的重要枢纽。基于此，

①《明仁宗实录》卷5上，第43—44页。

明代哈密社会经济中最为重要的即为与明廷之间基于各种利益需要的贡赐贸易。这种带有浓厚政治色彩的、政治旗帜下的经济行为，不仅加强了哈密与明廷的联系，也增进了民族之间的关系。明初到明中期随着明廷与哈密、吐鲁番等西北各少数民族政权关系的变化，哈密与明廷之间的贡赐贸易形式不断发生变化，先后出现了朝贡、回赐、给赏、求讨这几种形式等。哈密各阶层人士纷纷加入朝贡队伍，这极大地活跃了内地与边疆各民族的经济往来，同时在此过程中，双方也都达到了各自所需的政治和经济目的。

第四章　明代哈密卫地方统治者小传

有明一代，外藩邦属向明中央政府朝贡是一项非常重要的政治活动。通过朝贡，外藩王的目的是对外宣布其统治得到中央王朝的认可。而中央册封外藩，也是有意彰显明朝势力和影响力之广。因此，以谁的名义向明中央政府朝贡就成为外藩王是否确立了统治地位和权力的象征，绝不可以随意行事，更不准其他人僭越。

对明代哈密卫地方统治者认定的依据一般是以“经明朝中央政府正式册封的忠顺王和忠义王为主要对象”①。“明成祖初期，明朝设立哈密卫、册封哈密忠顺王和忠义王，哈密则每年循例遣使朝贡，被纳入明朝政治版图。”②明朝初年“哈密王安克帖木儿在朱棣即位的头一年(1403 年)，一次就进贡了四千七百多匹马”③。而明廷出于国防的考虑，同时也为了解西域各国情况，对哈密王送来的马匹全部接受，并照数给等值的物品。从此明与哈密的封建统治者就开始了长期的友好贸易关系。第二年，朱棣就封安克帖木儿为忠顺王。两年后，即设立哈密卫，设指挥、千百户等官。从此，明与哈密的关系便完全确定下来。

“到永乐二年(1404 年)明朝正式册封安克帖木儿为忠顺王后，哈密只能以忠顺王，更确切地说，只能以哈密实际统治者的名义领衔朝

①杨林坤:《明代哈密察合台后王统治世系考》,《西北第二民族学院学报》2003 年第 2 期,第 25 页。

②杨林坤:《明代哈密察合台后王统治世系考》,《西北第二民族学院学报》2003 年第 2 期,第 24 页。

③冯家昇、程溯洛、穆广文编著《维吾尔族史料简编(上册)》,第 128 页。

贡，接受朝廷回赐。”[①]明代哈密的地方统治者并非该地面的皇族，而是经明廷册封的忠顺王和忠义王。其实上述标准外，明代哈密的实际统治者，除明中央册封的忠顺王和忠义王外，在王位悬缺时，还有临时主政或摄政者，他们也应该归属于实际的统治者之中，如王母弩温答失里、把塔木儿、奄克孛剌等。

哈密地方王国的政治是贵族政治。政治权力实际上是掌握在畏兀儿、回回和哈剌灰三个部族的大贵族手中。“哈密之人凡三种，曰回回，曰畏兀儿，曰哈剌灰。”[②]王位继承人是由他们共议拥立，并由他们共同辅佐国王，统治人民。哈密国王并不能真正统治他们。但哈密王室的家族，因是元宗室后裔，其地位在其他部族之上。“番人重种类，且素服蒙古，哈密故有回回、畏兀儿、哈剌灰三种。”[③]其他部族中的贵族，都以为彼此不相上下，如有史料记载：“今哈密三种夷人头目奄克孛剌与拜迭力迷失、写亦虎仙名位颉颃，未肯相下。”[④]

基于以上原因，继承哈密王位必须具备两个条件：第一是必须属于原来蒙古王室男系的近族人物，第二是必须得到国中贵族的同意与拥戴。出于对少数民族政权的尊重，明廷的统治者在决定哈密王位继承人选时，也严格遵守这两个条件。如果不是原来的蒙古王室男系近族人物，而是原来王室女系方面的近族，因族类不同，很难继承王位，除非立有大功。因此，有明一代，明政府统治哈密期间，明廷原则上以察合台后裔为忠顺王镇守哈密。

既然哈密的王位继承人是由三族贵族共议拥立，因此也由他们共同辅佐治理国事。如陕巴被封为忠顺王后“令三种都督，回回则写亦虎仙，畏兀儿则奄克孛剌，哈剌灰则拜迭力迷失，共佐陕巴”[⑤]。

---

①杨林坤：《明代哈密察合台后王统治世系考》，《西北第二民族学院学报》2003年第2期，第25页。

②《平番始末》卷上，载陈高华编《明代哈密吐鲁番资料汇编》，第33页。

③张廷玉等：《明史》卷329《西域一・哈密卫》，第8518页。

④《大明孝宗弘治实录》卷131，弘治十年（1497年）十一月庚子，载田卫疆编《〈明实录〉新疆资料辑录》，第218页。

⑤谷应泰编《明史纪事本末（六）》卷40《兴复哈密》，载王云五主编《丛书集成初编》，商务印书馆，1937，第20页。

哈密三族实力相当，虽然拥立蒙古贵族为统治者，但实际上国王不能真正统治他们。他们之间也彼此分立“不相统属”。“成祖之封忠顺王也，以哈密为西域要道，欲其迎护朝使，统领诸番，为西陲屏蔽。而其王率庸懦，又其地种落杂居。一曰回回，一曰畏兀儿，一曰哈剌灰。其头目不相统属，王莫能节制。众心离涣，国势渐衰。”①这种王权小而贵族权力大，内部不能真正统一的情况，导致政治力量不能集中，故国事衰弱，邻国经常乘虚入侵，最终也导致有明一代，哈密政权出现三立三绝的局面。

因此，综上，有明一代哈密的实际统治者共有 15 位：兀纳失里、安克帖木儿、脱脱、兔力帖木儿、卜答失里、脱欢帖木儿、倒瓦答失里、脱脱塔木儿、卜列革、罕慎、陕巴、拜牙即、把塔木儿、奄克孛剌。此外，明代哈密政权后期，写亦虎仙对哈密政权影响也非常之大。

第一节　明代哈密卫统治者

一、兀纳失里

兀纳失里（？—1393 年），孛儿只斤氏，明代哈密首任统治者（1380—1391 年在位）。元代四大汗国之一的察合台汗国创立者孛儿只斤·察合台的后裔，其名在史料中又作勿纳失里、兀纳失、纳忽里、纳忽失里、忽纳失里、阿纳失里、纳固尔、哈努勒实哩等②。

元朝期间，哈密始称“哈梅里”，元朝政府的官方文书中经常将当时的“畏兀儿”和“哈梅里”二地并列。“元朝后期，宗王纳忽里受封为威武

①张廷玉等：《明史》卷 329《西域一·哈密卫》，第 8513 页。

②《明实录》《明史》《明史纪事本末》等说法略有不同。

西宁王，镇守哈梅里，后改称威武西宁王为肃王，哈梅里为哈密。”①元朝末年，兀纳失里先后被元廷封为威武王和肃王，负责镇守哈密地区。“元封其裔兀纳失里为威武王居之。”②“元末以威武王纳忽里镇之，寻改为肃王。”③镇守哈密的威武王兀纳失里在元朝灭亡后割据自立，建立哈密国。

明朝初建，时任肃王的兀纳失里与明朝为敌。明洪武十三年(1380年)都督濮英率军经略河西，当地的元朝残余势力率领众人逃奔哈密，受到肃王兀纳失里的保护。在濮英的强势进攻下，“兀纳失里惧，遣使纳款。明年五月遣回回阿老丁来朝贡马。诏赐文绮，遣往畏兀儿之地，招谕诸番”④。从此，哈密开始向明廷朝贡。

兀纳失里“除保护河西逃来的元朝余孽外，还阻遏和抢劫西域诸国派来明朝的使者”⑤。明太祖朱元璋大怒，派兵讨伐哈密。《明史・西域二・哈梅里》记载：“时西域回纥来贡者，多为哈梅里所遏。有从他道来者，又遣兵邀杀之。帝闻之怒。八月命都督佥事刘真偕宋晟督兵讨之。真等由凉州西出，乘夜直抵城下，四面围之。其知院岳山夜缒城降。黎明，兀纳失里驱马三百余匹，突围而出。官军争取其马，兀纳失里率家属随马后遁去。真等攻破其城，斩豳王别儿怯帖木儿、国公省阿桑尔只等一千四百人，获王子别列怯部属千七百三十人，金银印各一，马六百三十匹。”⑥

这此战役之后，为了讨好明朝，哈密王兀纳失里开始遣使接连不断地向明朝纳贡称臣。兀纳失里出现在明朝的政治视野中，是在洪武二十一年(1388年)明军与元朝余孽交战取得决定性胜利之后。《明实录》记载，洪武二十二年(1389年)，“上以故元兀纳失里大王居和林之

---

①钱伯泉：《明代哈密回回首领写亦虎仙的叛乱》，《西域研究》2008年第1期，第36页。

②谷应泰编《明史纪事本末(六)》卷40《兴复哈密》，第16页。

③张廷玉等：《明史》卷329《西域一・哈密卫》，第8511页。

④张廷玉等：《明史》卷330《西域二・哈梅里》，第8567页。

⑤钱伯泉：《明代哈密回回首领写亦虎仙的叛乱》，《西域研究》2008年第1期，第37页。

⑥张廷玉等：《明史》卷330《西域二・哈梅里》，第8567页。

西，因命来降太子八郎、镇抚浑都帖木儿往招谕之。……朕今主宰天下，遣使告谕尔兀纳失里大王知之，如有所言，使还其具以闻，朕有以处之”①。这段记载可以看出，北元灭亡后，兀纳失里是漠北西部最有实力的故元诸王之一，因此，明太祖才想通过派遣使者的方式，招谕兀纳失里大王。由此，兀纳失里也开始正式进入明廷的政治生活中。于是，第二年，洪武二十三年(1390 年)，作为对明廷招谕兀纳失里的回应，“哈梅里王兀纳失里，遣长使阿思兰沙马黑木沙来贡马”②。

洪武二十四年(1391 年)，“哈梅里王兀纳失里遣使请于延安、绥德、平凉、宁夏以马互市”③。明廷分析认为哈梅里请求明廷在这几个地方开通互市，可见其势力扩大之迅速，这显然已经威胁到明廷西北边防，因此，当年明廷以“西域回纥来贡者，多为哈梅里所遏。有从他道来者，又遣兵邀杀之”④为名，讨伐哈梅里。八月乙亥，“命左军都督佥事刘真、宋晟率兵征哈梅里”⑤。哈梅里再次与明朝失和。这次战役兀纳失里战败而逃。洪武二十五年(1392 年)十二月辛未，“哈梅里兀纳失里王遣回回哈只阿里等来贡马四十六匹，骡十六只。诏赐使者白、金文绮有差”⑥，“遣使贡马骡请罪”⑦，再次向明朝入贡谢罪。之后，明朝仍封其为肃王，戍守哈密。洪武二十六年(1393 年)，兀纳失里去世，由其弟安克帖木儿承袭其职。

---

①《大明太祖洪武实录》卷 198，洪武二十二年(1389 年)十一月甲子，载田卫疆编《〈明实录〉新疆资料辑录》，第 4 页。

②《大明太祖洪武实录》卷 202，洪武二十三年(1390 年)五月乙未，载田卫疆编《〈明实录〉新疆资料辑录》，第 5 页。

③《大明太祖洪武实录》卷 207，洪武二十四年(1391 年)二月戊午，载田卫疆编《〈明实录〉新疆资料辑录》，第 5 页。

④张廷玉等:《明史》卷 330《西域二·哈梅里》，第 8567 页。

⑤《大明太祖洪武实录》卷 211，洪武二十四年(1391 年)八月乙亥，载田卫疆编《〈明实录〉新疆资料辑录》，第 6 页。

⑥《大明太祖洪武实录》卷 223，洪武二十五年(1392 年)十二月辛未，载田卫疆编《〈明实录〉新疆资料辑录》，第 8 页。

⑦张廷玉等:《明史》卷 330《西域二·哈梅里》，第 8567 页。

二、安克帖木儿

安克帖木儿(？ —1405 年)，明代哈密第二任统治者(1393—1405 年在位)，第一任哈密忠顺王。元代肃王兀纳失里之弟，一译安克帖木尔、安克帖木耳、恩克特穆尔等。洪武二十六年(1393 年)兀纳失里逝世后，袭爵为肃王。

哈密第一代忠顺王安克帖木儿承袭爵位后，与明廷之间依然摩擦不断。为此，明太祖朱元璋出兵西域。“洪武中，太祖既定畏兀儿地，置安定等卫，渐逼哈密。安克帖木儿惧，将纳款。”①此后，哈密与明廷之间的朝贡贸易不绝。明成祖即位后，因“以哈密为西域要道，欲其迎护朝使，统领诸番，为西陲屏蔽”②，故“上遣使臣亦不剌金等赍诏往哈密抚谕，且许其以马入中国市易，至是来朝贡马”③。永乐元年(1403 年)十一月甲午，“哈密安克帖木儿遣使臣马哈木沙浑都思等来朝贡马百九十四。……其市易马四千七百四十匹。上命悉官偿其值，选良者十匹入御马监，余以给守边骑士”④。随后，明廷遵照哈密习俗，于永乐二年(1404 年)六月甲午，“封哈密安克帖木儿为忠顺王”⑤，以表示对哈密的关照。清代钟方所载《哈密志》中也有此记载：“永乐元年(1403 年)遣使入贡，明年，设哈密卫，改封安克帖木儿为忠顺王。”⑥

关于封安克帖木儿为忠顺王，明廷还有一番争论。“时安克帖木儿遣使来朝表请赐爵。上命礼部尚书李志刚会太子傅成国公朱能等议。至刚等议奏：‘安克帖木儿兄忽纳失里，元封威武王，改封肃王。忽纳失里卒，安克帖木儿继为肃王。今既内属，宜仍王爵而改封之。’上曰：‘前

---

①张廷玉等：《明史》卷 329《西域一・哈密卫》，第 8511 页。

②张廷玉等：《明史》卷 329《西域一・哈密卫》，第 8513 页。

③《大明太宗永乐实录》卷 25，永乐元年(1403 年)十一月甲午，载田卫疆编《〈明实录〉新疆资料辑录》，第 12 页。

④《大明太宗永乐实录》卷 25，永乐元年(1403 年)十一月甲午，载田卫疆编《〈明实录〉新疆资料辑录》，第 12 页。

⑤《大明太宗永乐实录》卷 32，永乐二年(1404 年)六月甲午，载田卫疆编《〈明实录〉新疆资料辑录》，第 12 页。

⑥钟方：《哈密志》卷 3《舆地志一・沿革》，第 17 页。

代王爵不足再论，今但取其能归心朝廷而封之，使守其地，绥抚其民，可也。'遂封为忠顺王，遣指挥使霍阿鲁秃等赍敕封之，并赐之彩币。"①从此以后，明廷对哈密统治者一律以忠顺王称之。为表示对明廷赐封的感谢，安克帖木儿在被封忠顺王的四个月后，永乐二年(1404 年)十一月己亥"遣兀鲁思等贡马谢恩。命赐钞及袭衣绮帛"②。

但哈密忠顺王安克帖木儿亲附明朝的政策引起蒙古可汗鬼力赤的猜忌，于永乐三年(1405 年)被其毒死，其妻子皆归依鬼力赤。为此，西域邦国中的"(别失八里王)沙迷查干率兵讨鬼力赤之罪"③。明廷闻讯后，于当年二月派遣官员前去祭祀，并任命其侄脱脱承袭其职位。而对于别失八里王对蒙古可汗的发兵惩罚，明廷也给予肯定："上闻而嘉之，故赐之。仍赐敕，令与嗣忠顺王脱脱惇睦。"④安克帖木儿从永乐二年(1404 年)被封为忠顺王，到永乐三年(1405 年)三月己亥，"哈密头目遣使奏：'忠顺王安克帖木儿卒。'"⑤，他被称为忠顺王的时间是从 1404 年 6 月到 1405 年 3 月，在位时间则为 1393 年到 1405 年。

明朝历史上，从安克帖木儿统治时期开始，明王朝正式对哈密首长进行分封，哈密地区也从此正式为明王朝管辖。

三、脱脱

脱脱(？ —1410 年)，明代哈密第三任统治者(1405—1410 年在位)，第二任忠顺王，安克帖木儿兄长之子，一译托克托。脱脱自幼在战争中被俘，成为明朝皇室奴仆，后被皇帝选入宫中卫队，负责皇宫防务。

---

①《大明太宗永乐实录》卷 32，永乐二年(1404 年)六月甲午，载田卫疆编《〈明实录〉新疆资料辑录》，第 12 页。

②《大明太宗永乐实录》卷 36，永乐二年(1404 年)十一月己亥，载田卫疆编《〈明实录〉新疆资料辑录》，第 13 页。

③《大明太宗永乐实录》卷 41，永乐三年(1405 年)四月庚辰，载田卫疆编《〈明实录〉新疆资料辑录》，第 14 页。

④《大明太宗永乐实录》卷 41，永乐三年(1405 年)四月庚辰，载田卫疆编《〈明实录〉新疆资料辑录》，第 14 页。

⑤《大明太宗永乐实录》卷 40，永乐三年(1405 年)三月己亥，载田卫疆编《〈明实录〉新疆资料辑录》，第 13 页。

明永乐三年(1405 年)春,安克帖木儿被毒杀,哈密头目遣使奏报明廷后,明廷命脱脱回国袭封忠顺王之职,管辖西域回回、畏兀儿、哈剌灰等部族。永乐三年(1405 年)三月己亥,"命礼部遣官赐祭,诏以脱脱袭封忠顺王,送还哈密"①。明廷对选派脱脱为哈密第二任忠顺王是经过考量的。"脱脱,安克帖木儿兄子,自幼俘入中国。上即位,求得之抚养甚至。及闻安克帖木儿死,无嗣,欲以脱脱往嗣其爵。恐其众不从,尝遣回回可察吉儿等访其祖母速可失里及其头目。至是哈密头目来告丧。且请脱脱还抚其众。乃命脱脱袭封忠顺王,赐印诰玉带文绮,并赐其祖母及母文绮表里。"②

但因脱脱自幼俘入中国,对哈密情况不熟悉,因此,即位后遭到了以其祖母速可失里为代表的哈密黄金家族的排挤。永乐四年(1406 年)春,为其祖母速可失里所驱逐,但在明成祖下诏干预之下,妥善解决,其仍得以返国就职。这段历史在《明实录》中有详细记载:永乐四年(1406 年)正月辛酉,"安克帖木儿死,朕念一方之人无所统属。其侄脱脱久在朝侍卫,朕抚之如子,遂令袭封王爵,仍回哈密,承其宗祀,抚绥其人。比闻其祖母以脱脱不能曲意奉承,一旦逐出之。然脱脱朝廷所立,虽其有过,不奏而擅逐之,是慢朝廷。老人昏耄,任情率意,不顾礼法,如此尔大小头目亦不知有朝廷,故坐视所为而不言耶!朕念此事初,非出汝等本心,故特敕往谕。尔等宜即归脱脱,俾复其位,尔等尽心赞辅之。善事祖母,孝敬如初,则尔哈密之人亦永享太平之福于无穷"③。

明廷把脱脱被逐的事情,归因于脱脱久居朝廷,在哈密没有相当的势力,所以被逐。其原因不在其祖母,而是哈密大小头目。明廷警告他们不要再生事端,否则明廷将采取措施干预哈密政局。

明廷表面上是为了支持脱脱任哈密忠顺王,表明明廷统治哈密的

①《大明太宗永乐实录》卷 40,永乐三年(1405 年)三月己亥,载田卫疆编《〈明实录〉新疆资料辑录》,第 13 页。

②《大明太宗永乐实录》卷 40,永乐三年(1405 年)三月己亥,载田卫疆编《〈明实录〉新疆资料辑录》,第 13—14 页。

③《大明太宗永乐实录》卷 50,永乐四年(1406 年)正月辛酉,载田卫疆编《〈明实录〉新疆资料辑录》,第 15 页。

决心，实际也是为了进一步巩固其在西北边防的军事，借助脱脱被逐事件，于永乐四年(1406 年)三月，明朝设立哈密卫，并设官任职，以协助其管理哈密各项事务。“设哈密卫，给印章，以其头目马哈麻火者等为指挥，千、百户、镇抚，辜思诚、哈只马哈麻为经历，周安为忠顺王长史，刘行为纪善，以辅脱脱。复命脱脱，凡部下头目可为指挥、千、百户、镇抚者，具名来闻，授之以职。”①同年五月丁巳，“哈密忠顺王脱脱祖母速哥失里及头目各遣人谢罪，言：‘脱脱已复王位。’脱脱亦遣陪臣谢恩。上命遣使赍敕各戒谕之”②。同年冬天，明廷再次授予哈密卫地区十九个部落首领都指挥等官职，“(十一月，丁卯)，遣使赐哈密忠顺王脱脱及其祖母、母彩币，命其头目六十、阿里等十九人为都指挥、指挥、千百户等官，从脱脱所请也”③。并在此后多次赏赐哈密使臣。

在此之后，哈密忠顺王脱脱祖母速哥失里、忠顺王脱脱、哈密黄金家族回回洗剌从、头目把都右、哈密卫指挥马马火者、哈密卫所镇抚黑的儿④等分别以不同方式、不同名义向明廷朝贡。由此可见，忠顺王脱脱与哈密地面各种不同势力之间一直存在权力的博弈。与明廷保持朝贡期间，脱脱还镇压了哈密头目陆十等的作乱。明廷恐有他变，接受了甘肃总兵官西宁侯宋晟的建议“遣人请兵为守备”⑤。值得指出的是，哈密在脱脱统治时期，明廷在永乐七年(1409 年)十一月乙未“设哈密卫僧纲司”⑥，开始对哈密宗教进行管理。

在明廷的全力支持下，哈密忠顺王脱脱逐渐疏于政务，沉湎于酒色，且多有凌辱朝使之举动，引起哈密各族势力不满。永乐八年(1410 年)十一月壬午，“时上闻忠顺王脱脱沉湎于酒，昏愦颠越，凌辱朝使，部下哈剌哈纳、买住、那那等谏之不从，故遣使戒谕。而复谕哈剌哈纳等，

①《大明太宗永乐实录》卷 52，永乐四年(1406 年)三月丁巳，载田卫疆编《〈明实录〉新疆资料辑录》，第 16 页。

②《明太宗实录》卷 54，第 27 页。

③《明太宗实录》卷 61，第 28 页。

④《明太宗实录》卷 62、65、68、73、74、83，第 28、28、29、29、29—30、31 页。

⑤《明太宗实录》卷 69，第 29 页。

⑥《明太宗实录》卷 98，第 31 页。

令善辅之"[①]。但可惜的是，永乐九年(1411 年)三月丁卯，"忠顺王脱脱未闻戒谕之命，先以暴疾卒"[②]。明廷对脱脱的一系列行为并自取灭亡也有不满，"朕拔尔于厮养艰难之中，封尔为王，遣归哈密，承继宗祀。尔乃沉湎于酒，不治国事，肆为无道。方谕尔改过，尔遽云亡，盖尔自绝于天也"，但明廷顾念"平昔抚育尔之恩，特遣人谕祭，尔其享之"，并派遣使者"都指挥张鬼力赤、梁北斗奴，指挥徐晟使哈密，赐祭忠顺王脱脱"。[③]

由以上可知，脱脱任哈密忠顺王时间当为 1405 年 3 月到 1411 年 3 月。脱脱统治时期，明朝通过正式设立哈密卫，并通过任命大批官员等的方式，进一步加大了对哈密地区的统治和管理，明王朝对整个西域边陲的控制力和影响力也与日增强。

四、免力帖木儿

免力帖木儿(？ —1425 年)，《明史》及后世《哈密志》等文献中记载为兔力帖木儿，明代哈密第四任统治者(1411—1425 年在位)，第一任忠义王，第二任忠顺王脱脱之堂弟，一译托里特穆尔、推勒特穆尔等，是明代哈密历史上在位时间较长的统治者。

哈密第二任忠顺王脱脱暴卒，明廷闻讯遣官赐祭的同时，于永乐九年(1411 年)"封哈密免力帖木儿为忠义王"[④]，并解释"免力帖木儿，脱脱从父之子也"[⑤]，清代钟方的《哈密志》中并说明他是脱脱的从弟"封脱脱从弟兔力帖木儿为忠义王"[⑥]，赏赐其官印、封诰、彩币、玉带，命其

---

①《明太宗实录》卷 110，第 32 页。

②《明太宗实录》卷 114，第 32 页。但张廷玉等《明史》卷 329《西域一・哈密卫》第 8512 页"八年(1410 年)十一月……脱脱以暴疾卒"，以及钟方《哈密志》卷 3《舆地志一・沿革》第 18 页"(永乐)八年(1410 年)卒"记载时间与此相左。本研究以《明实录》中为准。

③《明太宗实录》卷 114，第 32 页。

④《大明太宗永乐实录》卷 120，永乐九年(1411 年)十月癸卯，载田卫疆编《〈明实录〉新疆资料辑录》，第 30 页。

⑤《大明太宗永乐实录》卷 120，永乐九年(1411 年)十月癸卯，载田卫疆编《〈明实录〉新疆资料辑录》，第 30 页。

⑥钟方：《哈密志》卷 3《舆地志一・沿革》，第 18 页。

世代驻守哈密。明廷给出任命免力帖木儿为忠义王的理由，相比较“乃肆为凶骜，暴虐下人，慢侮朝使，天地鬼神不容”的已故脱脱，“免力帖木儿忠谨诚恪，众所推服，特封为哈密忠义王。赐印诰及采币二十匹，玉带一。世守本土，抚其部属，恭修臣节，毋替朕命”。[①] 任命后的忠义王免力帖木儿以进贡形式与明廷一直保持交往，直到退位。与此同时，哈密指挥、都指挥、千百户等等，也都经常向明廷朝贡。

升任忠义王的免力帖木儿于永乐十年(1412 年)三月丁未，“遣陪臣阿都儿火者贡马谢恩，赐钞千锭、文绮二十匹”[②]。同年五月，留在明廷尚未回哈密的“阿都儿火者，请于其地置僧纲司，且请以僧速都剌失为都纲，皆从之。给赐敕命及印”[③]。此后哈密地面开始有了归属明廷管理的宗教机构和首领。而且免力帖木儿统领下的哈密也开启了朝贡明廷的贸易往来。

永乐十七年(1419 年)，因其多次礼遇往返西域的朝廷使者，明成祖赏赐其绮帛等丝织品七十匹，赐其母亲和妻子珍珠冠服和彩帛，并对其部下大行恩赏。不久蒙古瓦剌首领贤义王太平掠夺哈密卫的边境，免力帖木儿向明廷告急，明朝遣使斥责了太平，哈密卫得保安定。永乐十九年(1421 年)六月庚戌，“哈密忠义王免力帖木儿言：‘瓦剌比遣人侵掠其境。’遣使赍敕责贤义王太平等，令还所侵掠”[④]。洪熙元年(1425 年)，再次入朝进贡，并庆贺仁宗登基。次年，“宣德元年(1426 年)卒”[⑤]。明宣宗即位后，于宣德元年(1426 年)派遣官员对其进行赐祭，“遣使祭故哈密忠义王免力帖木儿”[⑥]。是以，免力帖木儿的在位时间是 1405 年 6 月到 1425 年 12 月。

---

①《大明太宗永乐实录》卷 120，永乐九年(1411 年)十月癸卯，载田卫疆编《〈明实录〉新疆资料辑录》，第 30 页。

②《明太宗实录》卷 126，第 33 页。

③《明太宗实录》卷 128，第 34 页。

④《大明太宗永乐实录》卷 238，永乐十九年(1421 年)六月庚戌，载田卫疆编《〈明实录〉新疆资料辑录》，第 46 页。

⑤钟方：《哈密志》卷 3《舆地志一·沿革》，第 18 页。

⑥《大明宣宗宣德实录》卷 13，宣德元年(1426 年)正月庚戌，载田卫疆编《〈明实录〉新疆资料辑录》，第 58 页。

五、卜答失里

卜答失里(? —1439年),明代哈密第五任统治者(1426—1439年),第三任忠顺王,为脱脱之子,免力帖木儿之侄。这一时期是明代哈密历史上的二王并立时代。他与免力帖木儿统治时期是明哈密历史上相对比较稳定的时期,同时也是与明廷关系相对较好的时期。

宣德元年(1426年)正月庚戌上一任忠义王免力帖木儿卒,接受明廷任命"其侄卜答失里嗣封忠顺王",明廷之所以选择卜答失里就任忠顺王,是因为"哈密受皇祖厚恩,封为王而能恭修臣职。今既死,宜有继承,然免力帖木儿初承其兄忠顺王脱脱。今脱脱子卜答失里亦长,宜仍立为忠顺王守其地,赐以绮帛"①。由此可见,封建中央集权的嫡长子继承制也逐渐渗透到周边少数民族政权的政治领域之中并被得到认可推行。

卜答失里统治哈密期间,是明代哈密历史上典型的二王并立时代。这一政治格局实际上是明廷对哈密进行统治的一种手段。宣德三年(1428年)正月庚寅,明廷"以哈密忠顺王卜答失里尚幼,未能胜事,遣使立故忠义王免力帖木儿之子脱欢帖木儿嗣为忠义王,俾同忠顺王绥抚部属"②。从此,二王并贡时代开启。当年三月辛卯,"哈密忠顺王卜答失里遣使臣满剌亦蛮,忠义王脱欢帖木儿遣使臣舍黑马黑麻等贡方物"③。每年进贡驼马、玉石、器皿三四次,明朝赐回彩币、绢布、袭衣。与前任忠义王时代一样,这一时期不仅二王派遣使臣向明廷朝贡,而且哈密地面的都督、指挥、都指挥等也均以不同名义朝贡明廷,以示修好。当然明廷也派出官员秘密调查哈密统治者及各级官员,以保证对哈密的统治。四年(1429年)六月壬午,"时内官李信等自哈密还,言忠顺王

①《大明宣宗宣德实录》卷13,宣德元年(1426年)正月庚戌,载田卫疆编《〈明实录〉新疆资料辑录》,第58页。

②《大明宣宗宣德实录》卷35,宣德三年(1428年)正月庚寅,载田卫疆编《〈明实录〉新疆资料辑录》,第65页。

③《大明宣宗宣德实录》卷39,宣德三年(1428年)三月辛卯,载田卫疆编《〈明实录〉新疆资料辑录》,第66页。

等能谨修臣职、恪守边疆。故有是赐”①。明廷与哈密之间的政治博弈在此朝贡贸易往来中寻求一种平衡。

为了表示与明廷修好，忠顺王卜答失里通过各种方式向明廷表明态度。其一是奏求婚姻。宣德五年(1430年)四月丙申，“哈密忠顺王卜答失里、忠义王脱欢帖木儿奏求婚姻礼币”②。其二，向明廷及时通报西域各番国动向。宣德十年(1435年)正月乙酉，“甘肃总兵官都督同知刘广奏：‘哈密忠顺王卜答失里遣使臣来报，猛哥卜花等众欲来剽掠沙州等处。’上敕广戒饬沿边诸将，严兵备御及礼遣其使臣归国”③。

卜答失里与明廷修好的同时，为保证自身利益，也不断与周边其他番国发生摩擦。如宣德十年(1435年)，哈密入侵沙州卫。十二月癸丑，“沙州卫都督困即来为哈密所侵，率所部二百余帐来附边，且陈其被侵饥窘之状”④。正统四年(1435年)，哈密收留逃往该处的都指挥阿赤不花等人，“都指挥阿赤不花等一百三十余家皆逃往哈密”⑤。但明廷为平衡诸卫之间的关系，在处理这些事件上采取了中庸的方式。对哈密侵略沙州卫事件，明廷采取“上命边臣抚，按量与米麦赈之”⑥。而对于收留阿赤不花等人的事情，明廷则以“上敕哈密忠顺王……，令发回逋逃，各守疆界，睦邻保境，共享太平之福，勿长恶不悛，以启衅端”⑦的方式处理。

明正统四年(1439年)十二月戊寅，哈密忠顺王卜答失里卒。明廷

---

①《大明宣宗宣德实录》卷55，宣德四年(1429年)六月壬午，载田卫疆编《〈明实录〉新疆资料辑录》，第70页。

②《大明宣宗宣德实录》卷65，宣德五年(1430年)四月丙申，载田卫疆编《〈明实录〉新疆资料辑录》，第72页。

③《大明英宗正统、天顺实录》卷1，宣德十年(1435年)正月乙酉，载田卫疆编《〈明实录〉新疆资料辑录》，第88页。

④《大明英宗正统、天顺实录》卷12，宣德十年(1435年)十二月癸丑，载田卫疆编《〈明实录〉新疆资料辑录》，第89页。

⑤《大明英宗正统、天顺实录》卷56，正统四年(1439年)六月戊戌，载田卫疆编《〈明实录〉新疆资料辑录》，第93页。

⑥《大明英宗正统、天顺实录》卷12，宣德十年(1435年)十二月癸丑，载田卫疆编《〈明实录〉新疆资料辑录》，第89页。

⑦《大明英宗正统、天顺实录》卷56，正统四年(1439年)六月戊戌，载田卫疆编《〈明实录〉新疆资料辑录》，第93页。

“遣金吾左卫带俸都指挥佥事张信、锦衣卫带俸指挥同知牙鹘为正使，封已故哈密忠顺王卜答失里男哈力锁鲁檀为忠顺王”①。卜答失里时代结束。至此，卜答失里在位时间应为1426年1月到1439年12月，前后共计13年，统治时间仅次于上一任忠义王免力帖木儿。

六、脱欢帖木儿

脱欢帖木儿(？—1437年)，又译脱懽帖木儿，明朝哈密卫忠义王，蒙古贵族，忠顺王免力帖木儿的儿子，是继免力帖木儿之后的第二任忠义王(1427—1437年)。

脱欢帖木儿被正式册封为忠义王的时间根据《明实录》记载当为宣德三年(1438年)正月庚寅，“以哈密忠顺王卜答失里尚幼，未能胜事，遣使立故忠义王免力帖木儿之子脱欢帖木儿嗣为忠义王”②。明廷任命其为忠义王是为辅佐年幼的忠顺王卜答失里的。钟方的《哈密志》中也以同样的理由记载了脱欢帖木儿的即位：“以(卜答失里)幼，故仍立忠义王子脱欢帖木儿为忠义王，共守其国。”③但脱欢帖木儿出现在《明实录》中的最早记载却是：“宣德二年(1427年)九月辛亥，赐哈密忠顺王卜答失里、忠义王脱欢帖木儿纻丝各二十表里，忠顺王母十表里，王妃各八表里，赐其都督、都指挥、指挥、千户二十三人有差。”④从《明实录》的这两条辑录中，脱欢帖木儿正式被任命之前已经开始以忠义王身份朝贡明廷了。

为何脱欢帖木儿称忠义王是在明廷正式册封之前呢？原因应该是明廷早有册封其为忠义王，以扶助年幼的卜答失里之意。宣德二年(1427年)，在脱欢帖木儿被派遣进贡明廷之前的“四月庚午……哈密

①《大明英宗正统、天顺实录》卷62，正统四年(1439年)十二月戊寅，载田卫疆编《〈明实录〉新疆资料辑录》，第94页。

②《大明宣宗宣德实录》卷35，宣德三年(1428年)正月庚寅，载田卫疆编《〈明实录〉新疆资料辑录》，第65页。

③钟方：《哈密志》卷3《舆地志一·沿革》，第18页。

④《大明宣宗宣德实录》卷31，宣德二年(1427年)九月辛亥，载田卫疆编《〈明实录〉新疆资料辑录》，第64—65页。

忠顺王卜答失里等遣弟北斗奴，乞力麻打剌罕……等贡驼、马及方物”①。明廷认为卜答失里尚且年幼，其弟北斗奴更是不能任大事。当年九月，脱欢帖木儿莅京，宣德帝向其嘱明朝廷用意，并于宣德三年(1428年)正月正式遣使颁诰，封脱欢帖木儿为忠义王。而且，就《明实录》中的这两条内容，可知二者实际上记述的是同一件事情。是以，脱欢帖木儿嗣忠义王当在1427年9月。

脱欢帖木儿继任忠义王后，一直辅佐卜答失里料理哈密内外以及与明廷的各种事务。忠顺王卜答失里派遣使臣向明廷朝贡，忠义王脱欢帖木儿也遣使臣一同朝贡。如明廷宣布其为忠义王的当年三月就一起遣使进贡，“辛卯，哈密忠顺王卜答失里遣使臣满剌亦蛮，忠义王脱欢帖木儿遣使臣舍黑麻黑麻等贡方物”②；“四月己未……哈密忠顺王卜答失里、忠义王脱欢帖木儿各遣人朝贡”③。之后，《明实录》中不断记载有关二王共同朝贡的文献，如宣德四年(1429年)六月壬午④、宣德五年(1430年)十一月己未⑤、宣德九年(1434年)六月丙戌⑥等。甚至为了帮助卜答失里维系与明廷和周边番国的关系，脱欢帖木儿还代表卜答失里与瓦剌使臣一同朝贡明廷，“宣德六年(1431年)三月癸巳，瓦剌顺宁王脱欢遣使脱哈答者，原哈密忠义王脱欢帖木儿遣副千户阿木力丁等来朝贡马及方物”⑦。瓦剌顺宁王脱欢是卜答失里妻子弩温答失

---

①《大明宣宗宣德实录》卷27，宣德二年(1427年)四月庚午，载田卫疆编《〈明实录〉新疆资料辑录》，第63页。

②《大明宣宗宣德实录》卷39，宣德三年(1428年)三月辛卯，载田卫疆编《〈明实录〉新疆资料辑录》，第66页。

③《大明宣宗宣德实录》卷41，宣德三年(1428年)四月己未，载田卫疆编《〈明实录〉新疆资料辑录》，第67页。

④《大明宣宗宣德实录》卷55，宣德四年(1429年)六月壬午，载田卫疆编《〈明实录〉新疆资料辑录》，第70页。

⑤《大明宣宗宣德实录》卷72，宣德五年(1430年)十一月己未，载田卫疆编《〈明实录〉新疆资料辑录》，第74页。

⑥《大明宣宗宣德实录》卷111，宣德九年(1434年)六月丙戌，载田卫疆编《〈明实录〉新疆资料辑录》，第86—87页。此条在陈高华先生的《明代哈密吐鲁番资料汇编》中记载为“七月，丙戌”(第59页)。

⑦《大明宣宗宣德实录》卷77，宣德六年(1431年)三月癸巳，载田卫疆编《〈明实录〉新疆资料辑录》，第77页。

里的娘家人。

脱欢帖木儿辅佐卜答失里统治哈密期间，各方面都力图与明廷和忠顺王保持步调一致。甚至卜答失里向明廷奏求婚姻礼币，脱欢帖木儿也与其一同奏请：宣德五年（1430 年）四月丙申，“哈密忠顺王卜答失里、忠义王脱欢帖木儿奏求婚姻礼币”①。从卜答失里统治明哈密的这段历史来看，脱欢帖木儿以明廷任命的忠义王身份辅佐年幼的卜答失里是正确的选择，正是脱欢帖木儿的倾力辅佐才成就了明代哈密历史上难得的相对安宁的一段时期。

正统二年（1437 年）脱欢帖木儿卒，其子脱脱塔木儿嗣位。至此，脱欢帖木儿任忠义王的时间当为 1427 年 9 月到 1437 年，前后共计 10 年时间。

七、脱脱塔木儿

脱脱塔木儿（？—1439 年），明代哈密卫忠义王，蒙古贵族，脱欢帖木儿的儿子。《明实录》中记载：“正统二年（1437 年）十一月甲午，封哈密脱脱塔木儿为忠义王。”②《明史》中记载：“正统二年（1437 年），脱欢帖木儿卒，封其子脱脱塔木儿为忠义王。”③此后，史料中再未提到脱脱塔木儿之名，《明实录》中也未有其朝贡记载。因此，根据《明实录》，脱脱塔木儿任忠义王的时间为 1437 年 11 月到 1439 年 12 月（卜答失里卒，其子倒瓦答失里即位时）。

八、倒瓦答失里

倒瓦答失里（？—1457 年），明朝哈密卫的第四任忠顺王（1439—1457 年），蒙古贵族，名为哈力锁鲁檀，第三任忠顺王卜答失里的儿子。

①《大明宣宗宣德实录》卷 65，宣德五年（1430 年）四月丙申，载田卫疆编《〈明实录〉新疆资料辑录》，第 72 页。

②《大明英宗正统、天顺实录》卷 36，正统二年（1437 年）十一月甲午，载田卫疆编《〈明实录〉新疆资料辑录》，第 92 页。

③张廷玉等：《明史》卷 329《西域一·哈密卫》，第 8513 页。

母弩温答失里，瓦剌脱欢的女儿。正统四年(1439年)父亲死后，嗣位。其统治哈密期间，与其他番国之间关系紧张，常有劫掠抢杀事件。

倒瓦答失里执政哈密的15世纪中期，“其王率庸懦，又其地种落杂居……其头目不相统属，王莫能节制。众心离涣，国势渐衰”①，“哈密、土鲁番、瓦剌等与沙州、罕东等卫的封建统治阶级之间，常有劫掠抢杀之事”②。哈密作为东西方交通要道之所在，是西域诸番国攻击侵掠的主要对象，而明政府则出于对自身西陲边防的巩固，充当了哈密地方王国的保护者。

倒瓦答失里被任命为忠顺王的正统四年(1439年)，哈密卫与沙州卫、罕东卫之间关系紧张，相互混战。“沙州卫都督困即来等奏：‘都指挥阿赤不花等一百三十余家皆逃往哈密。屡奉命往取，不即发遣。’又言：‘罕东卫都指挥班麻结思率领人民擅入本卫地方居住。’”③而明廷调节方式为：“上敕哈密忠顺王及班麻结思等，令发回逋逃，各守疆界，睦邻保境，共享太平之福。”④而作为当事人的阿赤不花奏请明廷的理由是：“先被阿台朵儿只伯等劫掠，遁往哈密地面。后闻平定欲回，而哈密都督皮剌纳等不遣，意欲相图。且其国中自相仇杀，又与瓦剌有衅。臣恐祸及，因弃部属遁还。乞遣官赍敕谕皮剌纳等，俾放还臣等部属。”⑤明英宗答应了阿赤不花的请求，并“敕沙州都督困即来遣兵防送”⑥。这种和稀泥的方式为以后哈密与其他番国之间的关系解决埋下了隐患。因此，倒瓦答失里当政之时哈密卫与沙州卫、罕东卫以及明廷之间就纷争不断。

正是在正统四年(1439年)发生的一系列政治争端之下，卜答失里

①张廷玉等:《明史》卷329《西域一・哈密卫》，第8513页。

②冯家昇、程溯洛、穆广文编著《维吾尔族史料简编(上册)》，第142页。

③《大明英宗正统、天顺实录》卷56，正统四年(1439年)六月戊戌，载田卫疆编《〈明实录〉新疆资料辑录》，第93页。

④《大明英宗正统、天顺实录》卷56，正统四年(1439年)六月戊戌，载田卫疆编《〈明实录〉新疆资料辑录》，第93页。

⑤《大明英宗正统、天顺实录》卷60，正统四年(1439年)十月辛丑，载田卫疆编《〈明实录〉新疆资料辑录》，第93—94页。

⑥《大明英宗正统、天顺实录》卷60，正统四年(1439年)十月辛丑，载田卫疆编《〈明实录〉新疆资料辑录》，第94页。

刚刚故去，明廷随即任命其子倒瓦答失里接任忠顺王执政哈密。“正统四年十二月戊寅，遣金吾左卫带俸都指挥佥事张信、锦衣卫带俸指挥同知牙鹘为正使，封已故哈密忠顺王卜答失里男哈力锁鲁檀为忠顺王。”①在任命的同时，也警告都督头目皮剌纳要协助忠顺王并抚绥之：“比闻尔父忠顺王卜答失里已卒，哈密军民无所统属，兹特遣使赍敕，命尔哈力锁鲁檀承袭父爵，仍为哈密忠顺王，抚治人民，保守地方。已敕都督头目皮剌纳等协赞抚绥，不许头目人等互相仇杀。俾大小官员，各安其职，军民各安其业。凡朝廷使臣及诸番进贡使臣来往经过，尤须至诚礼待，不可轻忽。尔其益顺天心，敬承朕命，永笃忠诚，以副宠眷之隆。如有头目人不遵朝廷号令，仍前仇杀，不服管束者，王即具实奏闻，必罪不赦。”②

明廷对哈密、罕东卫与沙州卫之间的争端，封倒瓦答失里后，“将先年沙州移去哈密住坐指挥阿赤不花等遗下人口，尽数领回原卫，如旧生理”③。这种处理方式助长了沙州卫等卫对哈密的侵扰。

瓦剌，沙州卫、罕东卫等番国的“都督皮剌纳潜通胡寇猛哥卜花等谋杀忠顺王，倒瓦答失里弟兄撒蛮赤同弟哈失力、头目猛哥秃等奋力以卫之，杀其凶者，忠顺王始免于难”④。为此，明廷以“升撒蛮赤为都督同知，倍加赏赉遣之”⑤。但1443年，他舅舅瓦剌也先出兵包括哈密在内的，沙州、赤斤及肃州等地。“瓦剌也先遣其徒那那舍利王等率众三千攻围哈密，分遣款哥伯等领众二万欲来劫掠沙州，赤斤及肃州。”⑥随

①《大明英宗正统、天顺实录》卷62，正统四年（1439年）十二月戊寅，载田卫疆编《〈明实录〉新疆资料辑录》，第94页。

②《大明英宗正统、天顺实录》卷62，正统四年（1439年）十二月戊寅，载田卫疆编《〈明实录〉新疆资料辑录》，第94页。

③《大明英宗正统、天顺实录》卷62，正统四年（1439年）十二月戊寅，载田卫疆编《〈明实录〉新疆资料辑录》，第94页。

④《大明英宗正统、天顺实录》卷71，正统五年（1440年）八月辛丑，载田卫疆编《〈明实录〉新疆资料辑录》，第97页。

⑤《大明英宗正统、天顺实录》卷71，正统五年（1440年）八月辛丑，载田卫疆编《〈明实录〉新疆资料辑录》，第97页。

⑥《大明英宗正统、天顺实录》卷108，正统八年（1443年）九月乙卯，载田卫疆编《〈明实录〉新疆资料辑录》，第103页。

着战事推进,“正统八年(1443年)十月庚子……也先遣人纠合兀良哈,近复攻劫哈密,擒其王母”①。直到正统九年(1444年)十二月也先才将其母“差人送回”②。正统十一年(1446年),“瓦剌也先令头目塔剌赤等至哈密,取尔母妻弟。适有撒马儿罕兀鲁伯曲列干遣使臣满剌麻等一百余人进贡方物,路经哈密,被塔剌赤等逼诱同往瓦剌。又将沙州逃来人家亦强逼带去”③,以此要挟他归附。正统十三年(1448年),倒瓦答失里亲至瓦剌,历时数月。明朝知晓诘责于他。第二年,也先侵明,土木之变,哈密稍安。景泰三年(1452年),他派捏列沙朝贡明朝并请求升指挥捏列沙等职。明代宗因为倒瓦答失里和瓦剌暗通,“阳为尊事朝廷,阴则交通北虏,漏泄事机,以拘边患。今虽服罪来朝,终是心怀谲诈,若又滥与升职,则是恩加有罪,赏出无功。宜不允所奏”④。天顺元年(1457年)倒瓦答失里去世,其弟卜列革即位。至此,倒瓦答失里在任时间当为1439年12月到1457年,前后共计18年时间,是明哈密历史上在位时间最长的统治者。

值得指出的是,在明永乐七年(1409年)十一月,脱脱时代“设哈密卫僧纲司”⑤,在倒瓦答失里在任时期开始与哈密忠顺王一起朝贡明廷。“哈密忠顺王倒瓦答失里等遣都指挥脱脱不花并乌思藏铁禅等寺剌麻远丹坚错等俱来朝贡马驼、佛像、铜塔、舍利。赐彩币等物有差。”⑥由此,哈密地面的宗教领袖也开始向明廷示好。

---

①《大明英宗正统、天顺实录》卷109,正统八年(1443年)十月庚子,载田卫疆编《〈明实录〉新疆资料辑录》,第104页。

②《大明英宗正统、天顺实录》卷124,正统九年(1444年)十二月癸亥,载田卫疆编《〈明实录〉新疆资料辑录》,第108页。

③《大明英宗正统、天顺实录》卷141,正统十一年(1446年)五月庚辰,载田卫疆编《〈明实录〉新疆资料辑录》,第113页。

④《大明英宗正统、天顺实录》卷219,景泰三年(1452年)八月己丑,载田卫疆编《〈明实录〉新疆资料辑录》,第123页。

⑤《明太宗实录》卷98,第31页。

⑥《大明英宗正统、天顺实录》卷67,正统五年(1440年)五月丙寅,载田卫疆编《〈明实录〉新疆资料辑录》,第95页。

九、卜列革

卜列革(？ —1463 年),明朝哈密卫第五任忠顺王,蒙古贵族,第四任忠顺王卜答失里的另外一个儿子,于 1457 年至 1463 年在位。

明廷准许其母弩温答失里奏请,封卜列革为忠顺王。“天顺元年(1457 年)(兄忠顺王倒瓦答失里)卒”①,“弟卜列革遣使告哀,即封为忠顺王”②。《明实录》中载:“天顺元年(1457 年)九月癸酉,遣都指挥贺玉、金贵为正副使,赍敕命哈密卜列革袭忠顺王倒瓦答失里爵,从其母奏请也。仍命王等赉彩段、表里赐之。”③在位时,一年数贡,部属遵循前朝所定制度,依然通过被明廷封爵的形式任命。

明哈密卫与明廷之间的朝贡,在倒瓦答失里之前基本上以驼马等为朝贡物品。但从倒瓦答失里开始,由于其母弩温答失里的缘故,开始在朝贡中向明廷索求医药。而且到卜列革时期还开始奏求朝服、冠服以及生活用品等物。可见,两兄弟的母亲对两位忠顺王的影响相当大。这也为其母后来当国埋下伏笔。“天顺二年(1458 年)九月辛卯,哈密忠顺王卜列革以母疾,遣使臣察马力丁来朝贡马,奏求通医术者一人并丁香、桂皮诸药”,但明廷出于各种因素考虑,回复曰:“哈密路远,医人不必遣,第给所需药付来使赉回赐之。”④“天顺三年(1459 年)六月壬申,哈密忠顺王卜列革奏,求朝服、冠带、笏佩,母妻冠服,及诸兵器、轿乘等物。”⑤“天顺四年(1460 年)正月乙未,赐哈密忠顺王母弩温答失里轿洗面盆各一,金箔一百贴,细茶三十斤,乳香、檀香、丁香、心红各三

---

①钟方:《哈密志》卷 3《舆地志一・沿革》,第 18 页。

②张廷玉等:《明史》卷 329《西域一・哈密卫》,第 8514 页。

③《大明英宗正统、天顺实录》卷 282,天顺元年(1457 年)九月癸酉,载田卫疆编《〈明实录〉新疆资料辑录》,第 132 页。

④《大明英宗正统、天顺实录》卷 295,天顺二年(1458 年)九月辛卯,载田卫疆编《〈明实录〉新疆资料辑录》,第 132 页。

⑤《大明英宗正统、天顺实录》卷 304,天顺三年(1459 年)六月壬申,载田卫疆编《〈明实录〉新疆资料辑录》,第 134 页。

斤,良姜、桂皮各五斤……厚榜纸、中夹纸各三百张,从其请也。”[①]由此从另一个侧面也可以看出,明哈密卫在与明廷交往的60多年中,受到汉文化影响,已经开始逐渐接受汉文化,哈密皇室中开始在服装、出行等礼仪方面模仿汉族礼制。这也是中华文化发展几千年来相互影响的必然结果。

卜列革在任期间,哈密与西域各番国之间因贸易问题依然处于时有勾结、时有冲突之中。这让明廷经略西域的政务也时常受到困扰。为此,明英宗专门敕函哈密忠顺王警告之:“先差使臣马云等往迤公干,因尔处有达贼乩加思兰截路为恶,不曾前进。……及至尔处,其原差使臣指挥乌钦、舍人沃能回还,报说乩加思兰仍在彼处,差人见王,谋为劫夺之举。……今使臣在彼,尔即差人送去迤西,如不可前进,尔即差人护送回还。尔若背逆天道,包藏祸心,助贼为恶,以致钱粮人马疏失,朝廷必调大军征剿,决不尔宥。尔其慎之,毋贻后悔。”[②]这一警告对国事较弱的哈密作用不大。天顺六年(1462年)哈密在被乩加思兰掠夺殆尽的情况下,忠顺王母弩温答失里奏请明廷“被乩加思兰尽掠其羊畜,乞于陕西边境买羊一千,以图孳牧”[③]。作为游牧民族的哈密,羊畜等都已被外族劫掠殆尽,可见其势渐衰。

综上,卜列革在任期间,其母弩温答失里对其政治影响较大,与明廷关系及朝贡往来很多都是其母意志的表现。《明实录》载:“天顺七年(1463年)十一月丙寅,哈密忠顺王卜列革死。”[④]卜列革时代宣告结束。

---

①《大明英宗正统、天顺实录》卷311,天顺四年(1460年)正月乙未,载田卫疆编《〈明实录〉新疆资料辑录》,第135页。

②《大明英宗正统、天顺实录》卷299,天顺三年(1459年)正月丁未,载田卫疆编《〈明实录〉新疆资料辑录》,第132—133页。

③《大明英宗正统、天顺实录》卷341,天顺六年(1462年)六月癸酉,载田卫疆编《〈明实录〉新疆资料辑录》,第141页。

④《大明英宗正统、天顺实录》卷359,天顺七年(1463年)十一月丙寅,载田卫疆编《〈明实录〉新疆资料辑录》,第145页。但钟方《哈密志》卷3《舆地志一·沿革》载:“(天顺)八年(1464年)卒,世绝,王母弩温答失里署国事。”张廷玉等《明史》卷329《西域一·哈密卫》第8515页载:“四年(1460年),(卜列革)王卒,无子,母弩温答失里主国事。”本文以《明实录》为准。

十、弩温答失里

弩温答失里(生卒年不详),明代哈密卫第三任忠顺王卜答失里之妻。蒙古瓦剌部落首领脱欢的女儿,也先的姐姐。“瓦剌酋也先,王母弩温答失里弟也。”①其子倒瓦答失里、卜列革在其夫卒后相继为王。弩温答失里虽不是明廷任命的忠顺王,或忠义王,但从卜列革时代的天顺元年(1457 年)开始直到成化九年(1473 年),哈密的实际统治者即为此人。

由于卜列革没有子嗣,因此在其死后,弩温答失里亲自主政。当然,她也积极寻找符合条件的王位继承人,哈密与明廷之间也多次诏议袭封者。“天顺七年(1463 年)十一月丙寅,哈密忠顺王卜列革死后,世绝未封,屡诏哈密议当袭封者,其使臣哈只请以命王女之子把塔木儿,王母弩温答失里请于阿儿察王兄弟中命一人。至是,使臣苦儿鲁海牙来言,把塔木儿难袭,阿儿察王见居阿真地面,乃王母同祖兄弟,宜袭,乞差人去后选取。”②对此建议,明廷也表示赞同。同时,乩加思兰对哈密的欺侮侵扰不断,“天顺八年(1464 年)四月丙午,哈密王母弩温答失里……乞差人往阿儿王处取其兄弟一人定与职名,掌管哈密地方”,明廷对此请求给予明确回复:“其使臣阿都剌等回,令王母保守城池,听候朝廷行取掌管之人,至日处分。”③由此确立了弩温答失里代理哈密国事的身份。

弩温答失里代理哈密国事并不能阻挡乩加思兰对哈密的侵扰,致使哈密处于内外交困之中。因此,弩温答失里不得不一年多次向明廷祈求帮助。“天顺八年(1464 年)六月乙未,给哈密大小麦种子一百石。

①张廷玉等:《明史》卷 329《西域一・哈密卫》,第 8514 页。

②《大明英宗正统、天顺实录》卷 359,天顺七年(1463 年)十一月丙寅,载田卫疆编《〈明实录〉新疆资料辑录》,第 145 页。

③《大明宪宗成化实录》卷 4,天顺八年(1464 年)四月丙午,载田卫疆编《〈明实录〉新疆资料辑录》,第 147 页。

时哈密忠顺王母累奏为乩加思兰所侵，禾苗无种，乞赐赈济，故给之。”[①]对哈密频繁的乞赐，明廷也不堪负重，开始限制他们的要求。“天顺八年(1464年)九月辛未……时，哈密人民溃散，无所依归，数以进贡为名，一年至者三次，唯求衣食图栖止而已。至是，人数多至千二百余。……既而弩温答失力复奏讨衣、药……。诏止与衣、药。”[②]甚至，成化元年(1465年)十月丙戌明廷接受礼部尚书姚夔建议，对哈密在内的西域诸番朝贡明廷做出严格限制。“哈密使臣岁一入朝，不得过二百人，乩加思兰五十人，其土鲁番、亦力把力等或三年五年入贡。经哈密者依期同来，不得过十人。……乃敕哈密王母弩温答失力，收集流散，保守土境，依时来朝，庶全朝廷始终优厚之意。”[③]由此也可看出，这一时期的哈密受到其他番国侵扰之重。

成化初年，哈密乩加思兰攻破，弩温答失里率领部众避居苦峪(今甘肃省敦煌市东北)，她派人向明朝告难。成化二年(1466年)回到哈密。次年明朝以原忠义王脱欢帖木儿外甥把塔木儿嗣位右都督，摄哈密王事。“成化三年(1467年)四月丁酉，命哈密故忠顺王脱欢帖木儿外孙都督同知把塔木儿为右都督，摄行国王事。”[④]“诏以故忠顺王脱欢帖木儿外孙把塔木儿为右都督，守哈密。”[⑤]弩温答失里仍掌握实权，成化九年(1473年)，哈密被吐鲁番汗国击破，弩温答失里被俘，部众逃到苦峪。“成化九年(1473年)四月丙寅，土鲁番速檀阿力侵哈密卫，掳其城。初，速檀阿力累引兵劫掠哈密诸部地，已略尽。正月，围其城，破之，执其王母，夺朝廷所降金印，逐留居之。”[⑥]由此弩温答失里开始了

---

①《大明宪宗成化实录》卷6，天顺八年(1464年)六月乙未，载田卫疆编《〈明实录〉新疆资料辑录》，第148页。

②《大明宪宗成化实录》卷9，天顺八年(1464年)九月辛未，载田卫疆编《〈明实录〉新疆资料辑录》，第148页。

③《大明宪宗成化实录》卷22，成化元年(1465年)十月丙戌，载田卫疆编《〈明实录〉新疆资料辑录》，第149页。

④《大明宪宗成化实录》卷41，成化三年(1467年)四月丁酉，载田卫疆编《〈明实录〉新疆资料辑录》，第151页。

⑤钟方:《哈密志》卷3《舆地志一·沿革》，第18页。

⑥《大明宪宗成化实录》卷115，成化九年(1473年)四月丙寅，载田卫疆编《〈明实录〉新疆资料辑录》，第156页。

掳居生涯，她统治哈密的时代宣告结束。至此，箬温答失里在任时间当为 1457 年 9 月到 1473 年 4 月，前后共计 16 年时间。

十一、把塔木儿

把塔木儿（？ —1472 年），蒙古贵族，“本畏兀族，故忠义王（脱欢帖木儿）外孙也”①，一说其为卜列革女儿的儿子。他不是被明廷正式册封的哈密忠顺王或忠义王，但却是哈密忠顺王卜列革死后的实际统治者，先以都督同知、后以右都督的身份执掌哈密政权。

天顺四年（1460 年），忠顺王卜列革卒后无嗣，属下欲立他嗣位，王母箬温答失里说臣子不能为君，封袭把塔木儿的事情因此暂时搁浅。“四年，王卒，无子，母箬温答失里主国事。初，也先被诛，其弟伯都王及从子兀忽纳走居哈密。……自卜列革之亡，亲属无可继，命国人议当袭者。头目阿只等言脱欢帖木儿外孙把塔木儿官都督同知，可继。王母谓臣不可继君，而安定王阿儿察与忠顺王同祖，为请袭封。”②但阿儿察“以哈密多难，力辞不行”③。从此国内无主，部众离散。而这一时期，以癿加思兰为首的西域诸番见哈密无主，谋划要占据其地；同时，哈密国内此时王位空悬，王母箬温答失里主国事。在此内忧外患之下，把塔木儿以都督同知的身份实际主持哈密国事。其间，“癿加思兰乘隙袭破其城，大肆杀掠，王母率亲属部落走苦峪”④，箬温答失里多次遣使朝贡告知明廷，请求支援。但明廷却“不能援，但敕其国人速议当继者而已”⑤。而且在此期间，因哈密日渐残破，越来越多的哈密人都往苦峪城聚集。把塔木儿在哈密风雨飘摇的历史时期支撑着政权的稳固，保护着哈密民众的安危。

关于把塔木儿摄行哈密事，《明实录》中是这样记载的：“成化三年（1467 年）四月丁酉，命哈密故忠顺王脱欢帖木儿外孙都督同知把塔木

①谷应泰编《明史纪事本末（六）》卷 40《兴复哈密》，第 17 页。

②张廷玉等：《明史》卷 329《西域一·哈密卫》，第 8515 页。

③张廷玉等：《明史》卷 329《西域一·哈密卫》，第 8515 页。

④张廷玉等：《明史》卷 329《西域一·哈密卫》，第 8515 页。

⑤张廷玉等：《明史》卷 329《西域一·哈密卫》，第 8515 页。

儿为右都督。摄行国王事，赐印并金织衣一袭”，对于此事，成化皇帝在当时的敕谕中说：“今王（卜列革）不幸物故，王母独存，嗣续乏人，人民失所。朕以尔（把塔木儿）为忠顺王之亲，又尝受我朝廷都督同知之职，特准都督毋杂法儿并指挥只杭沙等奏，保升尔前职，别给印，命尔掌管哈密城池。”[①]把塔木儿摄行国事时，颁发政令，继续向明朝遣使朝贡，接受明朝的赐赉。这些史实都能充分表明他是当时哈密的实际统治者。成化八年（1472 年），把塔木儿死后，其子罕慎“以父卒请嗣职。帝许之，而不命其主国事，国中政令无所出。士鲁番速檀阿力乘机袭破其城，执王母，夺金印”[②]。由于明廷不让把塔木儿子罕慎袭父职，才造成国内出现权力真空，致使阿力得以伺机袭城。这也从另一方面证明把塔木儿从 1467 年到 1472 年主政哈密六年的功绩是不容抹杀的。因此，从天顺四年（1460 年）卜列革卒，一直到成化二年（1466 年）期间，因王母弩温答失里不同意把塔木儿为忠顺王，致使哈密“无王者八年”。在哈密地面各种头目“交章请，词极哀。乃擢把塔木儿为右都督，摄行国王事，赐之诰印”[③]。哈密王位空悬八年，执政六年的把塔木儿才得到了一个“右都督”的称号。

关于把塔木儿的身世，多种史料亦是各执一端，众说纷纭。一是卜列革外孙说。持此说的主要依据是：“天顺七年（1463 年）十一月丙寅，哈密忠顺王卜列革死后，世绝未封，屡诏哈密议当袭封者，其使臣哈只请以命王女之子把塔木儿。”[④]但史料中的“王女”究竟是指卜列革，还是另有所指，未能明示。一是脱欢帖木儿外甥说。持此说的主要依据是姚夔《为夷情事》中的记载：“兵科抄译出哈密差来使臣都督母杂法儿、指挥只杭沙等四十八人奏……奴婢们哈密地内，有把帖木儿（把塔木儿）都督，比众官人每为长。他的根基是脱欢帖木儿王姐姐生的，即是王女的儿子，王母（弩温答失里）又是他的乳母。见今人心皆服。若

①《大明宪宗成化实录》卷 41，成化三年（1467 年）四月丁酉，载田卫疆编《〈明实录〉新疆资料辑录》，第 151 页。

②张廷玉等：《明史》卷 329《西域一·哈密卫》，第 8516 页。

③张廷玉等：《明史》卷 329《西域一·哈密卫》，第 8516 页。

④《大明英宗正统、天顺实录》卷 359，天顺七年（1463 年）十一月丙寅，载田卫疆编《〈明实录〉新疆资料辑录》，第 145 页。

圣旨准呵，将把帖木儿都督相应为王。”[①]若此则史料记述无误，那么很显然《明实录》天顺七年(1463 年)十一月丙寅条中的“王女”应为脱欢帖木儿的姐姐。但是还有第三说，即脱欢帖木儿外孙说。此说的依据是：“成化三年(1467 年)四月丁酉，命哈密故忠顺王脱欢帖木儿外孙都督同知把塔木儿为右都督，摄行国王事。赐印并金织衣一袭。”[②]《明史》亦采此说：“(成化)四年，……头目阿只等言脱欢帖木儿外孙把塔木儿官都督同知，可继。”[③]其中，成化四年(1468 年)与实录不符，有误，应为成化三年(1467 年)。综合以上三说，我们可以断定把塔木儿绝非卜列革之后，而是脱欢帖木儿的直系近亲。至于把塔木儿究竟是脱欢帖木儿的外甥，还是他的外孙，由于史料缺乏，暂莫能辨，存而不论。不过，我们仍然可以肯定，把塔木儿不是成吉思汗黄金家族的直系后裔。这为以后吐鲁番借机攻袭哈密提供了口实。

十二、罕慎

罕慎(？ —1488 年)，是继把塔木儿之后的第六任哈密忠顺王，把塔木儿之子，畏兀儿人。罕慎权主哈密期间，也正是明廷与新崛起的吐鲁番争夺哈密的重要时期。此时，羽奴思(《明史》称作阿力)掌控的吐鲁番国力强盛，与明廷争夺哈密的战争不断。到明成化中期，整个撒里畏兀儿地区事实上已经被羽奴思所控制，哈密成为明廷孤悬于塞外的卫所。从吐鲁番侵占哈密、王母弩温答失里被执开始，罕慎寄居苦峪城就开始执掌哈密国事，直到 1488 年明廷正式册封其为忠顺王，罕慎一直是实际上主持哈密卫事的统治者。“成化十八年(1482 年)十二月庚午，录克复哈密功。升哈密卫右都督罕慎为左都督，仍掌卫印，总理国事。”[④]这则记载中的“仍”字，清楚表明在此之前和在此之后，罕慎的实

---

①姚夔：《为夷情事》，载陈高华编《明代哈密吐鲁番资料汇编》，第 106 页。

②《大明宪宗成化实录》卷 41，成化三年(1467 年)四月丁酉，载田卫疆编《〈明实录〉新疆资料辑录》，第 151 页。

③张廷玉等：《明史》卷 329《西域一・哈密卫》，第 8515 页。

④《大明宪宗成化实录》卷 235，成化十八年(1482 年)十二月庚午，载田卫疆编《〈明实录〉新疆资料辑录》，第 177 页。

际统治者地位。

"天顺四年(1460年),倒瓦答失里之弟、忠顺王卜列革失里死后绝嗣,王母弩温答失里执政。"①成化初年(1465年),哈密被吐鲁番攻破,成为其附庸国。成化四年(1468年),明以脱欢帖木儿外孙把塔木儿为右都督,"摄行国事"。成化八年(1472年),"土鲁番时强盛,控弦可五万,其速檀阿力尤雄黠,至是,挟哈密赤斤诸夷,王母不从,遂见掠,及劫金印去"②。同年"把塔木儿子罕慎以父卒请嗣职"③。但明宪宗"允其袭职而不与冠带"④,不让其主国事,弩温答失里仍然掌握实权,导致当时的哈密政令无所出。吐鲁番统治者速檀阿力"乘机袭破其城,执王母,夺金印,以忠顺王孙女为妾,据守其地"⑤。成化九年(1473年),被劫持的王母受到威胁"夜潜遣人来云:'为我奏天子,速发兵救哈密。'……都督罕慎及赤斤、罕东、乜克力诸部集兵进讨"⑥。但交战失利,"罕慎及乜克力、畏兀儿之众退居苦峪"⑦。哈密卫被迫东迁到苦峪(今甘肃省敦煌市东北)。"罕慎穷苦峪城",其部下"或归附居肃州,亦有随土鲁番去者"。⑧ 在此情况下,明朝"恐其不能自立。乃敕甘肃都督佥事王玺于苦峪筑城,复立哈密卫,令罕慎等居之。且赐以布帛、米粮,分给田土及牛具、谷种"⑨。"帝乃命罕慎权主国事,因其请给米布,且赐以谷种。"⑩"更铸哈密卫印赐罕慎于苦峪,立卫居之,给土田及牛具谷种。"⑪苦峪成为此时哈密卫的政权所在地。

成化十四年(1478年)秋九月,吐鲁番速檀阿力死后,时任"甘肃抚

---

①石昆明:《明代哈密卫研究》,《城市地理》2015年第24期,第242页。

②谷应泰编《明史纪事本末(六)》卷40《兴复哈密》,第17页。

③张廷玉等:《明史》卷329《西域一·哈密卫》,第8516页。

④《大明宪宗成化实录》卷105,成化八年(1472年)六月乙亥,载田卫疆编《〈明实录〉新疆资料辑录》,第156页。

⑤张廷玉等:《明史》卷329《西域一·哈密卫》,第8516页。

⑥张廷玉等:《明史》卷329《西域一·哈密卫》,第8516页。

⑦张廷玉等:《明史》卷329《西域一·哈密卫》,第8516页。

⑧谷应泰编《明史纪事本末(六)》卷40《兴复哈密》,第17页。

⑨《大明宪宗成化实录·明宪宗宝训》卷3,成化十三年(1477年)十月戊申,载田卫疆编《〈明实录〉新疆资料辑录》,第172页。

⑩张廷玉等:《明史》卷329《西域一·哈密卫》,第8516页。

⑪谷应泰编《明史纪事本末(六)》卷40《兴复哈密》,第17页。

臣王濬请乘间纳罕慎”[①]。成化十八年(1482 年),在明廷的统一部署下,“罕慎纠罕东、赤斤二卫,得兵一千三百人,与己所部共万人,夜袭哈密城破之,牙兰遁走;乘势连复八城,遂还居故土”[②]。此战罕慎声威大震,加之,他又是忠顺王外孙,明廷以恢复哈密之功,升级罕慎为左都督,于“(成化)二十年(1484 年)冬十一月,罕慎入哈密嗣忠顺王”[③]。哈密政权直到此时才回归本土。

由于罕慎一心想继任忠顺王职,此战之后,“朝远请封罕慎为王……哈密国人亦乞封罕慎”[④],但明朝巡抚及哈密国人的请求却并未得到明廷的认可。明廷以“境土新复,人心未固,金印未获,未可轻议”[⑤]为由,拒绝册封罕慎为忠顺王的请求,只是进罕慎为“左都督,赉白金百两、彩币十表里,特赦奖劳,将士升赏有差”[⑥]。之后,罕慎又多次要求继任忠顺王,由于其力量在哈密的确强大,明廷考虑到其功绩及甘肃的安全等因素,弘治元年(1488 年)二月,从其国人请,“封哈密卫左都督罕慎为忠顺王”[⑦]。但由于主政哈密后的罕慎贪残无道,国人对其非常绝望。西域各国贡使也苦于罕慎对他们的盘剥,怨言颇多。因此,明孝宗弘治元年(1488 年)吐鲁番汗国速檀阿黑麻攻哈密,以“罕慎非脱脱族,安得王……阳好语罕慎联姻至哈密城下,顶经盟诱杀之”[⑧]。“回夷以为非贵族,何以为王,诱而杀之。”[⑨]“仍令牙兰据其地。”[⑩]哈密再次落入吐鲁番之手。至此,罕慎为哈密实际统治者的时代结束,而且在临终前也终于得到明廷认可,成为哈密忠顺王。

---

①谷应泰编《明史纪事本末(六)》卷 40《兴复哈密》,第 17 页。

②张廷玉等:《明史》卷 329《西域一·哈密卫》,第 8517 页。

③谷应泰编《明史纪事本末(六)》卷 40《兴复哈密》,第 17 页。

④张廷玉等:《明史》卷 329《西域一·哈密卫》,第 8517 页。

⑤《大明宪宗成化实录》卷 235,成化十八年(1482 年)十二月庚午,载田卫疆编《〈明实录〉新疆资料辑录》,第 178 页。

⑥张廷玉等:《明史》卷 329《西域一·哈密卫》,第 8517 页。

⑦《大明孝宗弘治实录》卷 11,弘治元年(1488 年)二月丁未,载田卫疆编《〈明实录〉新疆资料辑录》,第 185 页。

⑧谷应泰编《明史纪事本末(六)》卷 40《兴复哈密》,第 17 页。

⑨桂萼:《进哈密事宜疏》,载陈高华编《明代哈密吐鲁番资料汇编》,第 410 页。

⑩张廷玉等:《明史》卷 329《西域一·哈密卫》,第 8517 页。

十三、陕巴

陕巴(? —1505 年),明代哈密卫第七任忠顺王,蒙古贵族,曲先安定王的侄子,忠顺王脱脱近亲从孙,一译为善巴,是哈密继罕慎之后的统治者。

罕慎死后,哈密王位空悬,陕巴成为众望所归的继承人。陕巴之所以成为忠顺王的继任者,是因为"又有安定王,与忠顺王同宗,封曲先卫为王,其子孙陕巴公直有力量,又系贵族,取立为王"①。哈密当地的三大头目等也皆认为"陕巴年少量宏足以服众、愿乞早袭王爵管理国事"②。明臣马文升也向明廷给出理由:"哈密故有回回、畏兀儿、哈剌灰三种,而北山又有小列秃乜克力相侵逼。必得元裔填之,可慑诸番,乃行求忠顺近属。得曲先安定王侄陕巴,奏令甘肃再询诸番族立陕巴可否状。番族合词称陕巴可立为王,主国事,乃遣使立之。"③类似文字在《明史》中也有记载:"文升又言:'……今安定王族人陕巴,乃故忠义王脱脱近属从孙,可主哈密。'天子以为然,而诸番亦共奏陕巴当立。"④弘治五年(1492 年)"春二月,封哈密陕巴为忠顺王,遣使护归之"⑤,并"赐印诰、冠服及守城戎器,擢阿木郎都督佥事,与都督同知奄克孛剌共辅之"⑥。他娶野乜克力秃卜花台卜的女儿为妻。

由于陕巴继任哈密忠顺王,加之明廷对吐鲁番进行经济封锁,因此阿黑麻于弘治四年(1491 年)归还哈密。但不久之后,由于"诸番索陕巴犒赐不得"⑦,"阿木郎克扣明廷对土鲁番的赏赐,继而又联合野乜克力人马抢掠土鲁番部下牛羊,引起阿黑麻的不满,他以此为由又出兵攻

①桂萼:《进哈密事宜疏》,载陈高华编《明代哈密吐鲁番资料汇编》,第 410 页。

②《兴复哈密记》,载陈高华编《明代哈密吐鲁番资料汇编》,第 141 页。

③谷应泰编《明史纪事本末(六)》卷 40《兴复哈密》,第 18 页。

④张廷玉等:《明史》卷 329《西域一·哈密卫》,第 8518 页。

⑤谷应泰编《明史纪事本末(六)》卷 40《兴复哈密》,第 18 页。

⑥张廷玉等:《明史》卷 329《西域一·哈密卫》,第 8518 页。

⑦谷应泰编《明史纪事本末(六)》卷 40《兴复哈密》,第 18 页。

占哈密"①。这次进攻不仅肢解了阿木郎,而且执陕巴、掠金印,并留下牙兰和撒他尔带领军队留守哈密。哈密第三次被占领。这次占领严重危及到甘肃的安全,明廷派兵左侍郎张海等人去解决哈密危机,但"海等奉命经略哈密二年,事未就绪,辄上奏请还"②,兵部尚书马文升等人力主兴复哈密,言:"此寇桀骜,不大创终不知畏。"③弘治八年(1495年),朝廷命许进为甘肃巡抚,出兵收复哈密。在许进周密的布置与鼓舞下,其副将彭清挥师攻克哈密城池,"得陕巴妻女并牛羊三千,斩级六十",但此时的守将牙兰已经离去,明军只能班师回朝。但弘治九年(1496年)阿黑麻又攻破哈密。弘治十年(1497年)冬十月,吐鲁番阿黑麻在明廷"以绝贡失互市",断绝经济往来的压力之下,"愿悔过,还陕巴及金印,易前四十余使",只求"予贡如故"。④ "阿黑麻以绝贡失互市窘,乞归陕巴,贡如旧。"⑤陕巴从吐鲁番回国,明廷仍旧委任陕巴治理哈密。"(弘治)十一年(1498年)秋八月,复封陕巴为哈密忠顺王。"⑥

重新掌握哈密政权的陕巴,明廷令"三种都督,回回则写亦虎仙,畏兀儿则奄克孛剌,哈剌灰则拜迭力迷失,共佐陕巴"⑦。与辅助他治理哈密的、罕慎的弟弟都督同知奄克孛剌渐渐交恶,"与陕巴不协,乃妻陕巴以罕慎女结好。遂赐陕巴蟒玉大帽为忠顺王"⑧。最终以娶罕慎之女而双方和好。执掌国政初期,哈密"三种人久厌兵,初以国乱入居甘肃境上,射猎为生,不愿归哈密",直到弘治十二年(1499年)春正月,"遣兵护忠顺王陕巴还哈密,以都督写亦虎仙、奄克孛剌、拜迭力迷失三种辅之,主国事"⑨。明廷也允许吐鲁番诸部复入京朝贡。作为忠顺王的陕巴,当政期间却不知道收敛自我行为,他不仅嗜酒,而且欺凌下属,

---

①郝志学:《明代哈密卫研究》,硕士学位论文,西北大学,2008,第20页。

②《大明孝宗弘治实录》卷95,弘治七年(1494年)十二月乙亥,载田卫疆编《〈明实录〉新疆资料辑录》,第213页。

③张廷玉等:《明史》卷182《马文升传》,第4841页。

④谷应泰编《明史纪事本末(六)》卷40《兴复哈密》,第20页。

⑤钟方:《哈密志》卷3《舆地志一·沿革》,第19页。

⑥谷应泰编《明史纪事本末(六)》卷40《兴复哈密》,第20页。

⑦谷应泰编《明史纪事本末(六)》卷40《兴复哈密》,第20页。

⑧谷应泰编《明史纪事本末(六)》卷40《兴复哈密》,第20页。

⑨谷应泰编《明史纪事本末(六)》卷40《兴复哈密》,第20页。

逐渐失去众心，引起部下阿孛剌等不满。“（弘治）十七年（1504 年）春三月，阿孛剌阴构阿黑麻迎其次子真帖木儿（罕慎之女的儿子）来王哈密”①，陕巴害怕，弃城走沙州。明朝“边吏遣指挥董杰及奄克孛剌往谕部众迎陕巴还……而以真帖木儿还土鲁番”②。写亦虎仙、奄克孛剌辅佐陕巴，把真帖木儿留在甘州（今甘肃省张掖市）夷馆。“武宗正德元年（1506 年）秋九月，忠顺王陕巴死，子拜牙郎嗣位。”③陕巴时代宣告结束。

十四、拜牙即

拜牙即（约生活于 15 世纪—16 世纪），又名摆牙即、拜牙郎，明代哈密卫第八位，也是最后一位接受明廷封赐的忠顺王，蒙古贵族，上一任忠顺王陕巴的儿子，《明实录》中记载在位时间为 1505 年至 1513 年，前后共计 8 年。

自明洪武十四年（1381 年）哈密“遣回回阿老丁来朝贡马……招谕诸番”④，开始向明廷朝贡以来，到弘治十八年（1505 年）哈密归属明中央政府管辖已经一百二十多年。到拜牙即时代，哈密与周围诸番以及与明廷之间的关系由于政治和经济利益问题出现各种微妙的变化。因此，拜牙即即位忠顺王之始哈密内外各种危机此起彼伏。对外，哈密与吐鲁番之间的战争不断。对内，哈密各种势力与拜牙即政权分庭抗礼。拜牙即于弘治十八年（1505 年）十月丙辰即位忠顺王：“哈密忠顺王陕巴卒，立其子速坛拜牙郎为忠顺王。”⑤但明廷在任命拜牙即的同时，为其选拔了奄克孛剌和写亦虎仙协力之。可见，明廷对拜牙即的统治地位是有所担忧的。第二年，哈密地面依然有以已故去忠顺王陕巴的名

①谷应泰编《明史纪事本末（六）》卷 40《兴复哈密》，第 21 页。

②谷应泰编《明史纪事本末（六）》卷 40《兴复哈密》，第 21 页。

③谷应泰编《明史纪事本末（六）》卷 40《兴复哈密》，第 21 页。

④张廷玉等：《明史》卷 330《西域二・哈梅里》，第 8567 页。

⑤《大明武宗正德实录》卷 6，弘治十八年（1505 年）十月丙辰，载田卫疆编《〈明实录〉新疆资料辑录》，第 225 页。钟方《哈密志》卷 3《舆地志一・沿革》第 20 页记载时间与此不同：“正德元年（1506 年）陕巴卒，子拜牙郎嗣。”

义派出使臣出使明廷朝贡的事情发生。正德元年(1506 年)五月壬午，“哈密忠顺王陕巴遣使臣失拜烟答等贡马驼、方物”①。可见，奄克孛剌与写亦虎仙对拜牙即虎视眈眈的同时，陕巴政权的残余势力也心有不甘。

正是由于拜牙即时代的哈密政权处于内外交困之中，因此，拜牙即政权只能采取笼络各种势力的方式维持政权。与哈密内部各派势力一起朝贡就是其中一种有效的方式。“正德三年(1508 年)八月乙未，哈密忠顺王并都督奄克孛剌等，遣使臣脱云虎力等来朝，贡驼马。”②“正德三年(1508 年)十一月癸卯……哈密卫忠顺王速坛拜牙郎，遣使臣都督写亦虎仙等，贡驼马。”③“正德四年(1509 年)正月辛酉，哈密卫忠顺王并哈剌灰指挥佥事拜迭力迷失等，遣使臣哈只迭力迷失等，贡驼马。”④拜牙即自降身份与两位辅助自己的都督，以及哈密三大黄金家族之一的哈拉灰领袖一起向明廷朝贡的举动正是维护自我政权的说明。

当然，作为当政者的哈密忠顺王，为了哈密卫自身利益，他也行使作为哈密首领的权力，危难之时，与之前的哈密统治者一样积极向明廷寻求帮助。“正德三年(1508 年)十二月戊辰，哈密卫忠顺王速坛拜牙郎等以其所部为速坛阿力王杀夺穷困，遣使请粮于朝。”⑤作为明廷设立的西北卫所之一，拜牙即也积极行使其卫所职责，保卫西北边陲。但由于拜牙即政治不成熟，也出现一些决策失误，这也是后来明廷弃哈密的原因之一。“正德四年(1509 年)三月丙辰……哈密忠顺王速坛拜牙

①《明武宗实录》卷 13，第 185 页。

②《大明武宗正德实录》卷 41，正德三年(1508 年)八月乙未，载田卫疆编《〈明实录〉新疆资料辑录》，第 228 页。

③《大明武宗正德实录》卷 44，正德三年(1508 年)十一月癸卯，载田卫疆编《〈明实录〉新疆资料辑录》，第 229 页。

④《大明武宗正德实录》卷 46，正德四年(1509 年)正月辛酉，载田卫疆编《〈明实录〉新疆资料辑录》，第 229 页。

⑤《大明武宗正德实录》卷 45，正德三年(1508 年)十二月戊辰，载田卫疆编《〈明实录〉新疆资料辑录》，第 229 页。

即，请释弘治初编管广西夷人克伯赤等九人。"[①]但实际上克伯赤是背叛其主而附吐鲁番，并且引兵破哈密城池之人。明廷却原谅了拜牙即的行为："今速坛拜牙即年幼无知，为其下黠桀者所使，故有此请。"[②]

由于此时的哈密处于内外交困之中，且拜牙即年幼无知，因此吐鲁番速檀满速儿领兵侵侮哈密，哈密再次被吐鲁番占领，满速儿派将领火只他丁守其地。正德八年(1513年)弃城投奔吐鲁番汗国，"拜牙郎弃哈密，走降土鲁番"[③]，"速坛满速儿诱速坛拜牙即，匿之他所，复夺城印，使头目火只他只丁守其国"[④]。速坛满速儿藏匿于其弟把巴义(歹)营中。但吐鲁番占据哈密不久，"正德九年(1514年)十一月丙子，瓦剌达子侵哈密，土鲁番速坛满速儿王等败之，斩首八级"[⑤]。之后经过明廷斡旋，"遣官谕赐番酋，令归速坛拜牙即"[⑥]。"复还哈密，拜牙郎仍守之。"[⑦]第二年，史料有载："正德十年(1515年)二月甲辰，哈密忠顺王速坛拜牙即差使臣伴送撒马儿罕等番王头目速坛把卜儿等所遣火者哈新等朝贡驮马方物。"[⑧]之后，《明实录》中再没关于拜牙即的记载。

在拜牙即时代与明廷的朝贡贸易中，有一件载入《明实录》条的文献值得一提。正德六年(1511年)四月戊子，"哈密忠顺王速檀拜牙即遣使臣阿都火者等入贡，私货茶于民家。事觉，诏以其故违国禁，法宜减赏，但业已给之，以后勿遣入贡"[⑨]。哈密作为西域番国，很多生产物

---

①《大明武宗正德实录》卷48，正德四年(1509年)三月丙辰，载田卫疆编《〈明实录〉新疆资料辑录》，第230页。

②《大明武宗正德实录》卷48，正德四年(1509年)三月丙辰，载田卫疆编《〈明实录〉新疆资料辑录》，第230页。

③钟方：《哈密志》卷3《舆地志一·沿革》，第20页。

④《大明武宗正德实录》卷112，正德九年(1514年)五月己丑，载田卫疆编《〈明实录〉新疆资料辑录》，第234页。

⑤《大明武宗正德实录》卷118，正德九年(1514年)十一月丙子，载田卫疆编《〈明实录〉新疆资料辑录》，第234页。

⑥《大明世宗嘉靖实录》卷8，正德十六年(1521年)十一月丙子，载田卫疆编《〈明实录〉新疆资料辑录》，第243页。

⑦钟方：《哈密志》卷3《舆地志一·沿革》，第20页。

⑧《大明武宗正德实录》卷121，正德十年(1515年)二月甲辰，载田卫疆编《〈明实录〉新疆资料辑录》，第235页。

⑨《明武宗实录》卷74，第190页。

资缺少，需向明廷交易。其“需于中国者曰茶，曰大黄，曰麝香。此三物……西番诸国非麝无以医毒蛇，非大黄则人马大便不通，非茶则郁闷不解”①。因此，这一时期的入贡使臣竟然开始夹带茶叶返，足以说明，经过多年与吐鲁番之间的混战，哈密当地基本生活物资供应已出现严重短缺。明代中后期后，明政府逐渐放弃哈密也在此过程中可见一斑。

拜牙即“今被吐鲁番抢去，再无可立为王者。如立一别类，则众心以为非贵族，断不附之”②。因此，在此之后，哈密地区被吐鲁番汗国占领，此后长期脱离中国中央政府统治。吐鲁番汗国灭亡后，哈密又隶属于叶尔羌汗国，直到清康熙三十七年(1698 年)，清政府派官员到哈密，按照蒙古王公之旧例编制旗队，哈密地区被划为蒙古镶红回旗，并委任官佐加以管理，哈密得以重回中国。

十五、奄克孛剌

奄克孛剌(生卒年不详)，把塔木儿之子，畏兀儿人，“罕慎弟也，与陕巴不相能”③。以都督同知身份，辅助第七任忠顺王陕巴以立国，实际是哈密这一阶段的统治者。

弘治五年(1492 年)二月，陕巴被封为忠顺王之时，明孝宗命他以都督同知的身份，与阿木郎一起辅佐忠顺王陕巴。“诏哈密故忠顺王脱脱近属侄孙陕巴袭封忠顺王，给赐金印、冠服并护门兵器等物。仍赏哈密都督同知奄克孛剌及升都指挥使阿木郎为都督佥事。谕令拥带陕巴以立国。”④弘治六年(1493 年)，吐鲁番汗国首领速檀阿黑麻袭击占领哈密卫，陕巴被俘虏，他代主哈密之事，“与回回都督写亦虎仙，哈剌灰都督拜迭力迷失等分领三种番人以辅之”⑤。陕巴被俘后，哈密被牙兰所占，哈密民众不得已前往苦峪城。明廷认为哈密作为明太宗文皇帝

①桂萼：《进哈密事宜疏》，载陈高华编《明代哈密吐鲁番资料汇编》，第 409 页。

②桂萼：《进哈密事宜疏》，载陈高华编《明代哈密吐鲁番资料汇编》，第 410 页。

③张廷玉等：《明史》卷 329《西域一·哈密卫》，第 8520 页。

④《大明孝宗弘治实录》卷 60，弘治五年(1492 年)二月丙寅，载田卫疆编《〈明实录〉新疆资料辑录》，第 198 页。

⑤张廷玉等：《明史》卷 329《西域一·哈密卫》，第 8519 页。

所立，不能轻言放弃。因此，明廷建议："令都督奄克孛剌，如往年罕慎故事，掌管哈密卫事，与都督等官写亦虎仙等分管三种夷人，暂居苦峪，养威蓄锐，渐图兴复。"①陕巴被俘，哈密民众寄居苦峪期间，实际掌管哈密事务的是奄克孛剌和写亦虎仙两人。

弘治十年(1497年)陕巴回国。由于陕巴被俘期间奄克孛剌掌管事务，因此回国后的陕巴对此心升不满，明廷为了稳定政局，弘治十一年(1498年)，明廷接受总制边务太子太保督察院左都御史王越等的建议："仍宜封陕巴为忠顺王……至于哈密都督奄克孛剌等，宜令与陕巴和亲。"②"令陕巴娶罕慎女，与之结好。"③弘治十七年(1504年)阿孛剌等人勾结吐鲁番阿黑麻的儿子真帖木儿密谋入主哈密。陕巴惧，复挈家出居苦峪。明廷方面派甘肃守臣与奄克孛剌、写亦虎仙一同平定叛乱，"国人遂不敢有他志"④。第二年，奄克孛剌也开始派使臣朝贡明廷，与"哈剌灰头目指挥拜迭力迷失等，各遣人来贡"⑤。在明代哈密的政治舞台上，此时的奄克孛剌作为地方实际统治者开始了与明廷的对话。

"弘治十八年(1505年)十月丙辰，哈密忠顺王陕巴卒，立其子速坛拜牙郎为忠顺王……命都督奄克孛剌仍掌哈密卫印信。"⑥由于子拜牙郎"淫虐不亲政事"⑦，奄克孛剌执掌哈密卫印信，协力辅佐。但拜牙即一直惧吐鲁番，正德八年(1513年)拜牙即弃城投奔吐鲁番。奄克孛剌

---

①《大明孝宗弘治实录》卷94，弘治七年(1494年)十一月庚戌，载田卫疆编《〈明实录〉新疆资料辑录》，第212页。

②《大明孝宗弘治实录》卷141，弘治十一年(1498年)九月甲午，载田卫疆编《〈明实录〉新疆资料辑录》，第219—220页。

③张廷玉等:《明史》卷329《西域一·哈密卫》，第8520页。

④《大明孝宗弘治实录》卷219，弘治十七年(1504年)十二月丙子，载田卫疆编《〈明实录〉新疆资料辑录》，第224页。

⑤《大明孝宗弘治实录》卷223，弘治十八年(1505年)四月戊辰，载田卫疆编《〈明实录〉新疆资料辑录》，第224页。

⑥《大明武宗正德实录》卷6，弘治十八年(1505年)十月丙辰，载田卫疆编《〈明实录〉新疆资料辑录》，第225页。

⑦谷应泰编《明史纪事本末(六)》卷40《兴复哈密》，第21页。

不从，投奔肃州（今甘肃省酒泉市），“留奄克孛剌暂寓肃州”①。正德十年（1515 年）由于奄克孛剌杀死奸夷，保守国土之功，拜牙即为奄克孛剌乞请升职为左都督，“兵部覆请得旨，奄克孛剌既能坚守臣节，为国藩篱，准升左都督”②。正德十二年（1517 年）至正德十三年（1518 年）间，吐鲁番速坛满速儿复据哈密，寇肃州。其间，火者他只丁也想诱夺哈密。而哈密政权内部的写亦虎仙及其党羽暗地勾结外族。明廷先后派出甘肃巡抚、兵备副使、兵部尚书等全力事哈密。升任左都督的奄克孛剌在哈密内忧外患之时应该是尽全力的，《明实录》中未提及，但该事件之后，尚书王琼上奏明廷请求“议奄克孛剌应否袭爵”③，这也说明奄克孛剌在此危机事件中出力不少。此后《明实录》中有关哈密的相关文献中不再出现奄克孛剌的相关事件。

十六、写亦虎仙

写亦虎仙（？—1521 年），回回人，明代哈密回回都督，为原哈密卫都督佥事赛亦撒隆之侄。明哈密卫驽温答失里执政后的一位影响哈密政治的重要人物。与都督奄克孛剌一起辅佐第七任忠顺王陕巴主理哈密政事。

元末明初哈密地区的民族成分主要有回回、畏兀儿和哈拉灰。其中回回族人由于“与以吐鲁番为都城的东察合台汗国人宗教信仰相同，倾向于东察合台汗国”④。明宪宗之前的哈密，一直是三族首领任都督，辅助忠顺王或忠义王守护地方安宁的一种格局。但“明宪宗成化九

---

①《大明武宗正德实录》卷 107，正德八年（1513 年）十二月乙未，载田卫疆编《〈明实录〉新疆资料辑录》，第 233 页。

②《大明武宗正德实录》卷 131，正德十年（1515 年）十一月乙未，载田卫疆编《〈明实录〉新疆资料辑录》，第 236 页。

③《大明武宗正德实录》卷 164，正德十三年（1518 年）七月己亥，载田卫疆编《〈明实录〉新疆资料辑录》，第 239 页。

④钱伯泉：《明代哈密回回首领写亦虎仙的叛乱》，《西域研究》2008 年第 1 期，第 37 页。

年(1473年),始被移居吐鲁番的东察合台汗阿力袭破和攻占"[①]。此后,东察合台汗国先后多次与明朝争夺哈密。回回首领写亦虎仙在此后的哈密政治舞台上开始凸显,他在此后哈密与明廷以及吐鲁番之间一系列的变乱中起了极其恶劣的作用。

15世纪中叶,东察合台汗阿力势力日益强大,迁居吐鲁番,并不断扩张。明宪宗成化九年(1473年),阿力出兵哈密,攻占城池,掳走王母弩温答失里,并派妹婿牙兰镇守哈密。当时甘肃都督同知李文派遣密探知——"速檀阿力所部精兵不过三百,马步兵不满二千"[②],之所以能迅速侵占哈密,是因为"阴通哈密叛臣"[③]。而"这个'哈密叛臣',即指哈密的回回首领写亦虎仙,是他率领其家族和属下'为虎作伥',或为阿力出谋划策,或与阿力里应外合"[④]。因此,阿力占领哈密后,以写亦虎仙为首的回回族人得以安居故乡哈密,写亦虎仙本人也成为东察合台汗阿力的座上宾。

成化二十三年(1487年),东察合台的阿黑麻野心勃发,虎视哈密。阿黑麻设计杀害当时的忠顺王罕慎,占领哈密,并遣使明朝,要求册立他为哈密王。他之所以敢诱杀罕慎,是因为有"哈密的回回作其内应",而要求明廷立他为哈密王,"借口也是哈密回回拥护于他"。[⑤] 该事件之前,是写亦虎仙率众勾引阿黑麻诱杀罕慎,事件之后,他又以明朝使者身份与阿黑麻交涉,为他以后进入明朝宫廷创造了条件。随后,阿黑麻与明廷之间就哈密问题多次发生摩擦,在写亦虎仙建议下阿黑麻献"哈密大小八城、哈密王的金印及哈密居民五百余人"[⑥]。明廷大喜,遂

---

①钱伯泉:《明代哈密回回首领写亦虎仙的叛乱》,《西域研究》2008年第1期,第38页。

②钱伯泉:《明代哈密回回首领写亦虎仙的叛乱》,《西域研究》2008年第1期,第39页。

③《明宪宗实录》卷152,第119页。

④钱伯泉:《明代哈密回回首领写亦虎仙的叛乱》,《西域研究》2008年第1期,第39页。

⑤钱伯泉:《明代哈密回回首领写亦虎仙的叛乱》,《西域研究》2008年第1期,第40页。

⑥钱伯泉:《明代哈密回回首领写亦虎仙的叛乱》,《西域研究》2008年第1期,第40页。

任命陕巴为王，并分别以哈密三族头目奄克孛剌、阿木郎、写亦虎仙为都督，重建了哈密卫。写亦虎仙到处吹嘘自己的功劳，明朝开始对他刮目相看。

由于陕巴惧怕吐鲁番，“甘肃守臣，以哈密头目都督奄克孛剌及写亦虎仙为夷人所信服，令自肃州回左右陕巴……与奄克孛剌、写亦虎仙谋召阿孛剌等六人者至，立斩之，国人遂不敢有他志。甘肃守臣以闻，请敕陕巴还居哈密。谕奄克孛剌及写亦虎仙同心辅之”①。弘治五年（1492 年），受命往谕吐鲁番归还哈密金印、城池，以功，升都督佥事，分领回回之众。奉命至京朝贡。次年（1493 年），由于阿黑麻对明廷给予的赏赐不满，吐鲁番夜袭哈密，忠顺王陕巴被俘，与都督同知奄克孛剌分领寄住苦峪（今甘肃敦煌东北）之哈密部众。写亦虎仙被明廷“诏以部长……为都督，辖三种部落”②。这一年当时写亦虎仙被正式任命掌管哈密政权的开始。弘治十七年（1504 年），与奄克孛剌等从肃州还哈密辅佐陕巴。

弘治十八年（1505 年），陕巴卒，子拜牙即立，写亦虎仙以朝贡为名，往来甘肃间。正德六年[1511 年，一说七年（1512 年）]，奉命将吐鲁番速檀满速儿之弟真帖木儿从甘州送还吐鲁番，遂与满速儿相结，计诱拜牙即弃城归之。复引满速儿属下火者他只丁据哈密。正德十二年（1517 年），与满速儿有隙，险被杀，求火者他只丁解劝，始复好。继唆满速儿复居哈密，犯肃州、沙州。以内应罪，被械至京师，下狱。十四年（1519 年），减免死刑，由钱宁引荐，“与其婿得侍帝左右。帝悦之，赐国姓，授锦衣卫指挥，扈驾南征”③。十六年（1521 年），世宗即位，“杨廷和以写亦虎仙捻中国情实，归必为边患，于遗诏中数其罪，并其子婿伏诛”④。“是年秋末，写亦虎仙瘐毙于狱中。其子米儿马黑麻、女婿火者马黑木、侄婿米儿马黑麻皆于嘉靖二年（1523 年）五月斩首于市。作恶

①《大明孝宗弘治实录》卷 219，弘治十七年（1504 年）十二月丙子，载田卫疆编《〈明实录〉新疆资料辑录》，第 224 页。

② 钟方：《哈密志》卷 3《舆地志一 · 沿革》，第 19 页。

③ 张廷玉等：《明史》卷 329《西域一 · 哈密卫》，第 8523 页。

④ 张廷玉等：《明史》卷 329《西域一 · 哈密卫》，第 8523 页。

多端的写亦虎仙及其子婿终于得到了应有的惩处。”①

结　语

由元代四大汗国之一的察合台汗国的后裔兀纳失里在元朝灭亡后割据自立,建立了哈密国。由于在明廷与西域诸番国之间的特殊地理位置,明代哈密成为隶属于明廷、控制西域诸番国的明廷的七大卫所之一。明代哈密的历代统治者不仅接受明廷册封,而且在官员任命上也听从于明廷安排。明哈密第一任统治者兀纳失里归顺明廷后,明廷仍任命为肃王。之后明廷尊重哈密上层贵族的意志,在哈密回回、畏兀儿和哈剌灰三大黄金家族势力的拥戴下,基本按照皇族世袭血统的原则,选定哈密统治者的继承人。第一位被明廷任命为哈密忠顺王的是兀纳失里的弟弟安克帖木儿。第一位忠义王是第二任忠顺王脱脱的堂弟免力帖木儿。之后明廷为统治需要,哈密政治舞台上还一度出现了二王并治的时代。卜答失里执政期间,明廷因其年幼,安排脱欢帖木儿和脱脱塔木儿父子以忠义王身份与之并行国事。即使如此,之后依然出现统治地位无世袭血统继承的情况。从而导致自努温答失里之后的把塔木儿、罕慎、陕巴、拜牙即等作为明哈密统治者身份的血统不再纯正。明代哈密先后共有十四位统治者执掌哈密政权。不论他们身份如何,但执政期间都尽力在明廷与西域诸番国之间为哈密谋取最大利益,为哈密发展谋求更大空间。同时奄克孛剌和写亦虎仙作为后期明朝哈密政治舞台上的重要人物,对哈密政权的影响也是不容小觑的。但对明廷而言,哈密也是西域诸番国之一。在西域番国势力此消彼长之中,吐鲁番日渐强大,明中后期的哈密逐渐成为明廷与吐鲁番交战中争夺的焦点,在明廷与吐鲁番的博弈中,先后出现对哈密三立三绝情况,并最终导致明廷弃哈密于不顾的境地。(见表 4-1)

①钱伯泉:《明代哈密回回首领写亦虎仙的叛乱》,《西域研究》2008 年第 1 期,第 44 页。

表 4-1 哈密统治者世系表

王名	生卒年代	封号	与前王关系	在位年代	大事
兀纳失里	? —1393 年	元初为威武王,后封为肃王		1380(?)—1391 年	洪武二十四年(1391 年),遣使请于延安、绥德、平凉、宁夏以马互市
安克帖木儿	? —1405 年	肃王、忠顺王	弟	1392—1405 年	明成祖许其以马市易,即遣使来朝。永乐二年(1404 年),封为忠顺王
脱脱	? —1410 年	忠顺王	侄	1405—1411 年	永乐四年(1406 年),明立哈密卫
免力帖木儿	? —1425 年	忠义王	脱脱从父之子	1411—1425 年	第一任忠义王
卜答失里	? —1439 年	忠顺王	侄	1426—1439 年	
脱欢帖木儿	? —1437 年	忠义王	免力帖木儿弟	1427—1437 年	与卜答失里并行国事
脱脱塔木儿	? —1439 年	忠义王	子	1437—1439 年	与卜答失里并行国事
倒瓦答失里(又名哈力)	? —1457 年	忠顺王,又称锁鲁檀	子	1439—1457 年	头目不相统属,王莫能节制。众心离涣,国势渐衰
卜列革	? —1460 年	忠顺王	弟	1457—1463 年	卜列革死后,近族中无适当继承人,由王母弩温答失里主政
弩温答失里			母	1457—1473 年	率部避居苦峪,被掳居

续表

王名	生卒年代	封号	与前王关系	在位年代	大事
把塔木儿	?—1472 年	右都督	脱欢帖木儿)外孙也,一说为卜列革女儿之子	1460—1472 年	成化三年(1467 年),把塔木儿为右都督,摄行国王事
罕慎	?—1488 年	忠顺王	曾外孙	1472—1488 年	维吾尔族人,以收复哈密有功,封为忠顺王。不久即为吐鲁番速檀阿黑麻诱杀
				1489—1491 年	王位空虚时期
陕巴	?—1505 年	忠顺王	脱脱从孙	1492—1505 年	弘治六年(1493 年),为吐鲁番俘去。弘治十年(1497 年),送回哈密
拜牙即	约生活于 15—16 世纪	忠顺王,又称锁鲁檀	子	1505—1513 年	正德八年(1513 年),拜牙即入吐鲁番,之后不知所终,哈密之世系,此后不明
奄克孛剌		都督同知		1492—1518 年	辅佐忠顺王陕巴、拜牙即
写亦虎仙	?—1521 年	回回都督		1493—1521 年	与奄克孛剌共同辅佐陕巴

第五章　明代哈密卫的民俗文化

明代哈密地区作为明朝与西域地区的重要交流沟通口岸，其地理位置的特殊性，使这一地区在战略意义上非常重要。而且，明代哈密地区的文化风俗也极具特色，在具有明显的民族特色的同时，还融合了当时明朝的传统文化与外来文化。

第一节　明代哈密卫民俗文化形成的缘由

明代哈密地区特殊的民俗文化形成，原因复杂。主要原因有以下几个方面：

第一，明代哈密地区的民族构成较为复杂。明代哈密的居民成分，史料记载颇为简略。《平番始末》载："哈密之人凡三种，曰回回，曰畏兀儿，曰哈剌灰，皆务耕织，不尚战斗。"①又一言："时，又有小列秃者，北虏瓦剌部落，旧驻哈密迤北把思阔之地，因与哈密结亲，妻罕慎以妹。"②这一段说明，当时明代哈密地区的原生民族主要是回回、畏兀儿、哈剌灰。另外，《明史》载："又其地种落杂居。一曰回回，一曰畏兀

①许进：《平番始末》，第 2 页。

②薄音湖编辑、点校《明代蒙古汉籍史料汇编(第七辑)》，第 313 页。

儿，一曰哈剌灰，其头目不相统属，王莫能节制。”①《裔乘·西北夷·哈密》载：(忠顺王)所统有回回、(畏)兀儿、哈剌灰三种，各以其酋为都督。

第二，明代哈密地区地域位置特殊，它是明朝与西域的交界口岸，也是明朝最西边的边界地带，不仅时常要与外界的政权组织进行交涉，还要与明朝内的的官方组织进行交流，因此使得其具有时代的特殊性。在有明一朝，明政府对于哈密地区的统治，就有“三失三复”的说法，就是外界势力与明政府势力之间关于哈密地区的角逐。据《兴复哈密记》载：弘治四年(1491 年)，“予以为哈密国回回、畏兀儿、哈剌灰三种番夷同居一城，种类不贵，彼此颉颃。北山一带又有小列秃，野乜克力数种强虏，时至哈密需索，稍不果愿，辄肆侵陵，至为难守”②。成化二十年(1484 年)正月，“甘肃总兵官署都督同知王玺等奏：‘哈密部落野乜克力因避土鲁番之害，徙居甘肃境外，屡掠镇番等境，踪迹诡秘，不可不防。今欲令都督罕慎招谕之，不悛则进兵剿灭。’”③。弘治七年(1494 年)八月，“大通事锦衣卫带俸指挥佥事王英奏，‘……闻罕东左卫居哈密之南，相去止三日；野乜乞里居哈密之东北，相去止二日，是皆唇齿之地’”④。

从以上资料可知，明代哈密地区主要有回回、畏吾儿、哈剌灰三种，此外还有小列秃、野乜克力等亦出入其中。回回人是元代以来迁居于哈密地区的伊斯兰教徒，大多是阿拉伯和波斯人，也是哈密最早信仰伊斯兰教的部族。其民族成分较为清晰，在学界争议也较少。畏兀儿则是当地的土著居民，是古回鹘人的后裔。在史料记载中又被称作“辉合儿”“委吾儿”。而在学界具有较大争议、讨论较多的是哈剌灰人。关于哈剌灰人民族的来源与构成，马寿千认为，“哈剌灰原是蒙古人，是地位较为低下的蒙古族部卒”，“哈剌灰就是指明代吐鲁番、哈密乃至甘肃河西等地正在‘回回化’过程中的蒙古人”。⑤ 而曾文芳认为，哈剌灰人是

①张廷玉等：《明史》卷 329《西域一·哈密卫》，第 8513 页。

②《兴复哈密记》，载陈高华编《明代哈密吐鲁番资料汇编》，第 141 页。

③《明宪宗实录》卷 248，第 128 页。

④《明孝宗实录》卷 91，第 152—153 页。

⑤马寿千：《明代哈密地方的哈剌灰人》，《新疆社会科学》1983 年第 2 期，第 116—117 页。

“鞑靼部的一支迁居于此(哈密地区)而形成的一个新的部族集团,后来又吸收了众多瓦剌部落,遂发展壮大”①。对于这一问题还有待于深入探讨。

第三,明代哈密地区伊斯兰教的传播与本地民族信仰间的冲突与融合。明初哈密地区,民族的信仰并不以伊斯兰教信仰为主,但是因为哈密地区与信仰伊斯兰教的吐鲁番地区接壤,因此受到伊斯兰教的传播影响较深,在传播过程中由于本地的传统信仰、汉族文化、回鹘文化等相互交融影响,因此导致形成了独特的以伊斯兰教信仰为主,多种信仰并存的宗教状况。

在明代哈密地区,不仅仅有来自本土的回鹘文化和汉文化,还有外来的阿拉伯文化、波斯文化,这些文化相互交融,对哈密地区的语言、服饰、建筑、艺术方面都有深远的影响。以语言为例,明代哈密地区的维吾尔语中保留了很多已经消失的古突厥语,据吐尔逊·尼亚孜的统计和辨认,哈密地区维吾尔语中保留的古代突厥语多于700多条,其中有些词的语音和语义基本相同。除此之外,由于在哈密地区汉族作为常住居民,对当地的语言文化产生了极大的影响,因此还有很多汉语借词的出现。例如哈密维吾尔语中的汉语借词有斤、瓜子、大豆、茶叶、样子、凉面、黄瓜、白菜、火柴、加工、道理、仓库、扁担、麻绳、小袄、亲王、汗衫,哈密汉语中借用的维吾尔语词汇有孜然、皮牙孜、坎土曼、馕、巴郎、呼噜、巴扎、洋冈子、吾斯达、阿达西、扎拉、白克尔、阿訇等等。由于宗教传播、商业交往的因素影响,在哈密地区的语言中有部分阿拉伯语、波斯语借词,虽然相较于汉语来说较少,但仍然是哈密地区语言系统中不可或缺的一部分。

明代哈密地区的传统文化的形成与社会发展和历史的演变息息相关,与哈密地区的地域风貌、民族构成、宗教信仰等密切相关,具有独特的风格,在地区历史学、民族学、宗教学等方面的研究上有重要的科研价值。

① 曾文芳:《明代哈剌灰人的来源、组成和名称诸问题》,《西域研究》2002年第2期,第32页。

第二节　明代哈密卫的饮食特色

明代哈密地区各个民族之间，其饮食特色皆不相同。回回族饮食有自己独特的民族特色。回族和信仰伊斯兰教的民族一样，饮食要清真。明代哈密地区的回回族人在肉食方面只食牛、羊、驼、鸡、鸭、鱼肉，对于其他家畜类肉食是不食用的。而在主食方面，则以蒸馍、馒头、花卷、包子、饺子、馄饨、揪片等面食为主，也在日常中食用大米，但是并不以大米为主食。回回族日常饮用以茶品为主，但与明朝内地的饮茶习惯并不相同，回回族在饮茶时习惯以盖碗盅沏茶并加方块糖。在一般家庭中，茶料以茯砖茶为主，辅以糖、红枣、沙枣、葡萄干、杏仁、核桃仁、蜂蜜、果干、杏干等。而其本族的风味小吃，种类则更为丰富。回族人的风味小吃在面食类有拌面、烩面、炒面、凉粉、面皮子、粉汤、清汤牛肉面、酥馍、麻花、凉皮子、油塔子、黄面等，风味独特，极具民族风格。而肉食类，如卤牛肉、羊蹄、腊羊骨头、麻辣鸡、羊羔肉等都是哈密回族的风味小吃，制作工艺精良，历史悠久，富有独特的回回族风格。

除此之外，回回族还有特有的节日食品，除各种各样的干果外，油炸类食物也颇受本地人民的喜爱，例如油炸馓子、油果、油饼、香酥条、木梳旦旦等都很有代表性。在糕点方面，回回族的糕点有大八件和小八件之分。大、小八件也称什锦点心。所谓大八件、小八件，是指点心的馅是由八种原料配合的，点心块大一点的叫大八件，小八件重量一般为 50 克或 75 克左右。

哈密维吾尔族[①]的食物特色也别具风格。哈密地区的维吾尔族在日常生活中的主食主要包含馕、油塔子、抓饭、拉面、汤面、包子、沙木萨、皮特尔曼塔、焖饼子。而在日常肉食方面与回回族相同，都以清真食材为主，特色食物有手抓肉、烤羊肉串、清炖羊肉、羊杂碎、灌面肺子等。

---

①维吾尔族就是前文所提到的畏兀儿族，为了方便阅读，下文中都以维吾尔族称呼。

除了以上提到的日常饮食外，哈密维吾尔族人在节令或喜庆时还要吃几种独特的饭食：一是奴鲁孜节饭，这种饭食与汉族的八宝粥类似，是一种汤饭，其具体材料是以牛羊骨头熬制成汤底，以麦粒、黄豆、青稞、大豆、花生、玉米粒、豌豆等为主材料，将其在一起炖煮而成的汤饭，味道鲜美，饱含异域风情。二是在婴儿诞生后，举行摇床仪式时，请客人吃的"塔拉干"也就是炒面团，这种食物的做法是以麦子为主食材，将其磨成面粉后，加入核桃仁、葡萄干、花生、方块糖等辅料，掺入适量的开水，揉搓成的饭团，其特点是口感香甜，回味悠长。三是当地民众在春天播种时期吃的"乃孜馕"，这种食物也是以麦粒为主材料，其做法是把麦粒洗净后泡湿，让麦粒发芽并长到半厘米长左右后晒干，研磨成粉后放进锅里进行熬制，将熬制好的汤汁浇在薄馕饼上，这种囊较平时食用的囊更为香甜，口感更佳。四是曲曲儿，维吾尔语称"曲普曲勒"，简称"曲曲儿"，类似汉族的馄饨，曲曲儿的做法是，以肥羊肉作为主食材，将其切为小丁，再加入洋葱末、盐、胡椒粉、孜然粉进行调味，后放入少许水搅拌成馅儿，之后用面粉和面，再擀成薄片，切成方形，将肉馅包在面片里。之后将其放入骨汤中进行煮制，这种曲曲儿不仅保留了羊肉的鲜嫩，还将骨汤的纯美融入其中，皮薄馅儿嫩，别具特色。

第三节　明代哈密卫的服饰特色

明代哈密地区地理位置的特殊性及不同民族间的文化、宗教交流，使得明代哈密地区各民族的服饰兼具多元性和融合性的特点，它们吸收并融合了汉、满、佛教和伊斯兰文化，形成了独特的民族服饰特色。明代哈密地区的民族服饰主要分为以下几个种类：

帽子：由于受到伊斯兰教的影响，明代哈密地区的人们认为白色是祥和、纯洁的象征，因此明代哈密地区的男性喜戴白色圆帽。这种帽子分为两种，一种是圆顶的帽子，一种是六棱形的。除了帽子制式不同外，在帽顶和帽围所绣的花饰也不同，以图案花卉为主，也掺杂一些几何图案，造型独特且别致，极具民族特色。而明代哈密地区的女性则喜欢戴盖头,其材质有布、麻、绸、绢等。明代哈密地区的女性喜欢将盖头缠在头上,然后在右侧挽一个小结,把头巾的穗头垂下来。已婚妇女们则多用头巾包住头顶后,缠一圈,不留穗头。但是不同年龄段的女性所戴盖头颜色也有不同,年纪较大的妇女所选择的盖头多为黑色;青年妇女的盖头多为绿色,这种选择不仅使得不同年龄段的女性更具魅力,也颇有一番风情。

首饰:明代哈密地区人们所选择的首饰大致可分为头饰、项饰、胸饰、腰饰、手饰等五大类。头饰主要有头带、头圈、辫钳、辫套、头钗、头簪、耳环、耳坠等,是首饰中最绚丽的部分。如“顾古冠”是元代流行并延续下来的一种高冠,其高度约为一尺,顶部为四边形,上面包裹着五颜六色的绸缎,缀有各种宝石、琥珀、串珠、玉片及孔雀羽毛、野鸡尾毛等装饰物,制作精美,绚丽多姿。妇女们平时一般多罩头巾。头巾大约丈余长,颜色多种多样。在庄重的场合还要戴上绣有丹凤朝阳、二龙戏珠等花纹图案的帽子。帽顶上有红色穗子和闪光明亮的帽顶宝石。这种头饰汉译为“头带”,主要由“连垂”和“发套”两部分组成。不仅制作工艺精湛,而且多用数百颗珊瑚、数十条银链、珍珠串和许多银环、银片以及玛瑙、玉石等穿缀而成。装扮起来可谓珠帘垂面、琳琅满目。一副头带一般都重达三四斤,有的可达十余斤。据说一副高档的头带,过去往往要用几群好马或数百峰好驼才能换取。而其余的如项饰、胸饰、腰饰、手饰等首饰则多以贵重金属为材料进行打造,制作风格上不仅融合了当时的民族特色,也受到了当时汉文化、阿拉伯文化的影响,具有明显的地域特色。

长袍:在明代哈密地区,男女老幼一年四季都喜欢穿长袍,春秋穿夹袍,夏季穿单袍,冬季穿皮袍、棉袍。在长袍的款式上,男袍一般都比较肥大,以方便男性日常时候的劳作,女袍则比较紧身,可以更好地显示出女性的身材,衬托其美丽。长袍的材质选择多样,大多以绸缎和皮质物品为主,多用红缎及浅紫色缎料制成,有对襟和大襟之分。一般在长袍的袖口、前襟、大襟、下摆和底襟处装饰着三至四道花边,中间有凤凰、蝴蝶、牡丹、菊花等图案,前开襟胸前绣有云头如意图案。其式样和颜色因地因人而略有差异。一般长袍的特点是宽大袖长、高领、右衽,多数地区下端不开衩,边沿、领口多以绸缎花边“盘肠”“云卷”图案或虎、豹、水獭、貂鼠等皮毛装饰。

腰带:腰带的材质一般采用棉布、绸缎,其长度为三到四米之间。腰带的颜色主要是为了与长袍的颜色进行搭配。腰带除了搭配作用外,其主要作用是为了在马上骑乘时进行稳定垂直,主要是因为明代哈密地区的日常生活中多以马匹作为主要的交通工具。而在腰带上的装饰主要是花纹为主,部分富贵人家或权贵阶级也会在腰带上附以宝石或贵重金属纹饰作为搭配。

靴子:明代哈密地区的民众爱穿靴子,靴子根据材质分为布靴、皮靴和毡靴三种。其中布靴采用厚粗布或帆布制成,缝制精细,穿起来轻便、柔软,脚感舒适。皮靴采用的材料多为牛皮,这种皮靴结实耐用,防水耐磨,方便日常劳作,是明代哈密地区劳动人民的首选。毡靴则是以牛羊毛为主要原材料,经过压制后制作,相较于前两种靴子,其抗寒保暖性更为突出。除了用料的不同,靴子的样式根据靴尖的形式大体分为三种,即上卷、半卷和不卷平底,这主要是为了方便在不同的地形活动。明代哈密地区的靴子做工精细,在靴帮、靴靿上多绣制或剪贴有精美的花纹图案。

坎肩:坎肩是长袍的一种外套。坎肩始于元代。妇女穿坎肩,一般不扎腰带。坎肩无领无袖,前面无衽,后身较长,正胸横列两排纽扣或缀以带子,四周镶边,对襟上绣花色。

明代哈密地区的民族服饰,很多方面都可以看出当时不同文化对它的影响。以明代哈密地区长袍的颜色来说,其服饰所选颜色多为红色和紫色,这与其本土的原始宗教信仰——萨满教有着密切关系,哈密地区的原住居民多崇拜火神,因此认为红色和紫色是好运与吉祥的象征。明代中原政权对哈密地区的管辖,使得他们受到汉文化影响,认为这些颜色象征喜气、祝福。而前文中所提到的当地民众喜欢戴白色的帽子,则又是受到了伊斯兰教文化的影响。在衣服的花纹配饰上,也受到了佛教文化的影响,在佛教文化中象征着美好意愿的莲花、牡丹和菊花等图式也出现在哈密维吾尔人服饰中,比如佛手和佛教谐音,象征吉祥幸福,因此在哈密维吾尔人的服饰、刺绣花纹、地毯装饰上比比皆是。而伊斯兰教文化中的忍冬纹、联珠纹、羊头纹、长寿树等具有浓郁伊斯兰风味的图案也在服饰花纹中经常出现。

明清时期，哈密地区的民族服饰图案纹样有着明显的变化，即在回鹘服饰图案的纹样中，吸收了汉民族的一些喜庆的观念。主要表现在吉祥如意这个图案纹样上，如真如意蝴蝶花纹锦袍、真红牡丹纹锦袍、真红梅花纹锦袍、真红龙纹性锦袍、金绣金龙海浪蓝袍、金绣金龙海浪绿袍、回形纹绣花坎肩等。这些服饰保留了回鹘式圆领、套头，窄绣长袍、领襟开至胸，胸前绣满花纹的样式，但受汉族及其他民族文化影响，在纹饰边缘上织绣吉祥如意纹，象征万事如意、幸福美满。织绣图案也多采用莲花、菊花、梅花、牡丹、芍药、佛手等，甚至出现一些小动物。

敦煌 409 窟有一幅《回鹘王行图》的壁画，其中的回鹘王就穿着一身盘领窄袖龙纹锦袍。哈密地区的民族服饰吸收佛教文化、汉族文化、伊斯兰教文化，采用了龙凤呈祥、五福望莲、吉祥如意、梅兰竹菊、孔雀开屏、水浮莲花、龙跃大海、八仙过海等花样图案。另外，在哈密维吾尔族服饰中，还出现了汉文字图案，如福、寿、吉、祥等篆字图案。在哈密五堡出土的毛布长袍无领，窄袖口，底边袖口镶毛带，腰系宽带，袖子分两截，袖口较小。这与在新疆洛甫山浦拉汉墓出土的套头袍和罗布淖尔地区发现的唐代袍服相类似。①

总之，明代哈密地区的传统服饰吸收佛教文化、伊斯兰教文化、汉文化精华，款式多样，图案丰富，不仅具有本地的民族特色，还融合了其他文化的特色。

第四节　明代哈密卫的建筑特色

哈密地区的民众一般都是围绕清真寺形成一个独立的聚居区，清真寺是哈密地区人民生活和宗教活动的中心。回族清真寺互不隶属，不管清真寺规模多大，坊民有多少，每一个清真寺都是一个独立的宗教活动单位，即一个独立的回民活动中心。

①陈泠霏：《新疆哈密维吾尔族传统文化特色研究》，《石河子大学学报（哲学社会科学版）》2008 年第 5 期，第 24 页。

伊斯兰教对哈密地区的建筑风格有着明显的影响。例如清真寺、经学院等建筑，大多按照阿拉伯或中亚建筑式样，其正门建制高大，多为尖拱或圆拱式，主体建筑底部呈现为方体，顶部为穹窿式。两侧各建一座五六层高的圆形尖塔，与大门相连，气势恢宏。大殿多为平顶结构，分内外两殿，殿前有棚檐。大殿内部以木柱作为支撑，外殿则成敞廊式，方便民众在此做礼拜。明代哈密地区的清真寺，对门楼的装饰都非常注重，在门楼的周围多用油彩填涂阿拉伯经文，或用砖砌成尖拱壁龛状图案，风格大气华丽。在寺内的建筑上，有木雕、砖花、石膏浮雕、彩绘等艺术手法装饰的图案。而在装饰纹样上则多种多样，主要有谢德纹、伊斯力玛纹、巴旦木纹、石榴纹、花蕾纹、花朵纹、小花纹、叶纹等。

而明代哈密地区的民居建筑则更具有地域特色。首先，明代哈密地区的民居多采用土石结构，由于哈密地区地处内地，气候干燥，所处地区全年降雨较少，因此，多采用土坯建房。其次，明代哈密地区的民居在建筑构造上受到汉文化的影响，在屋顶的构造上采取了木构架的方式，而整体房型也与内地汉族的建筑风格类似，以正方形的四合院形式为主。一般的民居都采用前后两院式结构，即前庭与后院，前庭一般较为宽敞，在院内一般都设有长廊与座椅，方便客人进行休息，后院则是进行生产活动的场所。同时，受伊斯兰教文化的影响，明代哈密地区的民居一般追求较为简单整洁的风格，在内部装饰上，一般起居以土炕为主要休息家具，在屋顶上一般开设天窗，墙壁以各种带有伊斯兰教风格的花纹、图绘作为装饰。同时需要注意的是，由于哈密地区降水较少，因此为了方便饮水，在哈密地区的民居中一般都挖有水井，极具地方特色。

“皆与汉同，而门多北向。富室高构重楼，砌土为榻，穴墙为炉，圆上而方下，其高三尺，突出屋顶……燃之则一室温和。墙中皆穿洞为阁庋藏食物……屋顶开天窗，洞达阳气……四壁饰以人物花卉……富家巨室屋旁多筑园林，沟以渠水，为销夏燕游之处……市居者，门左右筑土为台，旅陈仁货，谓之‘巴扎尔’。”①

与哈密地区的民居风格不同，哈密的贵族阶级居所的建筑风格更

---

①袁大化:《新疆图志》卷48《礼俗》。

偏向于汉族的建筑风格，以哈密回王府和回王陵墓为例，其采用了大量古代汉族的建筑风格。

据史料记载，回王府"王府在城东隅，附墙筑台，高出城上。头二门内，正宅三层，皆在平地。宅之右，即拾级登台，台上屋舍回环，悬窗下瞰，其内院也。宅左，步长廊更进一门，则园林在焉。亭台数座，果树丛杂，名花异草，列盆成行，俨然内地风景"①。哈密王府的庭院园林结构已修筑的与中原地区的府第区别不大。据《哈密回王史料》载："回城正面是门楼，飞檐起脊，木刻雕花——从台下至台上的八级台阶之上是前堂(大堂楼)，为敞厅形式——过前堂是四十级三列台阶，台阶上有顶盖，中间一列较宽为石级，是(供)回王专用，两边两列稍窄为木级，(供)王府官员上下之用。台阶至顶有'克浪古达浪'(类似暗室建筑)——穿过'克浪古达浪'出现一道画着'旭日东升'和'猛虎跃岗'的迎壁，其后是王爷台和礼拜寺建筑。"②王府的正面门楼"飞檐起脊"，这是汉族古典建筑式样。过前堂后的"四十级三列台阶"，这与北京皇宫以及中原地区宫府建筑前的台阶构成一致，特别是中间一道台阶仅供维王一人使用，这很可能是从清朝皇帝那里学来的。"迎壁墙"是中原地区庭院建筑的一个组成部分，"旭日东升"和"猛虎跃岗"是汉族人喜闻乐见的传统绘画题材，特别是作为生命之物——猛虎的出现与伊斯兰教文化是不相容的。因此，这道迎壁墙及其上面的绘画实际是融合了汉族的文化艺术。王府里的"万寿宫"是专门供奉历代清朝皇帝彩色塑像的地方，它是一座"小型的中国古典庙宇建筑形式的独立房屋"③。沙木胡索特王花费白银2500两在北京玄武门内修建哈密馆，采用的是"砖木结构，飞檐起脊的汉民族古典建筑形式"④。回王陵的"外围套筑一座飞檐起脊的木亭"⑤。王室的其他人的坟墓，俱系木料建筑，样式极多，大半为中国式。它以伊斯兰教式的穹窿顶墓葬结构为基础，同时吸收了中式八角攒尖顶及蒙古式盔顶的木质结构建筑形式，多种风格融为

---

①萧雄：《西疆杂述诗》卷2《哈密》。

②哈密公安处编《哈密回王史料》，1962，第63页。

③哈密公安处编《哈密回王史料》，第39页。

④哈密公安处编《哈密回王史料》，第38页。

⑤哈密公安处编《哈密回王史料》，第137页。

一体，在新疆伊斯兰教墓葬建筑中颇具特色。

第五节　明代哈密卫的民俗节日

一、哈密卫的节日

明代哈密地区受到伊斯兰教文化的影响，因此在当地的传统节日习俗上，有着很明显的伊斯兰教文化特征，其主要传统节日有"大尔吉"（又称开斋节，即肉孜节）和"小尔吉"（又称宰牲节，即古尔邦节）。哈密回族节日习俗：回族每年要过开斋节、古尔邦节、圣纪节3个大节。除3个大节外，哈密回族穆斯林还过法图麦节、登霄节、阿舒拉节3个小节以及盖德尔夜、白拉台夜两个纪念日。

开斋节是哈密回族对阿拉伯语尔德·菲图尔的习惯称呼，也称肉孜节。开斋节一般为期三天。第一天从拂晓开始，家家户户都早早起来，打扫室内室外、院内院外、巷道厕所，给人以清洁、舒适、愉快的感觉。成年回族穆斯林都要洗大净，沐浴净身。男女老少都换上自己喜爱的衣服，孩子也都把脸洗得干干净净，头发梳得光光亮亮的。穆斯林群众聚会的场所清真寺，节日前也要修葺一新，打扫得干干净净。有的地方还专门悬挂"庆祝开斋节"的巨幅横标和彩灯，大约到早晨八点以后（有的地方以敲响会礼钟声为准），穆斯林群众携带小毯子或小拜毡，从四面八方汇集到清真寺。有的地方因参加会礼的穆斯林过多（有达万人之多），清真寺容纳不下，就另择一处地势平坦、宽敞干净的场地作为会场。当阿訇宣布会礼开始，群众铺下毯子或小拜毡，脱下鞋子，面向圣地麦加古寺克尔白天房方向叩拜，完成天命拜功。

古尔邦节，又称宰牲节、尔德节。古尔邦节与开斋节（肉孜节）、圣纪节并列为伊斯兰三大宗教节日。古尔邦节是穆斯林的盛大节日。"古尔邦"在阿拉伯语中称作尔德·古尔邦，或称为尔德·阿祖哈。"尔德"是节日的意思，"古尔邦"和"阿祖哈"都含有"牺牲""献身"的意思，所以一般把这个节日叫“牺牲节”或“宰牲节”，也译作“库尔班”。古尔邦节的主要内容有：(1)举行会礼，穆斯林们聚集在大清真寺或公共场所，举行盛大的仪式和庆祝活动。(2)宰牲，一般的穆斯林都在节日之前准备好到时要宰杀的牲口，牲口要求必须健康，分骆驼、牛、羊三种，根据家庭的经济情况来决定。宰杀后的肉要分成三份，分别留作自用、赠送亲友以及施舍给穷人。

圣纪节是纪念伊斯兰教创始人穆罕默德的诞辰和归真的纪念日。相传，穆罕默德生于伊斯兰教历前51年3月12日(571年4月21日)，逝于伊斯兰教历11年3月12日(632年6月8日)。因为穆罕默德的诞生和归真巧合在伊斯兰教历的3月12日，回族合称“圣纪”，同时纪念穆罕默德的诞辰和归真，而国外一些伊斯兰教徒都把这一天定为圣诞节，为穆罕默德的诞生而庆贺。

法图麦节的时间在斋月开始后的第14天，即伊斯兰教历9月14日，为纪念穆罕默德的女儿，伊斯兰教的四大哈里发之一阿里的妻子，名叫法图麦，故为法图麦节。

阿舒拉节在伊斯兰教历1月10日举行。阿舒拉，希伯来文，意为第10天。其节日起源是为了纪念默罕默德的外孙侯赛因遇难的日子，是一个自愿的斋戒日。在阿舒拉节，回族人民以豆子作为材料熬制成粥，称为阿舒拉饭。

登霄节，其中登霄也称为“米尔拉吉”，是阿拉伯语的意译，原意为阶梯。其节日起源于真主召见穆罕默德人天界的故事。在这一天，信仰伊斯兰教的民众会在当天晚上聚集于清真寺内进行礼拜、祈祷，还要听开学阿訇讲“瓦尔兹”，阿訇还要着重宣讲穆罕默德登霄的意义、情景等。

白拉台夜，白拉台一词起源于阿拉伯语，意为裁定、清白、豁免等。在伊斯兰教历中8月15日夜晚，为白拉台夜。人们习惯在这一晚上对自己一年中的行为进行总结，以祈求宽恕与原谅。

盖德尔夜，盖德尔一词也起源于阿拉伯语，其含义为定夺。伊斯兰教历9月27日夜晚，即为盖德尔夜。在伊斯兰教文化中，将这一天视为真主赐予《古兰经》的一天，因此人们习惯在这一夜到清真寺内念诵经文进行守夜。

白节，蒙古语称查干萨日，意为新年、春节。过白节是从古代沿袭下来的习俗。古代蒙古人以白色为纯洁、吉祥之色，故称春节为白节。白节在正月初一，腊月三十晚上，全家即穿上节日盛装，欢聚一堂，拜贺新年，彻夜不眠。通常全家老少先烧香拜佛，然后晚辈向长辈献哈达或磕头、敬酒、礼拜。初一清晨，家族亲友开始互相拜年，到正月十五或月底才结束。

祭火，是蒙古族最古老的祭祀活动之一。也就是祭火神、祭灶神。普通农牧民的祭火一般都在农历腊月二十三，贵族和台吉则在腊月二十四。有个别的地方秋季祭火，在婚礼上还要祭火。

祭敖包，敖包是蒙古语，意为堆子或鼓包。祭敖包是蒙古民族盛大的祭祀活动之一。敖包通常设在高山或丘陵上，用石头堆成的一座圆锥形的实心塔，顶端插着一根长杆，杆头上系着牲畜毛角和经文布条，四方放着烧柏香的垫石；在敖包旁边还插满树枝，供有整羊、马奶酒、黄油和奶酪等。祭祀时，在古代，由萨满教巫师击鼓念咒，膜拜祈祷；在近代，由喇嘛焚香点火，颂词念经。牧民们都围绕着敖包，从左向右转三圈，求神降福。

祭尚西(神树的意思)。通常是在一棵孤独的神树下，用五颜六色的花布条把树枝装饰得特别艳丽，一位扮装的尚西老人盘膝坐在神树下，男女老少汇聚在周围拜祭尚西，并推选几名主祭人手捧哈达、美酒、奶食品，向尚西老人敬献。仪式结束，便进行蒙古族人民喜闻乐见的传统文体活动。

二、哈密卫的民俗禁忌

饮食禁忌：明代哈密地区的饮食禁忌是变化发展的，在明朝初期，由于伊斯兰教文化并未在哈密地区占据统治地位，因此在当时，在饮食上禁忌较少。后源自伊斯兰教的禁忌逐渐演变成生活习俗，比如：禁食猪、狗、驴等牲畜肉食，也禁止食用未经宰杀就死亡的动物肉，禁止食用动物的血。在日常生活中，也严禁浪费食物，禁忌践踏粮食等。

礼仪禁忌：在哈密地区，在日常生活的礼仪上也有很多禁忌，比如：饭前饭后要洗手，洗完手后不能乱甩手上的水珠，必须用毛巾擦干。不能坐在装有食物的箱子、麻袋和装有盐的袋子和做饭用具上。吃饭或与人交谈时，最忌讳吐痰、擤鼻涕、挖鼻孔、掏耳朵、剪指甲、挠痒等，否则会被人认为是失礼的行为；在屋内炕上坐下时，不能双腿伸直、脚底朝人。接受或奉送礼物、茶饭碗时要用双手，单手接受或递送物品被视为缺乏礼貌，家里有客人时不能扫地。做客时，应听从主人的招待，如实在不想吃东西，也要尝一口，以示尊敬，不能完全拒绝。主人给客人倒茶时，客人应双手捧起碗，不能为了表示客气接过茶壶自己倒。

其他禁忌：不能在清真寺或麻扎喧哗或谈论与此无关的内容；不能朝着太阳、月亮大小便，往水里撒尿；不能朝天空吐唾沫，清晨未洗脸前不能看太阳等；不能踩拔庄稼和小草，尤其是不能往庄稼和草上大小便；路经麻扎时，不能骑马、骡、驴；不许牲畜在墓地内乱跑；不允许任何人无故进入墓地；不许从墓地上大量取土，以防坟墓倒塌；墓地附近禁止修猪圈、厕所；禁止在墓地、清真寺以及小渠边大小便、吐痰、擤鼻涕、带污秽物经过和逗留。

第六节　明代哈密卫的婚嫁丧葬

明代哈密地区的居民较多信奉伊斯兰教，因此在婚姻生活中一般限制其女性与非伊斯兰教男性及不信仰伊斯兰教的民族通婚，但在明代哈密的男性却可娶非伊斯兰教女性为妻。因此，明代哈密地区男性娶非伊斯兰教女性为妻的较多，而女性嫁给非伊斯兰教男性的一般较少，如果要与非伊斯兰教的人成婚，一般要求非伊斯兰教一方履行“入教”手续，接受伊斯兰教的约束，尊重伊斯兰教信仰民族的风俗习惯。明代哈密地区一般实行一夫一妻制。但在明代哈密地区的宗教上层人士、地主、富商等阶层中，一夫多妻的现象并不鲜见。伊斯兰教义规定一个男子最多可娶四个妻子。在多妻家庭中，无妻妾之分和大小之别，多妻家庭的丈夫，一般在一个妻子处住三天，在这三天中丈夫吃穿均由所住的妻子负责。回族婚嫁也讲究门当户对。明代哈密地区的回族婚姻一般都是由父母包办，没有父母的由兄长包办。姨表、姑表近亲结婚较为普遍。回族民间有的在订婚前也征求本人意见，但不起决定作用，一般姑娘羞于启齿，只得听天由命。

“婚娶多因旧亲为，亲倩媒说合，受聘金盒酒为礼，纳采纳币不过猪只酒米布。匹婚期远近。亲戚聚集贺喜。有闹房俗规，有力之家会客内外族党姑娘姐妹而已。酒筵从俗，无过为丰靡者，丧葬棺椁衣衾。称家有无以厚薄方死则报讣于亲戚，咸来吊哭及殓以香帛酒肉上供。有力者，凡内外亲党皆散白戴孝，无力则否。既殓，有葬期即葬之，无期或一月半载，卜吉日延礼宾会戚友。具灵刍铭旌等物，先期客奠，及期家奠。宴毕齐挽绋送坟山埋之。家贫无力止略具礼祭，不敢过求。丰美至若谓僧道诵经，偶亦有之知礼者不为也。器尚陶瓦棹几床榻，皆质而不华极富亦未铺张摆设者。”①

回族反对离婚，认为离婚是一种罪恶。在哈密回族中，如果一方连说三次离婚，这个婚姻就被认为是死亡的婚姻，另一方必须同意离婚，连复婚的机会也没有了。

哈密维吾尔族与新疆其他地方相比，提亲方式比较独特，就是在提亲时除了要携带两三块衣料、一块茶和几包糖作为聘礼外，在哈密必须要带上五个馕，这种提亲方式叫作“白西馕塔西拉西”(给出五个馕，表示试探)。维吾尔族的婚礼仪式，一般要举行四天，而哈密的维吾尔族青年结婚仪式分三天举行。与其他地方不同之处在于：第一天男方客人返回时，双方青年要互相争抢一个车轮，若新郎一方获胜，男方可将车轮悬挂在村头，数日后女方才可取回。在新疆其他地方，男方家在新娘来到家门时，要在屋门口点燃一堆“神火”，以祛鬼避邪，由客人钩一点火，在新娘头上绕三圈。然后新娘绕火堆一圈，进入新房的这个习俗在哈密没有。第二天清早，娘家要给新人送来水饺，其他地方送的是抓饭和薄皮包子。男方要将女方家宰的羊肚内装进大米、面粉煮熟，在新郎、新娘头上绕几圈，以示婚后要相亲相爱。其他地方没有这一习俗。伊吾维吾尔族青年男女结婚时与新疆其他地方举行揭盖头仪式上有所不同：“尼卡”形式举行以后，便开始进行揭盖头仪式。在揭开新娘面纱之后，对男方也有习俗，那就是新郎举行剃头仪式，这一点，在新疆其他

① 钟方：《哈密志》卷17《舆地志十五・风俗》，民国二十六年(1937年)铅印本。

地方没有。新郎的朋友,在鼓乐伴奏下,边唱、边跳、边抓住新郎做剃头仪式(不是真剃,只做剃头动作)。第三天:新娘回娘家与新疆其他地方的习俗基本一样,但在婚礼的第九天,女方要宴请男方父母和新郎,以促进新婚夫妇相互了解,家庭和睦,这一点也是哈密婚俗的独特之处,其他地方要在一个礼拜内双方亲家互相宴请。在哈密市沁城乡的小堡、芨芨台等地有举行集体婚礼的习俗,主要原因是居住分散,亲友来往不便,操办喜事的器乐演奏人员和演唱者匮乏,这在其他地方也少见。在哈密二堡乡、五堡乡,还有"压门"的习俗。即在结婚前一天,由男方家的若干人等带上礼品到女方家,女方家的大门紧闭。来客在女方家门口唱歌、跳舞,直到允许进门,称为"压门礼",这在其他地方也没有。

而在丧葬方面,主要分为以下三种方式:

天葬是牧区盛行的一种葬式,又称野葬或弃葬。人死后,脱掉死者的旧服装,换上新衣或用白布缠裹全身,将尸体放在勒勒车上,赶车急行,尸体掉在哪里,哪里就是吉祥的葬地。天葬后,死者的子孙一般49天内不剃发,不饮酒娱乐,路遇行人不寒暄,以示哀悼。

火葬是喇嘛教传入哈密地区后出现的一种葬式,为王公贵族、大喇嘛、官吏等人死后所采用。普通人死后多数不实行火葬,只有患传染病患者或产妇死后才进行火葬。火葬次日由死者家属拣拾骨灰,有的把骨灰撒于山川、江河,有的装入坛罐中埋葬,以示永远悼念。

土葬是信仰伊斯兰教的民众普遍实行的一种葬式。哈密地区土葬方式,与汉族大同小异。人死后(或临终前),家人给死者更换新衣,将尸体放在木板上,用哈达罩其面,等待入殓。入殓时尸体不能见太阳,一般在黄昏时刻将尸体从窗户抬出去入棺。停放在院内一般三至七天内出殡,东部地区蒙古族一般都当天出殡。出殡时死者的长子扛棺材大头,其余子孙抬小头,有的拉在灵车上,有的一直抬到墓地。到达坟地后,用吊绳把棺材放入墓穴。埋葬时,死者的子孙和近亲围绕墓穴正反各转三圈,并用手抓土向墓穴撒去,然后大家一起铲土埋棺。老年人去世,一般全村的小伙子都来哀悼和参加葬礼。

"回人身故后,以水洗净。不论男女,皆拔去阴腋之毛,用布条将左右手大拇指栓与一处,两足大拇指栓与一处。于颊以花帕兜住周身,以白布缠裹，置于木床上。用红花将死者之脸涂抹，以花布单罩住抬赴礼拜寺内，阿浑念诵指路，经毕，女人守宅，男人扶床，送至茔园其坑之内。其旁又挖一小穴，用砖石砌门。将亡人掷下穴内，视其面向下者谓有罪之人，必在后山寒水下受罪或往火山受焚，必当禳之。如死者若四十岁，则除之十二。相之十二年，下余廿八年，即请廿八位阿浑念经禳送。若面向上者，谓之有福之人，必往好人家投胎，则作宴贺之。若旁向，则谓之命未尽，乃作恶祸，甚至有折损，其死者灵魂必作为漂流之鬼。而禳贺等论俱无将尸入于穴内，阿浑将指路好言写一木牌上，至亡人面前，以土块立坟。丧家大小男人头缠白布，女子面遮白罗，谓之戴孝。过三日念经除服。至七日，四十日俱上坟供饭添土念经。夫死其妻将衣服反穿三日，过一年许改嫁。妻死其夫过三个月即复娶。”①

第七节　明代哈密卫的音乐特色

明代哈密地区的民间音乐主要起源于伊州乐和回鹘音乐，伊州乐是起源于伊州地区的一种小调音乐，经过中原地区的发展后，随着当时内地汉族的居民，又流传至哈密地区，具有很强烈的汉族音乐性特征，但是流传至哈密地区后，哈密地区是东西方文化及不同民族交融之地，又使得其融入了明显的西域特色。就其音乐格式而言，采用的韵律是以传统的中国古典音乐格式为主，即五声音阶调式（宫、商、角、徵、羽），章法规整。音乐旋律充满活力，层次分明。而在其歌词内容及表达方法上，则有明显的民族特色，歌词多以当地的民族语言为主，夹杂部分汉族词汇，内容则多种多样，形式简单朴素，短小精悍，易于传唱，具有鲜明的民族特征和地方色彩。

---

①钟方：《哈密志》卷17《舆地志十五·风俗》，第76页。

一、木卡姆

木卡姆一词起源于阿拉伯语、波斯语,是外来词汇,主要含义是规范、聚会,后来在文化交流中被哈密地区的民族借用,成为当地音乐形式的一种称呼。木卡姆主要流传于民间,是伊斯兰教人民喜爱的音乐形式,木卡姆因地区不同又分为喀什木卡姆、刀郎木卡姆、吐鲁番木卡姆、哈密木卡姆、伊犁木卡姆。而哈密木卡姆又根据其章节名称分为十九套,但是由于其民族习俗,多称为十二套,因此合称为哈密十二木卡姆。(见表 5-1)

表 5-1　哈密十二木卡姆原名与现名比较

原名		现名	
1	玉勒东阿来木卡姆(第一分章)	1	琼都尔木卡姆(第一分章)
	玉勒东阿来木卡姆(第二分章)		琼都尔木卡姆(第二分章)
2	哈伊哈伊约兰木卡姆	2	乌鲁克都尔木卡姆
3	亚勒乌孜托云木卡姆(第一分章)	3	穆斯台赫扎特木卡姆(第一分章)
	亚勒乌孜托云木卡姆(第二分章)		穆斯台赫扎特木卡姆(第二分章)
4	恰尔尕木卡姆(第一分章)	4	恰尔尕木卡姆(第一分章)
	恰尔尕木卡姆(第二分章)		恰尔尕木卡姆(第二分章)
5	胡甫提木卡姆(第一分章)	5	胡甫提木卡姆(第一分章)
	胡甫提木卡姆(第二分章)		胡甫提木卡姆(第二分章)
6	加尼凯姆木卡姆(第一分章)	6	切比亚特木卡姆(第一分章)
	加尼凯姆木卡姆(第二分章)		切比亚特木卡姆(第二分章)
7	达尔孟达尕木卡姆(第一分章)	7	穆夏威莱克木卡姆(第一分章)
	达尔孟达尕木卡姆(第二分章)		穆夏威莱克木卡姆(第二分章)
8	代尔迪里瓦木卡姆(第一分章)	8	乌孜哈勒木卡姆(第一分章)
	代尔迪里瓦木卡姆(第二分章)		乌孜哈勒木卡姆(第二分章)
9	克其克达尔迪牙芒木卡姆	9	都尕木卡姆

续表

原名		现名	
10	多浪穆夏威莱克木卡姆	10	多浪穆夏威莱克木卡姆
11	琼达尔迪牙芒木卡姆	11	伊拉克木卡姆
12	萨伊朗布鲁布鲁木卡姆	12	拉克木卡姆

哈密木卡姆与维吾尔木卡姆(主要指喀什木卡姆),不论在音乐结构上、唱腔上,还是在歌词等方面,均有较大的区别。哈密木卡姆在曲调上,民间音乐成分较多,而喀什木卡姆虽然吸收了当地的民间音乐,但改编、创作的成分较多。哈密木卡姆唱词中保存了大量的哈密维吾尔族方言、土语、回鹘语、突厥语,和新疆其他木卡姆相比,阿拉伯语、波斯语用得很少,这和伊斯兰教传入哈密的时间很晚有直接联系。比如收录在哈密木卡姆的第九木卡姆中的民歌《星星峡之歌》:

星星峡是座戈壁荒滩;夹在两座大山的中间。
回头望着去哈密的大路,望呀望呀望穿了双眼。

星星峡的路多么难走,在路上失去了我的右手。
要想不走又心里嘀咕,只怕我的爹妈会有罪受。

沙木胡索特王爷多么残酷,让我走上了星星峡之路。
他给了我两条鞭子,让我赶着瘦弱的牛马。

星星峡的路途多么艰难,两匹瘦马饿死在路边。
石子路磨破了我的双脚,我的哭声高过蓝天。

赶着马车慢慢儿行走,来到苦水驿,已是晚上。
一碗苦水咽进肚里,好不容易熬到了天亮。

与其他木卡姆相比,哈密木卡姆具有以下特点:

(一) 结构特色

结构上由序曲(散板)、叙事性歌曲和歌舞三大部分组成,每首曲调都有唱词，就连每一分章出现的麦西来甫和赛乃姆等套曲也有歌词，中间没有间奏曲或器乐曲，这是哈密木卡姆的地方特色。

(二) 歌词特色

唱词都来源于哈密维吾尔族民间歌谣，民间音乐成分较多。喀什木卡姆则以改编创作的成分居多。因为哈密的特殊地理位置，这里受到了东西方的文化之间的冲击，尤其是汉文化与伊斯兰文化。这在语言方面表现突出，哈密木卡姆歌词中直接吸收汉语词汇，有的甚至整段的使用汉语唱词。与新疆其他地区的木卡姆相比，哈密木卡姆歌词中外来语言词汇量用得相对较少，其中保留着大量哈密本地的民族方言、古回鹘语和突厥语词汇。

(三) 曲调特色

哈密木卡姆是由古代伊州乐发展而来的，原来伊州乐的曲调主要突出了高昂、粗犷、豪放的音乐型，后来随着历史的变迁、朝代的更迭，当时中原内地政权派往伊州驻守、屯垦的汉族军队，因为远离家乡，想念故土，所以将其悲切、伤感的情绪融进了伊州乐曲。他们在演唱哈密木卡姆时，既有豪放、激昂的曲调，也有悲伤、凄凉的咏叹。在其他地方则以热烈欢快的曲调为主。哈密木卡姆每个乐章都有本地的方言、土语称谓，每首歌曲又都有各自的曲调和名称，乐章名称和曲调名称都与其内容相吻合，这是与其他地区木卡姆极不相同的，是哈密木卡姆的一大地方特色。

二、哈密麦西来甫

“麦西来甫”源自阿拉伯语，意为“聚会”“场所”，现在意为“大家聚在一起欢乐”。维吾尔族民间麦西来甫集歌唱、音乐、舞蹈、游戏于一体。具有浓郁地方特色的麦西来甫中最著名的有喀什的“轮流”麦西来甫、“季节游玩”麦西来甫，阿图什的“聚餐会”麦西来甫，哈密的“青苗”和“米丽斯”麦西来甫，吐鲁番的“大豆”麦西来甫，伊犁的“冬季初雪”麦西来甫，莎车的卡琼麦西来甫，叶城的棋盘麦西来甫，麦盖提的刀郎麦西来甫等。

（一）阔克（青苗）麦西来甫

哈密阔克（青苗）麦西来甫、米丽斯麦西来甫、卡尔麦西来甫、春天麦西来甫和巴拉瓦提交麦西来甫（桑葚麦西来甫）等具有明显的地方特色。阔克麦西来甫又称玛依萨麦西来甫，俗称为青苗麦西来甫。阔克意为青蓝色，玛依萨意为青苗，实则都是青苗的意思。每当冬季来临，在各个村落，家家户户为麦西来甫活动培育青苗。麦苗或蒜苗在谁家先长出来，谁家就要邀请邻居、亲戚和朋友到家举办麦西来甫。开始是由最先发起者将一些麦种分种在两只花瓷碗里（或葫芦里），待长出幼苗准备邀请亲朋参加阔克麦西来甫时，用一棍红绸条轻轻地束住青苗，用红纸剪一对公鸡、母鸡面对面地插在麦苗中间，用苞米花去掉苞米皮插在野刺上，围在麦苗周围，象征白雪皑皑。将麦苗盘放在一个大盘中间，周围摆上葡萄干、杏干等 9 个干果盘，整个盘子用薄绸头巾罩住。一切准备就绪后，便邀请本村及附近的亲朋好友参加阔克麦西来甫。麦西来甫的东道主一般来说要宰羊待客，也可以量力而为地为客人准备饭食。在哈密的天山、西山等地的偏僻山区的阔克麦西来甫上，有时还用葫芦盛酒供客人饮用，甚至长者也不例外。夜幕降临，男女青年、老人小孩，穿着新衣服，纷纷来到主人家，开始时，由民间艺人手持哈密艾介克奏起木卡姆序曲（散板序曲），由 2—3 人合唱散板序曲 1—2 段后，手鼓开始有节奏地打起来，笛子、哈密热瓦甫等乐器响起，参加者齐声高唱哈密木卡姆中的歌曲，此时主人起立手托盛有青苗及干果的托盘，边舞边唱。东道主来到选定的人面前，口念赞颂之词递交手中的青苗。这人要起身鞠躬还礼，用双手接受青苗。这种形式有两个意思：其一，表示这一年的青苗麦西来甫就此开始；其二，表示下次的麦西来甫由这家人举办，并且邀请此次来人全体参加之意。接盘者躬身行礼，大家高喊“巴力卡拉”表示谢谢，然后东道主和接盘者再次向大家抚胸施礼，邀请大家跳舞；圆圈里同时出现 4 位（或 2 位）舞者，各自手持手绢花点请被邀请的人，当被邀请者起身跳起来后，鼓声、乐声便格外响亮，助兴者不时高呼“卡依纳”（加油）。这时舞者越来越多，自由地形成了一组组、一对对，恋人们互表爱慕之情，挚友们畅叙往日友谊，积怨者重归于好，误解者重结友谊，欢声笑语、热烈欢腾的气氛一直延续至半夜，最后跳起诙谐风趣的“那孜尔库姆”舞蹈。哈密阔克麦西来甫就这样一户户传递举行下去，一直到春播前，最后一户东道主将青苗献给明年冬天的第一位东道主。阔克麦西来甫上的舞蹈动作具有独特的哈密地方风格，节奏缓慢，步伐稳重，脚步动作多见于踏步。最常见的步伐是走两步，起步脚踮两次脚，节奏加快时，走四步，起步脚第五步踮地，同时身体微微颤动。

（二）米丽斯麦西来甫

在婚礼、孩子出生、满月、割礼等喜庆活动迎接贵宾时，要举行麦西来甫，通称为米丽斯麦西来甫或献花麦西来甫。它的特别之处在于晚会开始时，由乐器开始，首先上场的舞者要手执鲜花或绢花。这位舞者可以邀请人群中任何一人上场，互相行鞠躬礼，侧身而舞，互相交换位置三次后，一人将手中花交给另一人而下场。后一个继续邀请一人，方法同前，如被邀人不答应而起步跳舞，另一人便随之而跳，舞时时间可长可短，停止后，复行礼三次，前者退下，后者继续邀请。歌舞进行过程中，人们可以表演播种、收割、放牧、狩猎、挤奶、绣花毡等各种生产活动，也可以表演敬茶舞、摇篮舞、顶碗舞、碟子舞、鸡舞、马舞、熊舞、鹰舞、山羊舞、天鹅舞等技巧较高或带竞技性的舞蹈。还可以表演插科打诨、挤眉弄眼、风趣幽默、滑稽逗乐的舞蹈动作。直到最后阶段，持花者不只请一人，而是在场人员都请，大家都起身，舞蹈进入高潮，鼓手改变打法，变成一手持鼓，另一手全手掌猛击鼓面中部，发出震耳的声音，摇“沙巴伊”的青年疾步向前，单腿跪地，以膝代步，绕着女伴环形，及至兴起，摇着“沙巴伊”前合后仰，不时用“沙巴伊”拍肩捣地，男女舞者越跳越快，歌者此时大声吼叫歌唱，全场情绪达到了狂欢的地步。

三、哈密赛乃姆舞

赛乃姆是十二木卡姆中的选段，也是在哈密地区较为流行的一种舞蹈方式。主要起源于西亚地区，伴随着当时的文化交流传播至哈密地区。哈密赛乃姆舞蹈，主要继承了本地的传统舞蹈，在舞蹈形式上并没有固定方式，风格较自由随性，以表达感情为主要目的和表演形式。它是节庆、婚礼的重要娱乐形式，基本上是一种即兴的自由活泼的群体舞蹈。

哈密赛乃姆主要分为两种：一种是大赛乃姆，主要流行于哈密地区的城市与山区，也称哈密赛乃姆；另一种是小赛乃姆，主要流行于头、二、三、四、五堡及小南湖地区，也称五堡赛乃姆。

哈密赛乃姆的表演一般以男女舞者合作为主。在表演形式上，哈密赛乃姆的主要特征是"垫脚为节，边跳边唱"，赛乃姆舞蹈的特点，首先表现在头、肩、手腕、腰、小腿部分的运作和巧妙的配合上。如头部有移颈、摇头；手腕动作有绕腕、翻腕、揉腕等；腰的部分有胸腰、侧腰、后腰；小腿部分的动作就更为丰富，如点、踢、踩、辗、转等。在表演时，哈密赛乃姆舞上肢动作幅度不大，主要是手腕的翻转。而脚下的舞步除了颠脚的主流步伐外，也讲究"机迅体轻"，在表演时一般是单脚前脚掌踏地，后脚跟擦踢向前抬起。有时第四拍向前擦踢，有时双脚交替，一拍一次向左右、旁侧斜擦踢翘脚，还有脚尖点地步接擦踢步，"如：男方手捏双袖舞蹈，向女伴发出邀请。女方则以袖掩面，羞涩躲避，低头敛眉，双掌过顶。男方单拳掩眉，甩袖摸鱼，发出喊声；姑娘们响指，单掌出腋，右手搭凉棚，左手抚臂。动作有单步、双步、一单一双步等。这些舞蹈动作具有唐代乐舞'大垂手、小垂手，或如惊鸿，或如飞燕'的特点"①。

明代哈密地区的赛乃姆舞，不仅保留了当地传统民族舞蹈的特色，还吸收了汉族、蒙古族等民族的一些舞蹈动作和表达形式，特别是吸收了汉族传统舞蹈节奏舒缓、动作幅度较小的特点，使得整个舞蹈风格显得轻盈沉稳、含蓄典雅。

---

①张龙群：《哈密札记》，新疆人民出版社，1998，第79页。

第八节　明代哈密卫的宗教信仰

作为多民族繁衍生息之地，哈密地区历来都是多宗教信仰并存的地方。明初哈密地区，民族的宗教信仰并不以伊斯兰教信仰为主，但是因为哈密地区与信仰伊斯兰教的吐鲁番地区接壤，因此受到伊斯兰教的传播影响较深，在传播过程中由于本地的传统信仰、汉族文化、回鹘文化等相互交融影响，因此导致形成了独特的以伊斯兰教信仰为主，多种信仰并存的宗教状况。

一、哈密卫的原始崇拜

图腾崇拜是人类最早的宗教形式之一，将某种动、植物或非生物当作族人的祖先加以崇拜、信仰。近年来，哈密地区陆续出土了许多具有图腾意味的图案、标志，说明图腾崇拜曾经在古代哈密各族盛极一时。据《山海经》中所载，周穆王在西域会见的西王母“虎齿豹尾”。这个西王母可能就是当时活动在昆仑山一带的以虎、豹为图腾的母系氏族部落的首领。另外，古代新疆还有许多部落、民族以狼、狮子、骆驼等动物，或以太阳、树木等为图腾。如突厥、黠戛斯（今柯尔克孜族）、回鹘（今维吾尔族）等都曾认为他们的祖先与狼有亲缘，故以狼为图腾。在维吾尔族关于其族源的神话传说中，第一位首领卜古可汗就是由树所生，故以树为其图腾。直至现代，维吾尔族人依然对树有着某种崇拜，认为百年以上的大树皆有“神性”，不可在这样的树下便溺，否则会带来灾祸。

图腾崇拜发源于灵魂崇拜，即通俗所谓的万物皆有灵，人们崇拜的事物从日月山川、风雨雷电等自然事物与现象，到小麦、狼等动、植物。例如新疆古代先民对山神、水神的崇拜就较为突出，称“天”为“腾格里”，意为世界与人类的主宰，是最高的神。在维吾尔族英雄史诗《乌古斯可汗的传说》中就多处体现对天神“腾格里”的崇拜，如“在腾格里面前，我履行了自己的职责”“腾格里给你大地”“愿腾格里梦中启示”等。甚至乌古斯可汗的第一个妻子就是在他“祈祷腾格里”时，随蓝光从天而降的。自感天神护佑，匈奴的首领单于自称是“天所立匈奴大单于”，匈奴人亦自称是“天之骄子”。崇拜天神的居民会认为新疆壮丽巍峨的天山和阿尔泰山就是天神所居住的地方，所以天山、阿尔泰山都被视为“腾格里山”。因为意识到水之于生命的重要价值，古代维吾尔人亦对水很崇拜，认为水乃神圣之物，所以会有人们“银或鍮石为筒，贮水激以相射，或以水交泼为戏，谓之压阳气去病”的习俗。同时，江、河、湖、泉等也受到崇拜，至今新疆各地的许多泉，特别是一些温泉，仍然被人们视为“圣泉”。

另外，玄奘在《大唐西域记》中提到古代于阗人对于鼠的崇拜。传说鼠神曾助于阗击退了匈奴的入侵，于阗王由此而感念鼠神恩德，视其为民族英雄，为其建祠设祭，以佑福泽。自此以后，于阗上自君王，下至黎庶，咸修祀祭，欲求福佑，否则，就会遭遇灾变。人们携各种美味佳肴、鲜花、衣服等祭品，献于鼠神。甚至在行经鼠洞时，人们都要下马至洞前礼拜致敬。20 世纪初，在于阗的丹丹乌里克遗址出土了一块绘有“奇异的鼠头神像”的彩绘木板，这也是古代于阗崇拜鼠的有力证据。

由于万物有灵观念是一种人们初始的、原生的宗教思想意识，许多观念和习俗已经形成了根深蒂固的影响，成为一种积淀十分深厚的民族传统习俗文化，因此，不会随着新的宗教的流行而完全消失。这些观念和习俗也必然以各种方式融合到其他宗教里，形成这些少数民族宗教信仰地区化、民族化的特点。

二、哈密卫的佛教发展

佛教于公元前 6 至前 5 世纪产生于古代印度，由北印度迦毗罗卫国（在今尼泊尔境内）王子乔达摩·悉达多（释迦牟尼）所创。在其产生后的几个世纪里，只是在本土流传，被立为印度国教后才开始传入毗邻的国家和地区。直至大约公元前 1 世纪七八十年代，佛教开始传入我国新疆地区，首先经克什米尔传入新疆于阗（今和田地区），经中亚传入疏勒（今喀什地区）。此后佛教沿着丝绸之路南北两道传播到且末、若羌、莎车、叶城、库车、阿克苏、焉耆、吐鲁番、哈密等塔里木盆地周围各个绿洲。

由于新疆在佛教传入前后时期，各奴隶主割据政权之间攻伐兼并，频繁战争，导致经济凋敝，民不聊生。加之贵族集团的残酷压迫和经济剥削，广大穷苦人民无奈将精神寄托于信仰佛教。奴隶主贵族也支持佛教在统治地区的传播与发展，借此来消除百姓的不满和反抗情绪，所以佛教得以在新疆各地迅速传播。至公元四五世纪，佛教成为新疆的主要宗教，进入其发展的鼎盛阶段。塔里木盆地周围的于阗、龟兹、疏勒、高昌等佛教中心相继形成，佛寺、佛塔林立，僧侣成群。

佛教具体传入哈密的时间不详，据《大慈恩寺三藏法师传》卷 1 载，唐太宗贞观三年(629 年)，玄奘法师印度取经途中，经伊吾(今哈密)，见“止一寺，寺有汉僧三人”，法师更与其中一老者，乡人重见，相抱而泣。说明当时伊吾佛寺内即有汉僧。唐文宗开成五年(840 年)，回鹘诸部迁往天山北路，以高昌(今新疆吐鲁番)为中心建立高昌回鹘王国，其辖地包括今哈密地区。回鹘人初来时，仍继续信奉摩尼教，但很快就有人改信了佛教。公元 10 世纪后，高昌回鹘王室改信佛教，佛教从此便成了高昌回鹘王国居主导地位的宗教。其辖地伊吾(今哈密)地区人民也就信仰了佛教。唐朝在西域置安西都护府，这一时期，社会安定，生产发展，佛教兴盛。每逢五年大会、乞寒节等佛教节日，佛教僧侣除讲经布道外，还表演佛教话剧，伴以舞蹈音乐。1959 年，在哈密市西山乡板房沟发现的《弥勒会见记》残卷，就是用回鹘文书写而成的佛教剧本。他们以佛教话剧方式，宣扬佛教教义。今哈密市三堡白杨沟上游的佛洞、佛寺遗址，庙儿沟佛窟遗址，东庙儿沟石佛寺遗址等，都是这一时期的佛教建筑。13 世纪 70 年代，意大利著名旅行家马可波罗路过哈密时，曾见到哈密人皆崇拜佛像，说明当时佛教信仰很普遍。元代，在哈梅里(今哈密)畏兀儿族人中，涌现出必兰纳失里等不少佛经翻译家。元大德六年(1302 年)，必兰纳失里曾奉旨替元成宗铁穆在广寒殿受戒出家，受命翻译佛经。

明永乐十二年(1414 年)，陈诚出使西域，在《西域行程记　西域番国志》中记道：“初六日，晴。早起，向北行。过一平川，渡一大溪，名畏兀儿河，溪南有古寺，名阿里忽思脱因。”①“阿里忽思脱因”，即今哈密市沁城区的东庙儿沟。“溪南有古寺”，说明佛教在当地流传已久。此外，1983 年哈密地区文管所在天山板房沟收集到一尊铜佛像，高约 12 厘米，佛身中空，底座有盖，内装用桦树皮书写的一小轴藏文经卷，22 小张纸绘佛像。据考证，这都是藏传佛教——喇嘛教在哈密地区天山一带流行的实证。至今，在八里坤县还有藏传佛教的遗址多处。目前巴里坤县仍有少数藏传佛教教徒，并且定期还有一些宗教活动。这都说明佛教曾在哈密地区广泛流传过，而且影响相当广泛。

佛教是世界三大宗教中最早传入新疆的，也是在新疆信仰人数最多、文化遗存最丰富、社会影响最深远的宗教。历史上佛教对哈密地区的政治、经济、文化、艺术等都曾产生过广泛深刻的影响。哈密地区的佛教在造像、绘画、音乐、舞蹈、寺院和石窟建筑艺术等方面，都达到了很高的水平，为哈密地区留下了大量珍贵的文化遗产。

三、哈密卫道教的发展

道教形成于 2 世纪上半叶，是在中国古代鬼神崇拜的观念上，以道家学说和黄老思想为理论依据，承袭巫术、神仙方术的基础上衍化形成的中国的本土宗教，以“道”为最高信仰。作为中国本土最古老的宗教，道教在产生后，一直受到中原王朝统治者的重视，尤其是吸收了部分孔孟儒家思想后，更是将其作为一种维护思想统治的手段进行推广，因此在内地的民众间受众广泛。4 至 5 世纪，道教开始传入新疆。由于哈密地区是西域地区进出中原地区的咽喉，从汉代起就是新疆汉人的主要活动地区，也是中原文化传入最早、影响最大的地区之一，因此哈密地区是道教传入新疆最早的地区之一。南北朝时期，北凉廷和元年(432 年)，西凉为北凉所灭，西凉的唐和、唐契和李宝，招集汉族民众两千余家，逃来哈密避难。统治西域的柔然汗国，任命唐契为伊吾王。随着哈密地区汉族人口的增加，道教也逐渐盛行开来。

隋唐政府在伊吾设州，汉族人口进一步增加，加之统治者推崇道

① 陈诚:《西域行程记 西域番国志》，周连宽校注，第 35 页。

教，进一步推动了道教在新疆的发展。当时，在佛教盛行的哈密地区，道教的宫观同佛教的寺庙数量几近，在哈密伊吾、柔远和纳职等地都建有道观。这些道观，就是道教自中原传入伊吾后，由汉族屯田士卒及汉族百姓修建的。道教在新疆的传播过程中，吸收了许多佛教的内容，从而形成了新疆道教的特点。这种适应性的变化，正是道教能够在佛教占统治地位的情况下得以发展的重要原因。

明代，新疆道教随同内地官兵、商贾和百姓的到来而得以发展。进入新疆哈密等卫的军民以道教信仰者居多，由此道教在新疆取得了比佛教更大的发展。当时，大型的道教宫观虽然不多，但是带有我国多神崇拜传统的道教建筑，如万寿宫、龙王庙、城隍庙、关帝庙、娘娘庙等等，却遍布天山南北，数量之多仅次于伊斯兰教的清真寺。据《三州辑略》记载，乌鲁木齐及周围地区的万寿宫、关帝庙、城隍庙等道教建筑多达百余座。据《回疆通志》记载，在喀什噶尔、英吉沙、叶尔羌、乌什、阿克苏、库车、吐鲁番、哈密等地，都建有万寿宫、关帝庙。有些地方还同时建有其他的道教庙宇，如乌什除万寿宫、关帝庙外，还有山川社稷坛、马祖殿、火神殿各一座；哈密有文昌宫、火神庙、财神庙、无量庙、罗真庙、城隍庙等。

四、哈密卫伊斯兰教的发展

伊斯兰教，于7世纪初产生于阿拉伯半岛，由麦加古莱什部落人穆罕默德所创。中国旧称大食教、清真教、天方教、回回教等。基本教义由“六大信仰”、宗教义务“五功”和善行三部分构成。9世纪末至10世纪初，即唐末至五代初，伊斯兰教传入新疆。

喀什是伊斯兰教传入新疆最早的地区，大约于10世纪，伊斯兰教在传入喀什后继续向东传播，学界认为其传播过程大致经历了三个阶段。第一阶段是10至11世纪，喀喇汗王朝时期的初传阶段。9世纪中叶以后，萨曼王朝不断发动对相邻喀喇汗王朝的军事“圣战”，喀喇汗王朝由此被迫接受了由萨曼王朝武力传播的伊斯兰教。新疆历史上的第一座伊斯兰教清真寺——阿图什大清真寺的建立和萨图克·布格拉汗成为喀喇汗王朝第一位接受伊斯兰教的皇室成员，是伊斯兰教传入新疆的两个重要标志。通过政变，萨图克·布格拉汗成为新疆历史上第一位地方政权的穆斯林首领，并号召人民信仰伊斯兰教，其后的首领继续进行伊斯兰教的宣传运动，遭到于阗王国和高昌回鹘王国佛教及其他宗教信徒的强烈不满和反抗。962 年，喀喇汗王朝开始发动对于阗王国的军事“圣战”，至 1006 年，终于攻陷于阗城，于阗王国灭。伊斯兰教由此传播到且末至阿克苏一线，喀喇汗王朝开始形成与信仰佛教的高昌回鹘王国之间长期的对峙之势。新疆开始形成南疆地区以伊斯兰教为主，北疆地区以佛教为主的宗教格局变化。

第二阶段是 14 至 15 世纪，在成吉思汗七世孙秃黑鲁帖木儿为首的察合台汗王的推动下，以宣传和强制相结合的手段，伊斯兰教逐渐传播到塔里木盆地北缘、吐鲁番盆地和哈密一带，确立了伊斯兰教在维吾尔族中的全民信仰的地位。在这一过程中，额什丁和卓建立的“库车伊斯兰教社团”等传教组织，对库车、吐鲁番等佛教中心，进行强硬的伊斯兰教传播活动，无数佛教教徒遭到残酷屠杀，佛教建筑被摧毁，佛教文化也遗憾地遭到严重破坏。伊斯兰教在吐鲁番的传播完成之后，即开始向哈密传播。

第三阶段是 16 至 17 世纪，哈萨克、柯尔克孜族普遍接受了伊斯兰教，新疆地区佛教逐渐走向衰亡。继库车之后，新疆最后一个佛教中心吐鲁番被并入伊斯兰势力范围，新疆的佛教势力就只剩下哈密最后一块地盘。洪武三十二年(1399 年)，黑的儿火者汗发动对哈密的“圣战”，驻守哈密的明军进行了顽强的抵抗。战斗历时一个月，明军沉重打击了来犯的察合台汗国的伊斯兰军队，黑的儿火者汗以及额什丁和卓家族的阿布纳赛尔丁和卓均在这次战争中被明军打死，对哈密的这次“圣战”也以失败告终。在这次失败后，吐鲁番的伊斯兰统治者又发动了多次对哈密的“圣战”，与驻守哈密的明军反复争夺哈密。虽然最终伊斯兰教没能以武力攻占哈密，但是在接连不断的战争中，哈密佛教势力依然受到了沉重的打击和削弱。在明军退出哈密后，佛教势力更是急剧衰落。在哈密地区接受伊斯兰教的传播之前，伊斯兰教在新疆地区的传播已有四五个世纪之久。可以说，哈密地区是伊斯兰教在新疆传播的最后一站，哈密人民普遍信仰伊斯兰教标志着伊斯兰教基本完成在新疆的传播。到 16 世纪初，佛教势力已基本退出了哈密地区。

以哈密佛教势力的退出为标志，伊斯兰教在经过大约 6 个世纪的传播后，终于取代佛教成为新疆的主要宗教。

明永乐四年(1406 年)，通过设立哈密卫，明王朝加强对哈密地区的经营。明初，哈密地区居民以佛教为主要信仰宗教，明朝政府在哈密设“僧纲司”等官，管理哈密地区佛教事务。在哈密佛教势力遭到武力侵犯时，明廷及时出兵解难。如明正统年间，哈密卫西边的吐鲁番与漠北的瓦剌皆两次攻破哈密卫城，明廷先后遣都督同知李文、马文升等赴甘肃、西域经略，解哈密被掠之难。因吐鲁番与瓦剌的数次攻城，哈密卫所址曾一度迁至甘肃苦峪附近。随着明王朝政治的黑暗腐败，北部边疆局势发生变化，蒙古的强盛与举兵侵扰，使明朝疲于应对。吐鲁番实力渐强，意图侵占哈密，一部分朝臣主张放弃哈密，“闭关绝贡”。嘉靖八年(1529 年)，明朝撤哈密卫，哈密归吐鲁番所属，伊斯兰教势力也取代佛教最终占据主导地位。

历史上哈密地区虽然发生过佛教与伊斯兰教的战争，但在两千多年的历史长河中，这只是一个不和谐的小插曲。伊斯兰教成为新疆的主要宗教后，在同其他宗教并存的几个世纪里，没有再发生过冲突，一直是和谐并存的。多种宗教在新疆不仅能够和谐并存，而且能够相互吸收融合，从而形成了具有鲜明新疆地域和民族特色的佛教、伊斯兰教、祆教等。

结　语

明代哈密地区传统文化的形成与社会发展和历史的演变息息相关，与哈密地区的地域风貌、民族构成、宗教信仰等密切相关，具有独特的风格，在地区历史学、民族学、宗教学等方面的研究上有重要的科研价值。在明代哈密地区，不仅仅有来自本土的回鹘文化和汉文化，还有外来的阿拉伯文化、波斯文化，这些文化相互交融，对哈密地区的语言、服饰、建筑、艺术方面都有深远的影响。

第六章　明代哈密卫的民族关系

明代的哈密，作为明廷与西北各少数民族政权之间、古丝绸之路上的重要节点性城市，就因其特殊的地理位置和气候环境自古以来就生活着诸多民族。他们在历史变迁中，或因战争、经济、宗教等不同原因迁入或离开哈密，使得哈密的民族成分构成一直处于变化之中。同时也正因其政治经济等的消长，在历史发展中，哈密对外的民族关系也在不断发生着变化。

第一节　元代东迁畏兀儿人历史与变迁

内迁畏兀儿人研究，罗贤佑①、陈高华②、尚衍斌③、田卫疆④等学者以历史学视角对其文化、宗教、身份、宗族变迁等方面进行详尽研究；

---

①罗贤佑：《中国历代民族史·元代民族史》，社会科学文献出版社，2007，第162—166页。

②陈高华：《元代内迁畏兀儿人与佛教》，《中国史研究》2011年第1期。

③尚衍斌：《元代畏兀儿研究》，民族出版社，1999。

④田卫疆：《蒙古时代维吾尔人的社会生活》，新疆美术摄影出版社，1995，第46—56页。

而杨圣敏、王汉生[①]以及周泓[②]、任崇岳[③]、黄丽[④]等学者则从社会学、民族学角度对内迁畏兀儿人进行新的阐释。内迁畏兀儿研究，学界多注重于元时内迁及汉化问题，相对于他观之下畏兀儿人以及元明之际畏兀儿人族群变化、心态及文化取向的衍变，关注尚未充分；入明之后，缘于"回回"族群、文化研究成为此一历史阶段重心，在明政府政策取向对畏兀儿人族群、文化、政治等方面衍变的关注存在明显不足。

文章于此提出内迁畏兀儿人变迁研究此一命题，并从其民族、宗教、文化诸方面的涵化与演变进行分析，揭示民族学研究中历史学阶段的共创与一体之间的关系，彰显历史上各民族对中华文化认同这一主旨。

一、内迁畏兀儿人及其宗教信仰

内迁畏兀儿分布，史籍所载颇为清晰：

世祖至元十七年（1280 年），畏兀户居河西界者，令其屯田。至元二十二年（1285 年）十月，元朝遣雪雪的斤领畏兀儿户 1000 戍合剌章，以后这支队伍长期驻扎云南。成宗大德五年（1301 年），朝廷拨南阳府屯田地给新籍畏兀而户，俾耕以自赡，仍给粮三月。仁宗延祐三年（1316 年），由于乌蒙一带别无屯戍军马，元以畏兀儿人及新附军共 5000 人在此屯田驻守。文宗天历二年（1329 年）二月，奉元路境内畏兀儿人 800 余户告饥，陕西行省发粮赈济。文宗至顺元年（1330 年），襄阳、南阳发生战乱，因受害需赈济的畏兀儿移民达 640 户，约三四千人。亦都护帖木儿补华泰定中从高昌再次内迁以后出镇襄阳，其子亦都护月鲁帖木儿也在此镇守，并于元末战死于此。[⑤] 故而元末南阳、襄阳之地变成畏兀儿的主要聚集区域。

---

①杨圣敏、王汉生：《北京"新疆村"的变迁——北京"新疆村"调查之一》，《西北民族研究》2008 年第 2 期。

②周泓：《魏公村研究》，中国社会出版社，2009。

③任崇岳：《关于渑池县维吾尔族的调查报告》，《调查与建议》1987 年第 15 期。

④黄丽：《湖南维吾尔族的社会变迁与文化调适》，博士学位论文，兰州大学，2008。

⑤宋濂等：《元史》卷 43《顺帝六》，第 910 页。

史料所载，元时内迁畏兀儿总户数接近1万5千户。[①] 多分布于大都、河西走廊西部、陕西平凉、凤翔、奉元（西安）、河南江北行省邓州（南阳）、襄阳、云南行省乌蒙（昭通）。余则散布于彰德（安阳）、清丰、平凉、益都（山东青州）、真定（河北正定）、永平（卢龙）、镇江、杭州、龙兴（南昌）、临江（樟树市）、岳州（岳阳）、池州（安徽贵池）、绍兴路等地。湖南省常德市桃源县及江西、安徽、福建、广东、广西等地亦有数量不等的畏兀儿人。

元代畏兀儿属多宗教信仰，其宗教信仰以佛教居多，基督教、道教、伊斯兰教亦有信奉，同时还残存早期摩尼教的特色。因之，内迁畏兀儿人宗教信仰亦具有多元形态，并逐渐融入了儒家思想，呈现出多元文化特点。

佛教。回鹘佛教，从某种意义上可被视作汉传佛教在西域的一种翻版。[②] 畏兀儿人佛教信仰，渊源较长。史载其国素重佛氏。[③] 蒙元时期，长春真人于别失八里看到：王官、士庶、僧、道数百，具威仪远迎。僧皆赭衣，道士衣冠与中国特异……时回纥王部族供葡萄酒……侍坐者有僧、道、儒。故而内迁畏兀儿人，亦多受佛教之影响。

内迁畏兀儿人佛教信徒主要集中于大都地区，江南地区亦有零星分布，明人田汝成《西湖游览志》载，"灵寿寺，在曲阜桥东。元至正二十一年（1361年），江浙行省左丞相达识帖睦尔建。本畏吾氏世族，故称畏吾寺，俗讹为义乌寺。洪武二十四年（1391年），改今额"[④]。在西南边疆地区，据《新纂云南通志》和1972年大理五华楼新出土六十六通元碑所载，亦有以佛教信徒进入云南的畏兀儿人。[⑤]

元朝内迁畏兀儿人中，一批高僧大德亦随东迁，史籍所载名著斐然者有舍兰兰、安藏、桑哥、大乘都、阿鲁浑萨里、迦鲁纳答思、比兰纳识里等。有些畏兀儿人既是佛教徒，又崇尚儒学和道家思想。亦都忽立"公

---

①贾丛江：《关于元朝内迁畏兀儿人的几个问题》，《内蒙古社会科学（汉文版）》2003年第6期。

②高士荣、杨富学：《汉传佛教对回鹘的影响》，《民族研究》2000年第5期。

③欧阳玄：《圭斋文集》卷11《高昌偰氏家传》，四部丛刊景明成化本。

④田汝成：《西湖游览志》，陈志明编校，东方出版社，2012，第225页。

⑤王胞生：《元代入滇的畏兀儿人》，《云南民族学院学报》1991年第1期，第32页。

讳伊尔图呼兰，其先回鹘人……趋尚文雅，通儒书，礼秀士，喜谈仙佛，善作大字”①。

元代禅宗天如和尚，同时兼通天台宗和净土宗，故许多畏兀儿僧徒随其修禅，其他执弟子礼的畏兀儿人更多。时有官至江浙行省平章政事、江西行省平章政事道童，行省平展的图鲁、行宣政院使若岳权术、江浙行省平章阿台脱因及其子荣禄大夫、中书省平章政事买柱、孙江西行中书省左右司郎中普达实立等。

基督教。元时畏兀儿地，基督教、佛教与伊斯兰教并存。国外学者发现在回鹘人中间存有和鄂浑碑文和回鹘文书中一样的，作为(elf)意义用的“二十一”(einszwanzig)的计数法，巴托尔德通过突厥碑文和回鹘文书研究发现，回鹘基督教的中心分明在吐鲁番东的布拉依克村②，考古资料亦证明高昌地区基督教的存在③。丘处机在途经畏兀儿时，“宿轮台之东，迭屑头目来迎”④，“迭屑”是波斯语“Tarsa”的音译，是当时中亚一带对聂思脱里派修士的通称。鲁布鲁克在畏兀儿看到“在他们的城镇中聂思脱里和撒剌逊人混居”⑤，柏朗嘉宾明确指出畏兀儿人“属于景教派的基督徒”⑥。鲁布鲁克看到：“他们可以说形成了一个与众不同的教派。他们都向北礼拜，合掌跪在地上叩头，把额头放在掌上，其结果是这些地方的聂思托里派决不在祈祷时合掌。而是在祈祷时把手伸向胸前。”⑦回鹘景教杂糅了当地人民的地方特点，形式上发生了许多变迁，以致于鲁布鲁克很难辨别出回鹘人中的基督教徒。

---

①刘埙：《水云村稿》卷8《中大夫延平路宣相杏林公墓志铭》，文渊阁四库全书本。

②威廉·巴托尔德：《中亚突厥史十二讲》，罗致平译，中国社会科学出版社，1984，第132页。

③P. Y. Saeki, *The Nestorian Documents and Relics in China* (Tokyo: The Academy of Oriental Culture, 1937), Chapter 16; T. F. Carter, *The Invention of Printing in China and Its Spread Westward* (New York: Columbia University Press, 1925), p.104.

④丘处机：《丘处机集》，赵卫东辑校，齐鲁书社，2005，第212页。

⑤《柏朗嘉宾蒙古行纪　鲁布鲁克东行纪》，中华书局，1985，第248页。

⑥《柏朗嘉宾蒙古行纪　鲁布鲁克行纪》，第47页。

⑦Christoper Dawson, *The Mongol Mission, Narratives and Letters of the Franciscan Missionaries in Mongolia and China in the Thirteenth and Fourteeth Centuries* (New York: Sheed and Ward, 1955), p.138.

故而内迁畏兀儿人基督教信仰状况，史料明载较少，只能从畏兀儿人名中获得相关信息。元初，高昌回鹘偰氏家族中有以撒吉思为名者，有功于元。① 撒吉思，即 Sarhis，为景教徒常用名字。回鹘人镇海三个儿子分别叫作要束木（Joseph）、勃古思（Bacchus）和阔里吉思（Georges）②，亦为基督徒常用名字。

道教。道教在畏兀儿地传播，首先得到了考古学支持。20 世纪初，德人勒柯克在交河故城发现回鹘文文献残片，其中残存有《易经》卦象十三。其后，勒柯克于故地又发现上有符篆多种回鹘文道教文献残片 2 件。黄文弼先生在吐鲁番发现的回鹘文《佛说天地八阳神咒经》印本残片亦存有八字命运的内容。③ 其次，丘处机"侍坐者有僧、道、儒"记载又从文献学角度证明了道教在畏兀儿地的存在，故东迁之后的畏兀儿人亦多发现道家信徒的身影。

《吴江甘泉祠祷雨记》记载："时高昌雅实理公为州达鲁花赤，忧心恻然，乃捐己俸，市香烛，宿斋戒，躬致情词于昭灵观道士富恕……即昭灵设醮，谢比竣事，复迎牲祠下，合乐大飨，以答龙神之灵。"④高昌谢氏家族之著名文学家偰玉立自称"止庵道人"，元代著名散曲家贯云石自号"芦花道人"，其传世诗词多含道家仙机，如"道人仙气似梅花"（《题陈北山扇》）、"虬髯老子家燕城"（《画龙歌》）、"惊动南华梦里人"（《题庐山太平宫》）、"清泠泠无是无非诵《南华》"（《隐逸》）等，其视死生若昼夜，绝不入念虑，泰定元年（1324 年）五月八日其临终前赋《辞世诗》："洞花幽草结良缘，被我瞒他四十年。今日不留生死相，海天秋月一般圆。"⑤

伊斯兰教。1209 年巴而术而忒的斤亦都护遣往成吉思汗处的使臣之中有回回人乌马儿，"在所有他们（畏兀儿）的城镇中，都可以发现杂居有景教徒和萨拉森人（伊斯兰教徒）"⑥，特别是志费尼在《世界征服者史》中关于畏兀儿亦都护撒连地打算除掉别失八里穆斯林的记载，

---

①欧阳玄：《圭斋文集》卷 11《高昌偰氏家传》，四部丛刊景明成化本。

②许有壬：《圭塘小稿》卷 10《元故右丞相怯烈公神道碑》，三怡堂丛书本。

③冯家昇：《冯家昇论著辑粹》，中华书局，1987，第 442 页。

④郑元祐：《侨吴集》卷 9《吴江甘泉祠祷雨记》，文渊阁四库全书本。

⑤胥惠民、张玉声、杨镰：《贯云石作品辑注》，新疆人民出版社，1986，第 122 页。

⑥《柏朗嘉宾蒙古行纪　鲁布鲁克东行纪》，第 141 页。

都从某种程度上反映了伊斯兰教在畏兀儿地已经有所传播，这其中就不乏穆斯林在畏兀儿东部地区的活动。但相关元朝内迁畏兀儿人伊斯兰教信仰情况，相关资料鲜见记载，此状况的产生，概由元明时期内迁数量较少及对“回回”与“畏兀儿”的认识有关。

摩尼教。摩尼教兴于波斯，传于中国，为回鹘所信奉，后随回鹘西迁亦布于高昌之地。故元时，畏兀儿人之中亦有信奉摩尼教者。陕西凤翔畏兀儿人建立了祀奉山神雅腊蛮的庙宇。① 陈垣先生考证，“偰氏之先，既世为伟兀贵臣，且曾与于安史之役，则其为摩尼教世家，毫无疑义也”②。

其他信仰。鲁不鲁乞在畏兀儿地发现该地有塑其先祖雕像进行祭祀的风俗。③ 元末诗人欧阳玄在描写大都风俗的词中记述：“十月都人家百蓄……燔獐鹿，高昌家赛羊头福。”④张昱《辇下曲》记载：“高昌之神戴羖首，仗剑骑羊势猛烈；十月十三彼国人，萝卜面饼贺神节。”⑤陈高华先生认为：此“系畏兀儿人本民族原始宗教的残余”⑥。忽必烈要求廉希宪受戒信奉喇嘛教，希宪回答“臣受孔子戒矣”⑦。

多元宗教信仰的现象在内迁西域人中广泛存在。回回诗人丁鹤年，“晚学浮屠法”⑧，雍古部基督教世家马节、赵世延亦由儒入道⑨。因而，宗教信仰的泛化与多元，是为内迁畏兀儿人宗教的一个显著特点，而这一特点又决定了之后畏兀儿人在民族、文化上的衍变。

---

①虞集：《道园学古录》卷6《诏使祷雨诗序》，四部丛刊本。

②陈垣：《元西域人华化考》，陈智超导读，上海古籍出版社，2000，第33页。

③《鲁不鲁乞东游记》，载道森编《出使蒙古记》，吕浦译，中国社会科学出版社，1983，第158页。

④欧阳玄：《圭斋文集》卷4《渔家傲南词》，四部丛刊本。

⑤张昱：《张光弼诗集》卷3《辇下曲》，四部丛刊本。

⑥陈高华：《元代新疆和中原汉族地区的经济、文化交流》，载《新疆历史论文集》，新疆人民出版社，1977，第246页。

⑦宋濂等：《元史》卷126《廉希宪》，第3092页。

⑧张廷玉等：《明史》卷285《文苑一·丁鹤年》，第7313页。

⑨陈垣：《元西域人华化考》，第50—54页。

二、内迁畏兀儿人文化之衍变

畏兀儿文化，西迁以前是单一的突厥文化传统，主要接受汉文化的影响。[①] 西迁之后，西方学者认为：回鹘文化主要是属于西方文化。[②]此种观点受到日本学者的否定，羽田亨指出：回鹘文化是渐次融合了西域人和汉人文化而形成的浑然一体的合成文化。[③] 此种文化形成概与“回鹘人是能够尊重他族的，这点可能是在他们入居这一早就向往的、主要为非突厥文明地区后产生的。回鹘人能平等地看待他们”有关[④]，另外，汉族人在族的特征上可能与突厥回鹘人没有什么区别，亦为重要因素之一。[⑤]

《突厥世系》记载：在畏兀儿人中，许多人都会阅读突厥文。他们十分擅长经营与管理一个底万(行政官署)的事务。在成吉思汗子孙统治时期，河中、呼罗珊和伊剌克等地方的财会官员与底万长官都是畏兀儿人，在中国，也是畏兀儿人充斥在这些职务上。[⑥] 对于此种现象，志费尼记载：“他们(蒙古人)把畏吾儿(Uighur)语言和文书当作知识及学问的顶峰。个个披罪恶衣袍的市井闲汉都成了异密(emir)；个个佣工成了廷臣，个个无赖成了丞相，个个倒霉鬼成了书记。”[⑦]

由阿布尔-哈齐与志费尼的记载看出，畏兀儿人在语言上的多源性，其同时具有阿尔泰语系与汉藏语系的特征。特别是在东迁以后，汉语文的影响日渐显现。汉语文对回鹘语的影响，在回鹘文世俗文书、宗教典籍、碑刻以及其他文献中均有所表现，其在沙州回鹘人中应是通用

---

①杨富学：《回鹘文献与回鹘文化》，民族出版社，2003，第25页。

②阿尔伯特·冯·勒柯克：《新疆的地下文化宝藏》，陈海涛译，新疆人民出版社，1999，第5—7页。

③羽田亨：《西域文化史》，耿世民译，新疆人民出版社，1981，第67页。

④F. W. K. Muller：《摩尼教赞美诗残篇两叶》，载W. Minorsky：《世界境域志》，伦敦，1957，第33—34页。

⑤葛玛丽：《回鹘绘画》，《突厥语研究通讯》1983年第9期。

⑥阿布尔-哈齐-把阿秃儿汗：《突厥世系》，罗贤佑译，中华书局，2005，第42页。

⑦志费尼：《世界征服者史》(上册)，何高济译，内蒙古人民出版社，1980，第6页。

的。[1] 在敦煌、吐鲁番出土回鹘文文献中，随处可见借自汉语的词语。汉语文在回鹘中的长期使用直接影响到回鹘语的语法结构，德、日所藏回鹘文献亦佐证此点。[2] 日本学界近年来对畏兀儿文契约做了综合性的研究分析，亦证明了畏兀儿文契约深受汉族同类文书的影响。

畏兀儿文化与元政府对畏兀儿人的倚重。《蒙兀儿史记·塔塔阿统等列传》记载：自成吉思汗灭乃蛮……遂教皇子诸王以畏兀儿字书国言……是以蒙元末君中原时，国内已盛行畏兀儿文……至元六年(1269年)，终命国师八思巴创蒙兀新字，颁行诸路，然赐蒙兀诸王色目诸臣以《通鉴》诸书，仍用蒙兀字转译而后诵。蒙古人在接受畏兀儿文字的同时，把许多与文字有关的契约、誓词、军令、符牌、印章等制度和传统也照搬了过来，在敦煌、吐鲁番发现的回鹘文佛教文献中，蒙古皇帝的称号[3]和皇室的称号亦参用畏兀儿语。虽然后来蒙古人创造了八思巴蒙古新文字，但其在蒙古、色目人中的影响远远未及畏兀儿文字。

正是这种与汉语言文字上的关联和蒙古文字上的依存关系，直接决定了后来畏兀儿人内迁及其政治地位。

内迁畏兀儿人政治、文化、心理之定位。元朝之初，畏兀儿文化在政治地位上除蒙古文化而优于其他文化。元朝统一全国后，随着政治中心的南移，采取了“以汉法治汉地”政策，在阿鲁浑萨里奏请下，设立国子学，用汉族传统文化培养教育诸王及朝官子弟，将四书转译成回鹘式蒙古文，供王公子弟学习。仁宗、英宗、文宗以后，这一趋势进一步加强。特别是在处理朝廷政务和地方事务管理中，汉语文与儒家思想文化的作用进一步彰显。两宋时期长期的政治分裂以及民族交往，使得儒家文化亦随之呈现开放、多元、理性、兼容的特征。这亦使得儒家文化后来在政治上逐渐超越了前者，成为当时社会的主流。因之，内迁的畏兀儿人“学于中夏，慕周公、孔子之道”[4]，“读书属文，学为儒生”[5]。

---

①杨富学：《回鹘文献与回鹘文化》，第402—403页。

②T. Moriyasu，P. Zeme，“From Chinese to Uighur Documents”，《内陆アジア言语の研究》1999年第14卷，第73—102页。

③蔡美彪：《元代白话碑集录》，科学出版社，1955，第25页。

④吴澄：《临川吴文正公集》卷6《玉元鼎字说》，文源阁四库全书本。

⑤赵孟頫：《松雪斋文集》卷6《薛昂夫诗集序》，四部丛刊本。

“积之既久，文轨日同，而子若孙，遂皆舍弓马而事诗书”①，在文化取向上发生了深刻的变化，“于是西域之仕于中朝，学于南夏，乐江湖而忘乡国者众矣。岁久家成，日暮途远，尚何屑以首丘之义乎”②。

内迁畏兀儿人文化之衍变首先表现在名字上。元人安熙记述：“近世种人居中国者，类以华言译其旧名而称之，且或因名而命字焉。”③在廉氏成员的 30 人中，拥有汉式名、字、号者 22 人，畏兀儿人名者 9 人。④ 对于畏兀儿人采用汉名、汉字这一现象，尚衍斌《元代内迁畏兀儿人的分布及其对汉文化的吸收》⑤有详尽的研究，此不赘述。

其次在文学上，陈垣先生《元西域人华化考》概其大端，此间列畏兀儿人中特别者概述：涌现了边鲁、伯颜不花的斤等应用汉族传统画法并具有一定成就的画家。马祖常、萨都剌、玉立、海牙、贯云石等散曲家、诗人。⑥ 虽然他们深受中土文化的影响，“但无论在性格上、行动上、文学上，他都保持着新疆维吾尔兄弟民族那种豪爽、率真、刚健、愉快的优良传统风格”⑦。

婚姻习俗上，元朝内迁的畏兀儿人，享有世功与宿卫及其职位世袭，拥有“好根脚(出身)”的政治仰赖地位⑧；再加上政府经济上优渥，使得其在婚姻上表现出多元性取向的特征。移居内地的畏兀儿人，由于受中原文化的影响，除了婚姻取向的多元性特征之外，亦开始注重门第的选择。廉希宪先是娶前朝贵臣畏兀儿士族孟苏速之女，继又娶知中山府事海撒之女完颜氏。廉希宪夫人伟吾氏三女：适监吉州路淑丹，

---

①戴良：《九灵山房集》卷 21《鹤年吟稿序》，丛书集成本。

②王礼：《麟原集》前集卷 7《义冢记》，文渊阁四库全书本。

③安熙：《安默庵集》卷 4《御史和利公字序》，光绪五年(1879 年)刻本。

④王梅堂：《元代内迁畏吾儿族世家——廉氏家族考述》，载邱树森主编《元史论丛》第七辑，江西教育出版社，1999，第 123—136 页。

⑤尚衍斌：《元代内迁畏兀儿人的分布及其对汉文化的吸收》，《民族研究》1997 年第 1 期。

⑥田卫疆：《论元代畏兀儿人对发展中华文化的历史贡献》，《西北民族研究》1993 年第 1 期。

⑦罗忼烈：《维吾尔兄弟民族的两位元曲家——贯云石和薛昂夫》，载《两小山斋论文集》，中华书局，1982，第 218—219 页。

⑧周泓：《魏公村研究》，中国社会出版社，2009，第 63 页。

适监嘉兴路撒里蛮，适知杂造总管府事蛮资；完颜氏三女：适参知政事刘纬，适安抚使李恭，适管军万户何德温。① 廉希闵（希宪兄）之女适湖广行省左丞相阿里海牙之子，江西平章政事贯只哥；廉希恕（希宪弟）之女适福建宣慰使、都元帅达里麻吉而的；廉咬咬（希宪从曾孙）娶畏兀儿名门大族偰氏家族后裔偰哲笃之女。在畏兀儿与蒙古族际婚中，以畏兀儿亦都护家族与蒙古公主联姻为代表，虽亦存在类似的现象，但其更侧重于政治上的考虑。由族群婚向等级婚转换，反映了元代畏兀儿社会由种族社会向等级门第社会的转变。

丧葬体制上。内迁畏兀儿人受汉地影响颇深。《畏吾儿丧事体例》"棺子上贴、画体……牵驼驮马根前拿大麦盘子的、挂甲的、走灵马唱的、孝车前承应的、洗奠路祭的、坟上盖答的……坟葬的……斋和尚念经者"等规定可以看出，其丧葬习俗深受汉儒文化的影响，②以至政府不得不在体例中明确规定"这汉儿田地里底众畏吾儿每，丧事里只依在先自己体例行者，汉儿体例休随着"③。

三、元末明初社会与畏兀儿人

元朝统治时期，畏兀儿人在各级政府机构中充任要职，《元史》记载有三十五人，《元代西域人华化考》约四十余人，日本学者安部健夫《西回鹘国史的研究》中列举有九十八人，而在程钜夫《里氏庆源图引》记载，仅高昌偰氏家族从撒吉思以下七世"垂绅曳绂，分符握节"者就达六十人。④ 畏兀儿人在元代诸种户籍中，属军户，隶探马赤军籍。享有优于其他民族的优渥。对于畏兀儿民、刑案件，元朝法律规定："若无畏兀儿、哈密里头目每呵，管民官依例断者。"⑤故而无论从何种角度观之，

①李修生主编《全元文》卷760，江苏古籍出版社，2001，第361页。

②田卫疆：《〈元典章〉中有关畏兀儿丧事体例诠释》，《西域研究》1992年第4期。

③《元典章》卷30《礼部三・礼制三・丧礼》，元刻本。

④程钜夫：《程雪楼文集》卷15《里氏庆源图引》，文渊阁四库全书本。

⑤《元典章》附新集《刑部・畏兀儿若无头目管民官断》。

元代畏兀儿人与政府之间在各个方面都存在着休戚与共的共生关系。① 元末农民起义中亦都护家族帖木儿不花之子月鲁帖木儿、之孙桑哥，雪雪的斤之孙、朵耳只之子伯颜不花的斤都参与到镇压农民起义的行列之中，并用“守孤城而死”来阐释此种“共生”。②

政治的优渥吸引了其他等人对畏兀儿文化的学习。但元政府禁止汉人、南人学习蒙古文及色目人语言文字，亦使得畏兀儿文化在与中土文化交融过程中处于单向流动的不利地位，对于明朝初年畏兀儿人文化、宗教、民族的衍变产生了深刻的影响。此亦直接影响到了汉人、南人对色目人的心态。周密《癸辛杂识·社公珠》载：“近时社公多为回回所买。或言其胸中有珠，过二十以后则在膝，必凿之。过三十以往，则无之矣。此妄传也。”③

陶宗仪《南村辍耕录·嘲回回》记载：“杭州荐桥侧首，有高楼八间，俗谓八间楼，皆富实回回所居。一日，娶妇。其婚礼绝与中国殊，虽伯叔姊妹，有所不顾。街巷之人，肩摩踵接，咸来窥视，至有攀缘檐阑窗牖者，踏翻楼屋，宾主婿妇咸死，此亦一大怪事也。”④

郡人王梅骨作诗一首嘲之。孔齐《至正直记·萨都剌》载：“京口萨都剌，字天赐，本朱氏子，冒为西域回回人。”⑤

对此，陈垣先生释之：“‘朱氏子’云云，实因回回教人不食豕肉，讳言猪，猪与朱音同，谓其为朱氏子者，诬之也。”⑥

文化的单向流动使得中土人士对于色目人文化的认知匮乏，而此种不对称状态以及政治、经济上的优越地位，反过来又使得中土人士对

---

①Igor de Rachewiltz, “Turks in China under the Mongols: A Preliminary Investigation of Turco-Mongol Relations in the 13th and 14th Centuries,”in *China among Equals: The Middle Kingdom and Its Neighbors, 10th-14th Centuries*, ed. Morris Rossabi (Berkeley: University of California Press, 1983), pp.281-295.

②宋濂等：《元史》卷195《伯颜不花的斤》，第4411页。

③周密：《癸辛杂识·社公珠》，四库全书本。

④陶宗仪：《南村辍耕录》卷28《嘲回回》，武克忠、尹贵友校点，齐鲁书社，2007，第369页。

⑤孔齐：《至正直记》，载上海古籍出版社编《宋元笔记小说大观》第6册，上海古籍出版社，2007，第6575页。

⑥陈垣：《元西域人华化考》，第70页。

于色目人的心态失去平衡，对于元亡后色目人的地位及心态的转变产生了重要的影响。《明史》载："方国珍据浙东，最忌色目人。"①作为东来色目人中的重要构成，畏兀儿人亦难以摆脱同样的境地。

元朝时期，中土人士易其姓名为胡语，俗化既久，恬不知怪，虽然顺帝至元年间，下诏禁汉人、南人勿学蒙古、畏兀儿字书。但汉人通习国语之风并未停止；诚如方孝孺言：至于元，百年之间，四海之内，起居、饮食、声音、器用，皆化而同之。最终"胡俗悉复中国之旧矣"。②

明朝建国以后，首先面临文化上的问题。："元主中国者八十余年，中国之民言语、服食、器用、礼文不化而为夷者鲜矣。"③

故而，明开国之初，从制度、律令诸方面对此加以改变：

洪武元年(1368 年)二月壬子，"诏复衣冠如唐制，禁胡服、胡语、胡姓名"④。洪武三年(1370 年)，诏蒙古色目人入仕后或多更姓名，岁久子孙相传，昧其本源，如已更易者，听其改正。⑤ 洪武五年(1372 年)，令蒙古色目人氏，既居中国，许与中国人家结婚姻，不许与本类自相嫁娶，违者男女两家抄没，入官为奴婢，其色目钦察自相婚姻，不在此限。⑥

《明会典·律令·婚姻》载：蒙古色目人婚姻，凡蒙古色目人，听与中国人为婚姻，务要两厢情愿，不许本类自相嫁娶，违者杖八十，男女入官为奴。其中国人不愿与回回钦察为婚姻者，听从本类自相嫁娶漫，不在此限。同时，为了避免民族情绪产生，明太祖又诏告天下：民之体如蒙古、色目，虽非华夏族类，然同生天地之间，有能知礼仪愿为臣民者，与中华之人抚养无异。⑦

明朝初年的一系列民族政策，加速了蒙古、色目人衍变的进程。洪武初，任起居注官的西域人阿鲁温人浦仲渊，正式以浦姓为姓。⑧ 标志

①张廷玉等：《明史》卷 285《文苑一·丁鹤年》，第 7313 页。

②何孟春：《余冬序录摘抄》，载沈节甫辑录《纪录汇编》卷 148。

③方孝孺：《方孝孺集》(上册)，徐光大点校，浙江古籍出版社，2013，第 107 页。

④谈迁：《国榷》卷 3《太祖洪武元年》，张宗祥校点，古籍出版社，1958，第 357 页。

⑤申时行：《明会典》卷 11《吏部十·更名复姓》，明万历内府刻本。

⑥申时行：《明会典》卷 20《户部七·婚姻》，明万历内府刻本。

⑦申时行：《皇明诏令》卷 1《太祖高皇帝上·谕中原檄》，明刻增修本。

⑧宋濂：《西域浦氏定姓碑文》，载罗月霞主编《宋濂全集》第二册，浙江古籍出版社，1999，第 706—707 页。

着内迁西域人改姓易服的开始。畏吾儿人的民族、文化衍变亦随之加快了步伐。

四、入明畏兀儿民族、文化最终演变

元明时期，居于塔里木盆地边缘的回鹘人被译写为“畏兀儿”。①《新元史》阐释“畏吾氏，本回鹘之裔，音转为畏吾(或云畏兀，又作伟兀，又作卫兀……凡世言高昌北庭者，皆畏吾部族”②。冯家昇等学者指出“古代维吾尔人自称为‘uyghur’，古代突厥人也称畏兀儿人为‘uyghur’”③。此一称呼之源流转化，林幹先生总结“元代时称为畏吾，明代称为畏兀儿，清代常用‘回部’二字”④。畏兀儿在地域上，陈垣先生认为：“回鹘、畏吾、高昌、北庭，元人本视为一。”⑤

畏兀儿作为一个民族称呼，其存在时间在十三至十四世纪。十四世纪初，意大利的约翰修士和亚美尼亚的果利葛斯王海屯在有关记述中清楚地把“畏兀儿”(Yogurs)人的国家叫作“塔尔萨”(Tarsi)。米儿咱·马黑麻·海答儿在其16世纪的记述中，并没有提到“塔尔萨”，甚至连畏兀儿人都没有提到。因此已经皈依了伊斯兰教的畏兀儿人，就不再以“畏兀儿”来表示种族的称呼了。⑥

英国学者伊莱亚斯分析“由于他们信奉伊斯兰教，他们似乎逐渐丧失了本民族的特点，并且愈益与周边部落或民族融合——这些部落和民族大都是突厥(语族)后嗣(回鹘人)”。⑦

与国外学者相应，明人史料中相关畏兀儿的记载，亦反映了此一历史变化过程。明朝史料于畏兀儿之记载，一则指撒里畏兀儿：“撒里畏

---

①罗贤佑：《中国民族史纲要》，中国社会科学出版社，2009，第262页。

②柯劭忞：《新元史》卷29《氏族表下》，中国书店，1988，第121页。

③冯家昇、程溯洛、穆广文编著《维吾尔族史料简编(上册)》，第2页。

④林幹：《突厥与回纥史》，内蒙古人民出版社，2007，第204页。

⑤陈垣：《元西域人华化考》，第132页。

⑥米儿咱·马黑麻·海答儿：《中亚蒙兀儿史——拉失德史》(第一编)，第110—111页。

⑦米儿咱·马黑麻·海答儿：《中亚蒙兀儿史——拉失德史》英译本“绪论”第四章《蒙兀儿·突厥和回鹘诸族》，第89页。

兀儿者,鞑靼别部也。”①六月壬戌,“西域撒里畏兀儿安定王卜烟帖木儿入贡。撒里畏兀儿,地去甘肃千五百里……诏其酋长分四部:曰阿端、曰阿真、曰苦也、曰帖里”②。洪武七年(1374年),“乌斯藏、撒里、畏兀儿入贡”③。次为亦都护东迁寄住畏兀儿及滞留哈密之畏兀儿人众:“宴哈密卫贡夷畏兀儿肃川东关寄住贡夷乢右禄、字剌等三十五名”④,辛未,“宴哈密卫朝贡夷人畏兀儿肃州寄住贡夷字剌等三十六名”⑤,“哈密卫畏兀儿、哈剌灰署都督印指挥同知……各朝贡,袭职给赏如例”⑥。“哈剌灰、畏兀儿二族,逃附肃州已久,即驱之出,不可。”⑦

明中期之后,随着经营哈密政略及吐鲁番地面宗教的变化,对于畏兀儿故地在族群上的归属亦产生了新的变化。明宣宗实录载:“回回僧”海失都来归,赐袭衣、房屋器物如例。“回回僧”海失都是为明朝吐鲁番地方僧制之一员,但日本学者山田信夫认为,海失都一名即伊斯兰化之前常见的回鹘人名(Qay sidu)的音译,常见于13—14世纪的回鹘文契约文书中。⑧ 小田寿典和魏良弢亦认为,吐鲁番回回多系信仰佛教的畏兀儿人⑨,但此时的撒马尔罕及哈的兰的回回僧在此毫无疑问的应是信仰伊斯兰教的僧侣。《明实录》中把其与吐鲁番地面畏兀儿僧人统称为“回回僧”,反映了当时明人对于畏兀儿“回回僧”的认识。因之,明朝之畏兀儿在地望上、种族上与元朝时期相较而言,已经有了很大的变化,逐渐丧失了元时期的界定范畴。

明朝时期,畏兀儿由元时指向回鹘转而成鞑靼,“畏兀儿之地”在洪

①黄光升:《昭代典则》卷7《太祖高皇帝》,第253页。

②谈迁:《国榷》卷5《太祖洪武七年》,第505页。

③张廷玉等:《明史》卷2《本纪第二·太祖二》,第30页。标点本断为撒里、畏兀儿,此误学者已正。

④《明神宗实录》卷379,第363页。

⑤《明神宗实录》卷374,第363页。

⑥《明神宗实录》卷124,第360页。

⑦《明世宗实录》卷86,第292—293页。

⑧山田信夫著,小田寿典、茨默、梅村坦编《ウイグル文契约文书集成》第2卷,大阪大学出版会,1993,第275页。

⑨Oda Juten,“Uighuristan,”*Acta Asiatica*,no.34(1978):40-42;魏良弢:《关于明代火州的几个问题》,载南京大学历史系元史研究室编辑《元史及北方民族史研究集刊》第11期,1987,第71—72页。

武初年尚存见于史料①,洪武后期之后,“畏兀儿之地”转而在史料中记载为“土鲁番”,随着东察合台汗国疆域拓展及伊斯兰教的传播,“畏兀儿”故地在种族及宗教上亦发生了大的变化②,逐渐成为明朝史料中的“回夷”③。

明朝初年的民族政策,明朝政府对“畏兀儿人”的认识以及“畏兀儿之地”上的政治、种族、宗教变化,对于元朝时东迁畏兀儿人民族、文化的心理认同及归属上产生了深远的影响。

从多元文化到儒家文化取向。元时色目人墓志铭大量存世,是为色目人文化取向的一大变化。此多元文化取向变化,反映着色目人倾慕中土文化的心理取向。入明之后,缘于政治共生关系之上的语言依存关系已不复存在,囿于政治、环境、生活之上的实际问题,决定着畏兀儿人在语言取向上的汉语言选择。同时由于元时特殊政治身份及社会地位,畏兀儿人广泛融入儒家文化活动中,在文化官职、职业、制诰文字、翰林编修、国史编纂、主持参与科举、经筵进讲、传授儒学、主持参与典礼、尊孔重教、兴学养士、重视操守、维护纲常等一系列代表政府行为的活动中,无不活跃着畏兀儿儒士的身影。长期耳濡目染的结果,到明朝时期,湖南桃源翦氏将“镇南堂”作为家族的宗祠,宗族制度随之在湖南畏兀儿人中实施。因之,入明之后,畏兀儿人在文化心理上逐渐呈现儒家文化取向的趋势。

中国封建社会是以士人为中心的社会,作为元朝时期二等人的畏兀儿人,基于政治优势上的文化氛围,使其在社会网络(官学圈、官场、文人圈)、文化网络取向上,亦最终从多元士族文化、家族文化走上了中华文化的认同。

民族认同及归属。色目人归属西域东迁的具有相近政治地位的若干族群,由于其东迁过程线路漫长,又辗转聚族各地,地域文化的差距

①《明太祖实录》卷137第20页记载:“哈梅里回回阿老丁来朝贡马,诏赐文绮,遣往畏吾儿之地招谕番酋。”综《国榷》、《明太祖实录》卷53洪武三年(1370年)六月爪哇、畏吾儿等国条载,明初之畏兀儿之地,地望名称上与元时相同。

②郭胜利:《明朝吐鲁番僧纲司考》,《青海民族大学学报(社会科学版)》2012年第1期。

③陈高华:《关于明代吐鲁番的几个问题》,《民族研究》1983年第2期。

使得其在文化取向上呈现不同特点。而元朝开放多元的民族文化政策，又促进了这一差距的加大固化。元代是一个注重“根脚”的社会，元中后期业已出现族群婚向等级婚的转变，明《律令·婚姻》关于婚姻的规定，逐步压缩了畏兀儿人族内婚姻的空间，婚姻问题迫使内迁畏兀儿人改变固有的族属观念，明人认为：蒙古即鞑子，色目即回回，将色目与回回等同。① 元明之际中土“回回”的宽泛概念，亦使得色目人族属发生了大的改观。在此种“他观”“回回”之下，一部分畏兀儿人逐渐融入到回回之中。

陈诚西使之时看到吐鲁番：男子削发戴小罩剌帽，号回回装；妇女白布裹头，号畏兀儿装，方音皆畏兀儿之语。明朝时期，大批吐鲁番“回夷”内迁安置，嘉靖七年（1528 年），吐鲁番大头目牙木兰率众 3000 入关内附，②被安置于湖广鄂城。因之，固有的地缘、族源、语言关系，亦影响了其迁置地域的畏兀儿人。

顺治《肃镇志》记载，入附肃州的哈密各族百姓到了清代初年，除去回回人本身以外，其他畏兀儿人及蛤剌灰人也都“不食猪肉，与回回同俗”了。今云南之偰氏，乃偰士权之后裔，士权于永乐年间赴云南姚安任职，遂落籍此处。③ 今已成为回族中的一员。其中明朝初期迁徙进入云南滇西重镇姚安的明代学士偰斯后代，则全部皈依了伊斯兰教，成为云南回族中的旺姓之一。④ 湖南桃源翦伯赞先生曾撰文考证自己的先世为内迁到湖南桃源的畏兀儿氏。⑤

顺帝北上，一部分畏兀儿人亦随北迁，北迁畏兀儿人随着时间与环境的变化，逐渐融入到蒙古民族当中。作为元末内迁畏兀儿人重要安置地——荆襄地区，至元二十七年（1290 年），荆襄地区有户 31.1 万，人口密度每平方公里 2.6 户。至顺元年达 43 万。但到了洪武二十四年

---

①胡琼：《大明律集解》卷 6，续四库全书本。

②《明世宗实录》卷 89，第 297—298 页。

③偰映飞：《偰氏宗谱考略》，内部资料，第 48 页。

④姚继德：《〈偰氏宗谱考略〉序》，《回族研究》2004 年第 3 期。

⑤翦伯赞：《我的氏姓我的故乡》，《中国史论集》第二辑，国际文化服务社，1937，第 369、375 页。

(1391年)只有7572户,户数下降了57%。[①] 成为每平方公里不足10人区域的人口极稀疏区[②]。作为元朝时期畏兀儿人的主要集聚区,畏兀儿人状况亦受到严重冲击。但从今天民族学、社会学以及历史学角度观察分析,作为一个影响地方政治、社会的族群,不能完全不为今天的考察留下痕迹。因此,在新的史料、科学数据分析支撑缺位的情况下,不能排除荆襄地区畏兀儿人族群上向蒙古族、汉族流动情况的发生。

元朝时期,源于政治、文化活动上的族群、文化取向涵化衍变,到了元末明初,一部分畏兀儿家族汉化程度进一步加深,其原先的族属——畏兀儿人的身份符号化了。[③] 明初蒙古色目之人,多改汉姓,与华人无异。高昌偰氏,至元代时绵延百世,"遂为中州著姓"[④]。偰氏家族从江苏溧阳分迁各省后,由于历史上特定的社会政治环境,他们分别选择了伊斯兰教、佛教等不同的宗教信仰,最终界分出回、汉两个民族。

入明之后,大批色目人失去元朝时期的政治优势,畏兀儿人生活环境的变化与生产、生活多元流动,使其生产、生活方式取向分散化。杂处于整个大环境中的畏兀儿人亦顺应此种趋势。社会分层、流动的合理化、常态化,生产、生活方式的地域化,进一步泯灭着其原有的地域、族群意识。景泰、天顺年间理学家丘浚说:国初平定,凡蒙古色目人散处诸州者,多已更姓易名,杂处民间,如一二稊稗生于丘陇禾稻之中,久之,固已相忘相化,而亦不易别识之也。[⑤] 最终,内迁畏兀儿人在族群、文化上经历了元明时期的涵化,成为明时华夏民族和中华文化的有机组成部分,融入到中华民族的历史长河之中。

---

①葛剑雄主编《中国人口史》第3卷《辽宋金元时期》,复旦大学出版社,2005,第535页。

②葛剑雄主编《中国人口史》第4卷《明时期》,复旦大学出版社,2005,第247页。

③欧阳玄《高昌偰氏家传》谓之"本中国人",见《圭斋文集》卷11。

④欧阳玄:《圭斋文集》卷11《高昌偰氏家传》,四部丛刊景明成化本。

⑤丘浚:《内夏外域之限》,载陈子龙:《名臣经济录》卷73,崇祯平露堂刻本。

第二节　明代东迁哈密-吐鲁番群体心路历程及身份嬗变

元明之际，王朝嬗变带来的政治认同与身份变化，掺杂着东迁哈密-吐鲁番群体的民族感情，对于元亡后哈密-吐鲁番群体社会地位及心态转变产生了重要影响。元时特殊政治身份及社会地位，使得东迁哈密-吐鲁番群体同样面临着儒家士大夫阶层的生存危机与道德抉择，入明以后，缘于外在政治环境、社会环境变化，基于政治优势上的文化氛围已不复存在，东迁哈密-吐鲁番群体在社会网络、文化网络取向上，不得不放弃元时固有的政治、文化、社会以及心理定位，走上了从多元士族文化、家族文化到中华文化的认同，最终完成民族、身份的转变。

明初东迁哈密-吐鲁番群体研究，国内主要集中于亦都护家族世系、高昌偰氏家族世系①，国外具有代表性的为日本学者庄垣内正弘《畏兀儿馆译语研究》②，相对于元哈密-吐鲁番群体而言，明东迁哈密-吐鲁番群体研究在诸多领域有待进一步拓展。本文在此主要通过对明初东迁哈密-吐鲁番群体心理与身份变化分析，揭示明初东迁哈密-吐鲁番群体心路历程，探究其民族、文化身份嬗变的内在因素。

一、入明东迁哈密-吐鲁番群体及政治社会活动

（一）入明东迁哈密-吐鲁番群体构成

1. 高昌亦都护家族

洪武三年（1370 年），高昌王亦都护和尚率部内附，诏授怀远将军、

---

①马明达：《元代亦都护家族的后裔——西北民族史札记之一》，《西北民族研究》1990 年第 2 期；马娟：《元代高昌偰氏家族再探》，《北方民族大学学报（哲学社会科学版）》2009 年第 4 期。

②庄垣内正弘：《畏兀儿馆译语研究》，《外国学研究（神户市外）》1980 年第 14 期。

高昌卫同知世袭其职，开设官署，招集降卒，仍统所部。但随后岐王朵儿只巴叛走，太祖便将各卫蒙古、畏兀儿首领迁往内地。洪武七年（1374年）九月二十八日，和尚病故。子伟（字怀英）袭职后调宣府前卫，伟子永早殁而宁嗣，宁之后高昌世系，逐渐散佚。家族支系繁茂，从中析出固原“也都护孙君国臣”[①]，溧阳、宜兴把氏，武威张氏。

2. 廉希宪、契斯等官宦家族

廉希宪为元代政治家，始祖布鲁海牙，一名卜鲁凯雅，仕元官廉访使，其子希宪因父官改姓廉。入明后廉氏家族逐渐远离政治舞台，八世孙允中始占籍苏州，十二世孙序迁无锡。[②]

与廉氏家族不同，同样身为前朝旧臣的畏兀儿契斯、高岳家族，在明初政治舞台上却十分活跃。契斯是元末明初一位重要人物，《明实录》有关于契斯生平记载，《国朝献征录》卷24也收有《吏部尚书契斯传》，雷礼《国朝列卿记》卷23、卷31亦有契斯传略。《明太祖实录》卷132洪武十三年（1380年）六月甲申记事：“斯，溧阳人。以故元嘉定州知州来归。洪武元年授兵部员外郎，寻擢符宝郎，改尚宝司丞。四年，出知泰安州。六年，升河间府。入为户部郎中，升尚书。出为山西左参政。召还为吏部尚书，迁礼部。至是，以年老致仕。”斯兄契逊为躲避元末战乱，故避居朝鲜半岛。因于恭愍王侍从元皇太子时有旧交，恭愍王封他为高昌伯，后改封富原侯，赐田富原。契氏在朝后人契长寿、契眉寿、契奈、契振等都曾在高丽、李氏政府中身膺要职，并曾多次出使大明。偰斯之裔偰士忠后官於姚，有惠政，因卜居焉。[③] 高岳，字彦高，本畏吾氏高昌裔也，大父仕元为江南行台御史中丞，岳博洽有才华，仪容秀整，人望而敬之。工草书，丹药、卜筮之术咸究识之，洪武间，荐知云南县，免官寓家郡城。[④]

入明哈密-吐鲁番群体官宦群体中，与契斯、高岳不同，畏兀儿人定定的人生经历，则又代表着另一种群体取向。定定，字伯安，高昌人，洪

---

①杨经纂辑，刘敏宽纂次《嘉靖万历固原州志》下卷《文艺志·军门平羌碑记略》，牛达生、牛春生校勘，宁夏人民出版社，1985，第233页。

②廉寰清：《江苏无锡廉氏宗谱》，清光绪十九年（1893年），孔戒堂木活字本。

③鄂尔泰：《（雍正）云南通志》卷23，清文渊阁四库全书本。

④凌迪知：《万姓统谱》卷32，清文渊阁四库全书本。

武间知泰宁县，尚行实，敦风化，作士气，凡公署、学舍、坛遗多所修建，以考最，升广德州同知，致仕归泰宁，卒，邑民为之营葬。①

3. 家乘所载寻常人家

高昌老翁，少小家幽燕，出身从戎事西边，以军功故身处重位，入明后，一朝零落南土，沦为守城门吏，生活潦倒无为，愁苦以度余生。②

回公，以高昌宦族，入明弃膏粱而就空门。③ 偰原鲁应奉④，亦有其先高昌人，入明任南京礼部尚书的大学士倪谦。⑤

湖南翦氏。“翦氏本姓哈，其先出自西域回部，宋时为西域望族。有哈勒者，尝从太祖征西夏部落，屡战克捷，以军功封折冲将军。自是族属东徙，世仕元代，是为翦氏先世东徙之始。明兴，其裔八十，佐明太祖征伐。八十勇武有韬略，屡著战功，太祖嘉之，以其翦除寇盗，赐之姓曰翦，更其名八十曰八士，是为翦氏得姓之始。洪武五年，太祖封八士为荆襄都督、镇南定国将军，加太子太保衔，命其镇守辰常一带。”⑥

豫西刘氏。“第一代名剌真海牙，为永宁、灵宝、陕县、渑池、宜阳五县达鲁花赤，遂定居永宁(现洛宁兴华公社之水洪峪村)，并与当地大族刘姓联姻。第二代名脱列海牙，授思南(贵州)宣尉。第三代名阿的迷失海牙(弟孛罗都海牙、小云失海牙)，历任阌乡、渑池、新安、茶陵州(湖南)达鲁花赤。并迁家渑池，定居城东。第四代名忽都海牙，初授江西知印，次偃师县达鲁花赤，终河中府(山西)判官。至公元 1368 年，明洪武改元，遂以祖母刘氏为姓，更名仲琛。”⑦

(二) 入明哈密-吐鲁番群体社会政治活动

1. 入仕朝廷

元末明初动荡社会，亦都护家族帖木儿不花之子月鲁帖木儿、之孙

---

①陈道：《(弘治)八闽通志》卷 39，明弘治刻本。

②孙蕡：《西菴集》卷 4《高昌老翁行》，清文渊阁四库全书本配清文津阁四库全书本。

③钱谷：《吴都文粹续集》卷 30《寺院》，清文渊阁四库全书本配清文津阁四库全书本。

④蓝智：《蓝涧集》卷 2，清文渊阁四库全书本。

⑤倪谦：《倪文僖集》卷 24，清武林往哲遗著本。

⑥何光岳：《三湘掌故》第 37 章《桃源维吾尔族—翦氏》，湖南教育出版社，2000，第 330 页。

⑦渑池县志编纂委员会编纂《渑池县志》，汉语大词典出版社，1991，第 768 页。

桑哥，雪雪的斤之孙、朵耳只之子伯颜不花的斤都参与到镇压农民起义的行列之中，并用“守孤城而死”来阐释与元朝的休戚“共生”。① 但随着政治环境的变化，因军事压力，亦都护家族最终选择自永昌率府属内附，被授怀远将军，高昌卫同知指挥使司事，为宋国公冯胜征肃州输馈饷无乏。其后世宁，以战功由指挥使同知升指挥使。如果说高昌亦都护家族的政治取向是迫于无奈，那么畏兀儿贵族契斯家族的选择就代表了另一种积极的政治心态，元末明初，契斯以故元嘉定州知州来归，洪武元年（1368 年）授兵部员外郎，寻擢符宝郎，二年（1369 年）高丽遣使上表来贡方物，遣斯赍印封之，改尚宝司丞，仍以祝文牲币祭其境内山川，使回称旨，日侍左右。四年（1371 年），出知泰安州。六年（1373 年），升河间府，俱以才干著而民亦不扰。九年（1376 年）入为户部郎中，寻迁户部尚书，本年出为山西左参政。十三年（1380 年）正月召还为吏部尚书，二月改迁礼部尚书，三月诏定公侯称号。

随着元明政治环境的更迭，亦都护与畏兀儿贵族之家面临着义理与实际的痛苦抉择，在封建礼仪制度之下，其进程难免有徘徊与蹒跚，但相对于中下层哈密-吐鲁番群体民众而言不失为一种新的历史机遇。明初，洪武年间，朝廷令有司保举人才，凡蒙古色目人等，既举我土，即我赤子，果有才能，一体擢用。② 此种大环境下，哈密-吐鲁番人八士，佐明太祖征伐。屡著战功，洪武五年（1372 年），太祖封八士为荆襄都督、镇南定国将军，加太子太保衔。定定公伯安，洪武九年（1376 年）知泰宁县，尚行宝，敦风化，作士气，修建公署、学舍、壇遗多所，以考最升广德州同知。民国《姚安县志》记载，有明一朝，云南偰氏家族举人进士代代相传，明初有偰士忠、偰汝作、偰永清，明中叶有偰霈、正德年间有偰云，隆庆戊辰科进士偰惟贤，明末偰应东。作为明初国家社会的一员，他们用自己的实际行为阐释了国家政治社会氛围下一种积极的价值取向与人生态度。

2. 避居山林

元末明初政治环境的变化，使得东迁哈密-吐鲁番群体官宦、士大

---

①宋濂等：《元史》卷 195《伯颜不花的斤》，第 4411 页。

②孔贞运：《皇明诏制》卷 1，明崇祯七年（1634 年）刻本。

夫阶层内心深处陷入矛盾与纠缠，进与退，家与国，忠与逆，旧与新。在心灵深处的斗争中，一种被抛弃的失落感随之而生，于是乎他们选择了归隐与逃避。这其中不乏小生幽燕，从戎事西边，坐拥三株虎符，到头来却白发萧萧守环堵的高昌老翁；亦有深通禅学，又能喜文辞，放弃膏粱而就空寂，经变而不堕其志的高昌宦族因公。

3. 隐名更姓，落魄市井

社会环境的巨变，演绎着不同的世态荣辱，彰显着不同阶层的人生百态。有人选择相时而动，有人选择避居山林，同时亦有人面临的却是无可奈何花落去，空留昨日黄花之慨叹，对于他们时代变迁所带来的只是辉煌的过去与落魄的现实。清代武威学者张澍（介侯）的母亲家，便是亦都护的后裔。张澍在其《养素堂文集》卷35《先府君行述》记载"诰封儒林郎配张安人，家藏诰敕，本元高昌王阿尔的亦都护之后，入明改姓张氏"，其舅氏在前朝通显，多以武功著，所藏诰命尚多。今却业农，田日废，家道中衰。豫西刘氏有元一百余年，世代簪缨。洪武改元，遂以祖母刘氏为姓，自后成为寻常编户齐民。

二、明初社会氛围与东迁哈密-吐鲁番群体心理变动

社会氛围指笼罩着某个特定场合或事件的特殊社会情绪、气氛和动向，社会氛围包括社会舆论、社会心理、社会秩序、社会环境等方面。社会氛围又是一定的社会主张、路线、政策提出和实施过程中必须充分注意的要素。

明初哈密-吐鲁番群体所处社会舆论。针对东迁哈密-吐鲁番群体这一现实客体，明初士大夫阶层基于一定的需要和利益，通过言语、非言语形式公开表达出对他们的态度、意见、要求、情绪，并通过一定的传播途径，进行交流、碰撞、感染，并使之整合外化，从而影响到明初整个社会对东迁哈密-吐鲁番群体的舆论导向。

明初社会，一方面是政治制度的建设，另一方面面临着社会氛围的重构。"元主中国者八十余年，中国之民言语、服食、器用、礼文不化而

为夷者鲜矣。”[①]故而无论是从中央政府层面还是就汉族地主知识分子都在营造一种非政府主导的社会氛围改造，试图通过社会氛围的营造达到民族、文化的融合，避免因社会政治的骤变导致民间社会矛盾的激化。

民间舆论对哈密-吐鲁番群体所处社会氛围的改变。一为源于元明更迭所致政治地位的剧变，二为社会环境所致色目人身份嬗变的多元。畏兀儿在蒙元帝国特殊的政治、文化地位，使得其在政府机构中“充斥在这些(重要)职务上”。[②] 此种现象亦把其推到社会矛盾的风口浪尖之上，志费尼《世界征服者史》中的描述从另一个侧面反映了元时畏兀儿群体所处的社会氛围：“个个披罪恶衣袍的市井闲汉都成了异密(emir)；个个佣工成了廷臣，个个无赖成了丞相，个个倒霉鬼成了书记。”[③]入明以后部分色目人其衣服言语犹循其旧俗，士大夫阶层仍持内夏外夷之论者，提出不可不防微杜渐。[④] 此一舆论延至民间，社会言论尤为激烈。明冯惟敏《海浮山堂词稿》中《劝色目人变俗》深刻地反映了这一社会趋向：

“《掉角儿》。望西方天遥路迷，在中原看生见死，总不如随乡入乡，早做个子孙之计。再休提塔不剌、散不撒、答儿麻、哈而哇，腥膻滋味，清斋难记，徒劳受饥。最难熬千金一刻星月圆时。读的是孔圣之书，且收拾梵经胡语；穿的是靴帽罗襕，打叠起缠头左髻……更名换字用夏变夷，观伊行还同中国一样行持。”[⑤]

明初哈密-吐鲁番群体一方面面临变俗的舆论压力，另一方面又遇到民间舆论的嘲讽。“元享国不及百年，明人蔽于战胜余威，辄视如无物，加以种族之见，横亘胸中，有时杂以嘲戏。”[⑥]“杭州荐桥侧首，有高楼八间，俗谓八间楼，皆富实回回所居。一日，娶妇。其婚礼绝与中国殊，虽伯叔姊妹，有所不顾。街巷之人，肩摩踵接，咸来窥视，至有攀缘

---

①方孝孺：《方孝孺集》(上册)，第107页。

②阿布尔-哈齐-把阿秃儿汗：《突厥世系》，第42页。

③志费尼：《世界征服者史》(上册)，第6页。

④黄道周：《博物典汇》卷18，明崇祯刻本。

⑤冯惟敏：《海浮山堂词稿·击节余音》，明嘉靖四十五年(1566年)刻本。

⑥陈垣：《元西域人华化考》，第4页。

檐阑窗牖者，踏翻楼屋，宾主婿妇咸死……”，时人王梅谷作诗嘲之：“宾主满堂欢，闾里盈门看。洞房忽崩摧，喜乐成祸患……”①

一定的社会舆论是一定社会秩序重构的前奏，当此社会舆论日益演变成一种社会氛围，在社会各方利益博弈基础上的社会秩序就呼之欲出。

明初哈密-吐鲁番群体所处社会秩序。元亡明兴，政治秩序变动所致矛盾格局重新分化，原有的社会秩序受到冲击破坏，对于处于社会运动漩涡中心的色目群体行为重新规范尤为重要。故而，明开国之初，从风俗习惯方面对此加以规范：

洪武元年(1368年)二月壬子，“诏复衣冠如唐制，禁胡服、胡语、胡姓名”②。洪武三年(1370年)，诏蒙古色目人入仕后或多更姓名，岁久子孙相传，昧其本源，如已更易者，听其改正。③ 洪武五年(1372年)，令蒙古色目人氏，既居中国，许与中国人家结婚姻，不许与本类自相嫁娶，违者男女两家抄没，入官为奴婢，其色目钦察自相婚姻，不在此限。④《明会典·律令·婚姻》进一步明确规定：蒙古色目人婚姻，凡蒙古色目人，听与中国人为婚姻，务要两厢情愿，不许本类自相嫁娶，违者杖八十，男女入官为奴。其中国人不愿与回回钦察为婚姻者，听从本类自相嫁娶漫，不在此限。

为了避免民族情绪产生，明太祖又诏告天下：民之体如蒙古、色目，虽非华夏族类，然同生天地之间，有能知礼仪愿为臣民者，与中华之人抚养无异。⑤ 此种政治社会秩序之下，同为色目人的哈密-吐鲁番群体社会地位发生了微妙变化。一方面，高昌王亦都护和尚率部内附，诏授怀远将军、高昌卫同知世袭其职，偰斯先后出任户部尚书、山西左参政、礼部、吏部尚书，位极人臣。另一方面，明太祖又将亦都护和尚迁往南京，同时又告诫偰斯，保身固位，固非良臣。卿……於事未见刚明，迩来亦露其过。究其何过，史载未详，最后还是把偰斯从山西召回，让其以

①陶宗仪：《南村辍耕录》卷28《嘲回回》，第369页。

②谈迁：《国榷》卷3《太祖洪武元年》，第357页。

③申时行：《明会典》卷11《吏部十·更名复姓》，明万历内府刻本。

④申时行：《明会典》卷20《户部七·婚姻》，明万历内府刻本。

⑤申时行：《皇明诏令》卷1《太祖高皇帝上·谕中原檄》，明刻增修本。

老致仕。

虽然统为色目人,但由于哈密-吐鲁番群体元朝时期所处的社会地位、政治地位、文化地位,出于政治、民族方面因素,明初于社会秩序建构的过程中不得不考虑哈密-吐鲁番群体的社会地位,使其与其他色目人等处于不同的社会层系中,并直接造成了后来哈密-吐鲁番群体的不同社会群体心理。

入明哈密-吐鲁番群体社会心理嬗变。人们对社会现象的普遍感受和理解,是社会意识的一种形式,表现于人们普遍的生活情绪、态度、言论和习惯之中。社会心理是自发的、零乱的,是对社会生活的初级的多含直觉成分的反映。人们的社会心理状况最终取决于社会生活实际,直接形成于种种现实生活迹象对人们的刺激和人们的理解与感受,社会心理促成一定的社会风气。由于社会意识主体的不同,社会心理区分为个人心理和群体心理。

入明社会舆论与社会秩序的改变,使得人们对哈密-吐鲁番群体的生活情绪、态度、言论均发生了变化,明中期南京礼部尚书倪谦,自幼聪颖,才气飘逸,《四库总目》评其"有质有文,亦彬彬然自成一家"。《明诗纪事》称其"为一时骚雅之选"。但亦曾遭遇因其曾祖为高昌人,仓使浦廷玉耻与其交往,对于浦廷玉之言,倪谦只说"廷玉之言不类,姑置弗论"①。倪谦畏兀儿身份业已无从考证,但从浦廷玉耻与倪谦交往一节,不难推断出入明哈密-吐鲁番群体所处的社会实际环境,此种社会现实生活迹象的刺激促使了哈密-吐鲁番群体对所处环境的理解与感受,并在此基础上导致了个体心理与群体心理的嬗变。

故国新君两难之下的惶恐与无奈。入明以后,高昌亦都护与畏兀儿贵族首先遭遇到道义抉择,一方面,他们实际上沦为遗民弃臣,另一方面又面临新朝的怀疑与提防,整日战战兢兢,但还是难免为尊者怀疑。岐王变乱后,亦都护被迁往南京,实则时刻处于监视之下,惶恐忧惧而早逝。同样历任礼部、吏部尚书的偰斯,虽然未被太祖究过并被特赦,但惶恐忧患之情实所难免。在元明易世革命中,高昌亦都护和一部分畏兀儿贵族世家虽则难免为世主疑忌,但子孙还未沦为庶民,其他一

①倪谦:《倪文僖集》卷24,清武林往哲遗著本。

些哈密-吐鲁番群体成员却要面临政治变革所导致的重重压力。

苟全于乱世之中的逃避与没落。元朝统治时期，哈密-吐鲁番群体在各级政府机构中充任要职，《元史》记载有35人，《元代西域人华化考》约40余，日本学者安部健夫《西回鹘国史的研究》中列举有98人，而在程钜夫《里氏庆源图引》记载，仅高昌偰氏家族从撒吉思以下七世“垂绅曳绂，分符握节”者就达60人。[①] 哈密-吐鲁番群体在元代诸种户籍中，属军户，隶探马赤军籍，享有优于其他民族的优渥。明朝立国后，他们心怀鲁仲连之志，弃膏粱而就空寂，时危安得屡促席，坐对高寒宜晚酌。抑或忘情山水，专心修道炼丹（高岳），曾经的繁华喧嚣，转瞬间北风朔雪之中，空余愁苦相伴。同样身为亦都护家族的武威于家槽张氏，都护家声成幻梦，将军事业付寒蛰，子孙卖田宅尽，窜散西域，面对昨日，唯有“西风吹泪九回肠”[②]。

相时而动的积极进取与社会担当。王朝更迭，对于统治阶级与权贵阶层带来的可能是灭顶之灾，但对于身处底层社会的一般民众而言，却不失为一次难得的晋身之机。由于元时政治身份及社会地位特殊，哈密-吐鲁番群体广泛融入儒家文化活动中，在文化官职、职业、制诰文字、翰林编修、国史编纂、主持参与科举、经筵进讲、传授儒学、主持参与典礼、尊孔重教、兴学养士、重视操守、维护纲常等一系列代表政府行为的活动中，无不活跃着畏兀儿儒士的身影。他们“读书属文，学为儒生”[③]，“学于中夏，慕周公、孔子之道”[④]，因此在他们的思想深处同样有着致用于时，扶危定倾，身任天下的经世致用意识。面对社会的苦难、民生的多艰，他们奋而起之，投身到元末明初的社会运动之中。他们或居官清廉，敦风化、作士气、修公署学舍，关心民间疾苦；或佐太祖、著军功、平蛮洞，父子同捐国事；或使外邦、宣国威、化东夷，扬国威于外邦。

入明之初，源于社会意识主体地位差异，面对不同的社会迹象，个体心理对象对于所处社会感受亦不尽相仿。但随着时间的推移和新的

---

①程钜夫：《程雪楼文集》卷15《里氏庆源图引》，文渊阁四库全书本。

②张澍：《养素堂诗集》卷1，嘉庆二十四年（1819年）乙卯。

③周南瑞：《天下同文集》卷15《薛昂夫诗集序》，文津阁四库全书本。

④吴澄：《临川吴文正公集》卷6《玉元鼎字说》，文源阁四库全书本。

文化体系、社会秩序的稳定，东迁哈密-吐鲁番群体心理逐渐形成，他们“学于南夏，乐江湖而忘乡国者众矣。岁久家成，日暮途远，尚何屑以首丘之义乎”。[①] 他们散处诸州，更姓易名，杂处民间，处之既久，固已相忘相化而不易识别。[②] 入仕后或多更姓名，岁久子孙相传，昧其本源。[③] 在此基础上，东迁哈密-吐鲁番群体逐渐形成新的国家、民族心理，原有高昌、畏兀儿进一步成为历史记忆和符号象征，而此一群体心理变化直接导致了入明文化“哈密-吐鲁番群体”的转变与消失。

三、入明哈密-吐鲁番群体符号的消亡与民族心理的断裂

畏兀儿作为一个民族的称呼，其存在时间在 13 至 14 世纪。十四世纪初，意大利的约翰修士和亚美尼亚的果利葛斯王海屯在有关记述中清楚地把“畏兀儿”(Yogurs)人的国家叫作“塔尔萨”(Tarsi)，米儿咱・海答儿在其 16 世纪的记述中，并没有提到“塔尔萨”，甚至连哈密-吐鲁番群体都没有提到。因此已经皈依了伊斯兰教的哈密-吐鲁番群体，就不再以“畏兀儿”来表示种族的称呼了。[④] 英国学者伊莱亚斯分析“由于他们信奉伊斯兰教，他们似乎逐渐丧失了本民族的特点，并且愈益与周边部落或民族融合——这些部落和民族大都是突厥(语族)后嗣(回鹘人)”。[⑤]

国外学者关于“畏兀儿”种族称呼的消失及民族身份的转化，与明朝初年的民族政策有着一定的联系。明朝政府对“哈密-吐鲁番群体”的认识以及“畏兀儿之地”上的政治、种族、宗教变化，对于东迁哈密-吐鲁番群体的民族认同及归属产生了深远的影响。

---

①王礼：《麟原集》前集卷 7《义冢记》，文渊阁四库全书本。

②陈九德：《皇明名臣经济录》卷 16《兵部三》，明嘉靖二十八年(1549 年)刻本。

③申时行：《明会典》卷 11《吏部十・更名复姓》，明万历内府刻本。

④米儿咱・马黑麻・海答儿：《中亚蒙兀儿史——拉失德史》(第一编)，第 110－111 页。

⑤米儿咱・马黑麻・海答儿：《中亚蒙兀儿史——拉失德史》英译本“绪论”第四章《蒙兀儿・突厥和回鹘诸族》，第 89 页。

(一)"畏兀儿"地理符号的消失与曲先、迤西地面地望的变化

畏兀儿民族称呼此一历史变化过程，明人史料中给予了相应记载。明朝史料于畏兀儿之记载，一则指撒里畏兀儿：

"撒里畏兀儿者，鞑靼别部也。"①六月壬戌，"西域撒里畏兀儿安定王卜烟帖木儿入贡。撒里畏兀儿，地去甘肃千五百里……诏其酋长分四部：曰阿端、曰阿真、曰苦也、曰帖里"②。洪武七年(1374年)，"乌斯藏、撒里、畏兀儿入贡"③。

次为亦都护东迁寄住畏兀儿及滞留哈密之哈密-吐鲁番群体众：

"宴哈密卫贡夷畏兀儿肃川东关寄住贡夷乢右禄、孛剌等三十五名"④。辛未，"宴哈密卫朝贡夷人畏兀儿肃州寄住贡夷孛剌等三十六名，命侯文炜待"⑤。"哈密卫畏兀儿、哈剌灰署都督印指挥同知站卜剌差夷使也先卜剌等，并袭国师马你阿纳的纳等，袭都督同知舍人米尔马黑麻等各朝贡，袭职给赏如例"⑥。"哈剌灰、畏兀儿二族，逃附肃州已久，即驱之出，不可。"⑦

明中期之后，随着经营哈密政略及吐鲁番地面宗教的变化，对于畏兀儿故地在族群上的归属亦产生了新的变化。明宣宗实录载："回回僧"海失都来归，赐袭衣、房屋器物如例。"回回僧"海失都是为明朝吐鲁番地方僧制之一员，但日本学者山田信夫、小田寿典认为，海失都一名即伊斯兰化之前常见的回鹘人名 Qay sidu 的音译，常见于13—14世纪的回鹘文契约文书中。⑧ 小田寿典和魏良弢亦认为，吐鲁番回回

---

①黄光升：《昭代典则》卷7《太祖高皇帝》，第253页。

②谈迁：《国榷》卷5《太祖洪武七年》，第505页。

③张廷玉等：《明史》卷2《本纪第二・太祖二》，第30页。标点本断为撒里、畏兀儿，此误学者已正。

④《明神宗实录》卷379，第363页。

⑤《明神宗实录》卷374，第363页。

⑥《明神宗实录》卷124，第360页。

⑦《明世宗实录》卷86，第292—293页。

⑧山田信夫著，小田寿典、茨默、梅村坦编《ウイグル文契约文书集成》第2卷，大阪大学出版会，1993，第275页。

多系信仰佛教的哈密-吐鲁番群体,①但此时的撒马尔罕及哈的兰的回回僧在此毫无疑问的应是信仰伊斯兰教的僧侣。《明实录》中把其与吐鲁番地面畏兀儿僧人统称为“回回僧”,反映了当时明人对于畏兀儿“回回僧”的认识。因之,明朝之畏兀儿在地望上、种族上与元朝时期相较而言,已经有了很大的变化,逐渐丧失了元时期的界定范畴。

曲先、迤西地面地望的变化。《高昌馆课》之中,关于畏兀儿地望上提到了两个地望,一是曲先地面,二是迤西地面。此二者之地望对于进一步厘清畏兀儿地望有着至关重要的意义。

曲先之地望,岑仲勉先生考证是为今之库车②,刘迎胜先生在《元代曲先塔林考》③中亦持相同之观点;而吴丰培认为明之曲先之方位当属今甘肃以西、哈密以东兼达青海地区④,大致相当于明曲先卫之曲先地方。

在此,先摒却争议,从史料之记载入手考证“曲先地面”之地望。

元代曲先辖地包括曲先、塔里木河流域(今罗布泊地区),元时置“曲先塔林都元帅府”,归诸王出伯节制,大德元年(1297 年),元朝退出曲先塔林地区,此一部分军队及属民随之退入哈密、罗布泊及其以东地方,皇庆二年(1313 年)元朝封察合台后王脱脱欢为安定王,明初安定王后裔卜烟帖木儿袭爵,洪武七年(1374 年),卜烟帖木儿遣使朝贡,朝廷分其地为“曲先”“阿端”诸部。后在关西诸地置立卫所,是为明朝“曲先”之由来。故在明代,曲先之地望有二:一则为曲先卫之曲先,如东晋侨治郡县之例;二则为元时曲先塔林之地,亦即苦叉(库车)之地。

但在兀也思之曲先地面当属后者,其由如下:

曲先地面若为明史之曲先卫,则在明代史籍之中应有关于事涉该地面之兀也思王的记述,但是在明人史料之中,却没有发现有关曲先卫

---

①Oda Juten,“Uighuristan,”*Acta Asiatica*,no.34(1978):40-42;魏良弢:《关于明代火州的几个问题》,第 71—72 页。

②岑仲勉:《明初曲先阿端安定罕东四卫考》,《金陵学报》1936 年第 2 期。

③刘迎胜:《元代曲先塔林考》,载中国中亚文化研究协会编《中亚学刊》,中华书局,1983,第 243—252 页。

④吴丰培:《明代罕东、安定、曲先、阿端四卫所在地域初探》,载尹达、张政烺、邓广铭等主编《纪念顾颉刚学术论文集》上册,巴蜀书社,1990,第 663—674 页。

之兀也思王的记载。此乃其一。

其二,兀也思曾为曲先地面之速檀、王,此证其必为察合台诸王系之后裔。而在明曲先卫、安定卫活动的是武威西宁王和豳王家族。《明史·西域传》中记载:"哈密忠顺王卒,无子。廷议安定王与之同祖,遣官择一人为其后。"①

《明实录》之中对于曲先王系也有记载:

曲先卫指挥沙剌杀故元安定王卜烟帖木儿。

由此可证,在曲先卫活动的是安定王之家支。如若"曲先地面"即明之曲先卫,则兀也思是为安定王之后,既为安定王之后,虽说同为察合台之裔,但却与东察合台汗国之王是为不同之王统,如是,则其又怎到吐鲁番地面称速檀、王,且达八九年之久。

其三,从兀也思之"速檀"称号以及所差遣"火只(哈只)"而观之,概其业已是为伊斯兰教徒。而在此一时期,伊斯兰教在此时尚未于哈密占主导地位,且哈密王系此时亦未皈依伊斯兰教,更不用说在哈密东向之曲先卫之"曲先"。再,《明史·西域二·曲先卫》记载"成化时,土鲁番强,(曲先)被其侵掠"②,在《明史·西域一·土鲁番》也有记载,成化九年(1473年)春,土鲁番阿力"收捕曲先并亦思渴头目倒剌火只"③。被吐鲁番掠走之曲先部众,由吐鲁番将领——曲先人牙兰率领,驻牧在哈密东南,而另一部分则走匿乌斯藏。曲先卫印信由牙兰兄脱啼收掌并率余众迁往肃州,在此部众离散之情况下,兀也思怎么能差遣"火只"朝贡,又怎能在吐鲁番地面称速檀?

反而观之。若兀也思之曲先地面是为曲先卫之曲先,则对于兀也思之后活动唯有如此:先是成化九年(1473年)为阿力所虏,部众离散,后信奉了伊斯兰教,随阿力至吐鲁番,阿力亡后被推为速檀。但据史书所载,阿力故后,克伯欲占其地,且此时吐鲁番西面又有阿黑麻势力,而牙兰又为罕慎所败,在此部众离散又非东察合台汗国王裔的情况下,何故其能在吐鲁番统治将近10年?而在此之前,哈密王位空缺,廷议安

①张廷玉等:《明史》卷330《西域二·安定卫》,第8552页。

②张廷玉等:《明史》卷330《西域二·曲先卫》,第8555页。

③张廷玉等:《明史》卷329《西域一·土鲁番》,第8530页。

定王与之同祖，遣官择一人为其后，安定王不许，更何况以离散之部众，远赴吐鲁番地面去做速檀了。

其四，《高昌馆课》之他正。“曲先地面马黑麻王奏：奴婢远居边方，与朝廷效力多年，至今未升赏。今专差长男马哈木进贡各样方物。”①《高昌馆课》之中关于“马黑麻王”的身份还有“把丹沙地面速檀马黑麻王”“高昌国主马黑麻王”“速鲁檀马黑麻王”，把丹沙地面速檀马黑麻王在《明实录》中记载，其活动时间在1450年前后，而高昌国主马黑麻王则为1545年左右②，从“速檀马黑麻王专差弟马哈木等进贡狮子”一函分析，速檀马黑麻及其弟马哈木之活动是在东察合台汗国西部政权阿不都·哈林汗之后，在《喀什噶尔史》《拉失德史》中都有相关之记载，并且，在《高昌馆课》中也有相关印证：“大明皇帝洪福，前速檀马黑麻王奏，如今地方安稳，夷众快乐，仰赖朝廷洪福，奴婢每皆得安生，今专差弟马哈木（东察合台汗国东部之马哈木为东部阿黑麻之兄）等进贡……”因之，从曲先地面之速檀马黑麻王、前速檀马黑麻王、长男马哈木、弟马哈木相关之关系分析，其活动之地域亦只在当时库车、阿克苏、哈什哈尔一带，此就从另一侧面佐证了曲先地面之方位。

因之，《高昌馆课》之“曲先地面”并非为明之曲先卫之曲先，而是西域之苦叉，今库车之地。

迤西地面之地望。

检诸史籍，明时西域之“迤西地面”有以下几条：

（1）迤西地面都督土儿的叩奏：奴婢在边守护年久，多有功劳，至今未蒙升赏……（2）赐迤西地面锁鲁檀马哈木阿民斡子伯王……

土儿的，《明史》记载：

“（弘治）三年春，（吐鲁番）偕撒马儿罕贡狮子……阿黑麻背负天恩……况使臣满剌土儿即罕慎外舅，忘主事仇，逆天无道。”③

“迤西贡使满剌土儿的等还……阿黑麻又聚集人马，欲抢肃州，见

---

①《高昌馆课》，载陈高华编《明代哈密吐鲁番资料汇编》，第389页。

②田卫疆：《明〈高昌馆课〉诸函文年代考释》，《西北史地》1984年第4期。

③张廷玉等：《明史》卷329《西域一·土鲁番》，第8531页。

今边将奏其名虽进贡，实则设诈兵缓兵。”①

由“土儿的”条可知，明之“迤西地面”概指哈密迤西，狭义上是指吐鲁番地面，广义上包括哈密以西的西域地区。

综上，由“曲先地面”“迤西地面”可知《高昌馆课》之兀也思王活动之曲先地面，应在东察合台汗国之苦叉、察力失及吐鲁番之地，亦今之库车、焉耆、吐鲁番周围地区。

明朝时期，畏兀儿由元时指向回鹘转而成鞑靼，“畏兀儿之地”在洪武初年尚存见于史料②，洪武后期之后，“畏兀儿之地”转而在史料中记载为“土鲁番”，随着东察合台汗国疆域拓展及伊斯兰教的传播，“畏兀儿”故地在种族及宗教上亦发生了大的变化③，逐渐成为明朝史料中的“回夷”④。

(二)明哈密-吐鲁番群体语言文字的演变

明初哈密-吐鲁番群体政治、种族、地理变化，导致哈密-吐鲁番群体在文化上亦产生了相应变化。而此种文化演变从畏兀儿译语、高昌馆译语之间关系的梳理不难理出其中脉络。(见表 6-1)

表 6-1　哈密语言的演变

	畏兀儿译语	高昌馆杂字
天文门	黄天、黑天、黄风、黑风等地域色彩的词条 85 条	42 条
地理门	86 条	市场、郡县、藩篱、边地、关口等 38 条
时令门	84 条	四时八节、闰月等 46 条
花木门	65 条	橘等 60 条

①《明孝宗实录》卷 44，第 139—140 页。

②《明太祖实录》卷 137 第 20 页记载：“哈梅里回回阿老丁来朝贡马，诏赐文绮，遣往畏吾儿之地招谕番酋。”综《国榷》、《明太祖实录》卷 53 洪武三年(1370 年)六月爪哇、畏吾儿等国条载，明初之畏兀儿之地，地望名称上与元时相同。

③郭胜利：《明朝吐鲁番僧纲司考》，《青海民族大学学报(社会科学版)》2012 年第 1 期。

④陈高华：《关于明代吐鲁番的几个问题》，《民族研究》1983 年第 2 期。

续表

	畏兀儿译语	高昌馆杂字
人物门	猎人、牧马人、打鱼人、毡匠等 62	父子、夫妇、长幼、叔、姑嫂、妹姨、释道、佛儒、舅舅、妗子、姨父、姐夫、外甥、汉人、夷人、鞑靼、西番、高昌、回回、缅甸、西天、河西等 104 条
身体门	20 条	32 条
宫室门	18 条	窗、大门、二门、礼拜寺等 20 条
器用门	37 条	伞、升、斗、秤、瓷器等 44 条
衣服门	有毡衫等 21 条	帐幔、帐房、合包、手巾等 28 条
珍宝门	鱼牙等 21 条	水银、水晶等 20 条
饮馔门	糖等 13 条	生、熟、稀、稠、滋味、碱等 20 条
方隅门	14 条	16 条
声色门	8 条	18 条
数目门	37 条	32 条
人事兼通用门	172 条	118 条

（资料来源：作者根据《高昌馆课》摘录整理）

明永乐五年（1407 年），朝廷正式开设四夷馆，分鞑靼、女直、西番、西天、回回、百夷、高昌、缅甸 8 个馆，置译字官生、通事等，专门从事外国和国内少数民族语言的翻译工作。之后会同馆也编出了朝鲜、琉球、日本、安南、占城、暹罗、鞑靼、畏兀儿、西番、回回、满剌加、女直、百夷等 13 种《译语》。成化五年（1469 年），明会同馆已有附属鞑靼、回回馆、畏兀儿馆、西番馆、河西馆等 18 馆。明朝会同馆设置有畏兀儿馆，同时河西馆与回回馆并存，并编译畏兀儿译语，但四夷馆中并未见畏兀儿馆，只有高昌馆，这说有明一朝对于畏兀儿、高昌界定上存在一定的混乱。明宣德、正统年间（1426—1449 年）亦即也先不花时（1432—1462 年）吐鲁番地区宗教发生实质性变化。14—15 世纪，吐鲁番地区的书写文字仍以回鹘文为主，到了 15 世纪末 16 世纪初开始出现“回回字文书”和“番文”并用的现象。到了 16 世纪中叶以后回鹘文书便从文献之中退却出去。嘉靖三十六年(1557 年),礼部在裁冗滥疏中即提到畏兀儿通事一员的去留问题①,万历年间,畏兀儿馆通事孙光范、孙光第等实际上已无业可从,万历二十四年(1596 年)告病返乡,至万历二十八年(1600 年)仍未回销,礼部主客清吏司最终将孙光范等革除。② 其后因高昌故地入贡之人中多回回,入贡时亦用回回字,故高昌馆又属回回馆。③ 在回回馆杂字地理门中 تركى (turkī 意为高昌、土儿几(突厥人)。高昌(畏兀儿)与土儿几,原本是两个不同的地名,但由于与突厥人文化、经济上的长期交流,再加上吐鲁番地面政治的变更,畏兀儿文化发生了根本性的变化。

(三) 入明哈密-吐鲁番群体文化的消失

西迁以前畏兀儿文化是单一的突厥文化传统,主要接受汉文化的影响。④ 西迁之后的回鹘文化是渐次融合了西域人和汉人文化而形成的浑然一体的合成文化。⑤ 汉语文在回鹘中的长期使用直接影响到回鹘语的语法结构,德、日所藏回鹘文献亦佐证此点。⑥ 日本学界近年来对畏兀儿文契约作了综合性的研究分析,亦证明了畏兀儿文契约深受汉族同类文书的影响。另外《突厥世系》记载:在哈密-吐鲁番群体中,许多人都会阅读突厥文。⑦

正是这种与汉语言文字上的关联和蒙古文字上的依存关系,直接决定了后来哈密-吐鲁番群体内迁及其政治地位。朝廷文书,汉字与畏兀儿文并用,但必须以畏兀儿字为验,掌握这种回回字的人可轻而易举地获得一官半职或做通事,这种文化上的优越地位使得民间对畏兀儿文字学习趋之若鹜,至元年间,下诏"禁汉人、南人勿学蒙古、畏吾字

---

①张天复:《鸣玉堂稿》卷 9《覆裁冗滥疏》,明万历八年(1580 年)刻本。

②蔡献臣:《清白堂稿》卷 3《查革通事孙光范等公移》,明崇祯刻本。

③章潢:《图书编》卷 51《高昌馆》,清文渊阁四库全书本。

④杨富学:《回鹘文献与回鹘文化》,第 25 页。

⑤羽田亨:《西域文化史》,第 67 页。

⑥T. Moriyasu,P. Zeme,"From Chinese to Uighur Documents",《内陆アジア言语の研究》1999 年第 14 卷,第 73—102 页。

⑦阿布尔-哈齐-把阿秃儿汗:《突厥世系》,第 42 页。

书”。[①] 明立国之初，首先面临的是立正朔而辨夷夏，车同轨而书同文，尊往圣而继唐虞，由于语音演变，中国北方汉语发生了很大的变化，元代所编的《蒙古字韵》仅存15韵，距离唐宋的206音韵体系甚远。故而宋濂等人编著《洪武正韵》，从政府层面确立了汉字文书与语言的政治地位，《蒙古字韵》、八思巴文书、畏兀儿文字迅速退出了政治、社会舞台，逐渐从明初语言文化体系中消失。

“畏兀儿”称呼的淡出，“畏兀儿”地域观念的变化，使得“畏兀儿”作为一种符号逐渐失去延续的外部环境，入明社会环境的变化，使得“畏兀儿”文字与文化的存在慢慢地丧失存在的现实意义，面临着迥异的社会环境与生存选择，身处不同地域的哈密-吐鲁番群体，选择了不同的心理认同与族群归属，共同演绎出中华民族历史发展的画卷。

（四）明朝哈密-吐鲁番群体的心理认同及族群归属

关于群体心理认同，西尔斯（Edward Shils）、葛慈（Clifford Geertz）、伊萨克（Harold P. Isaacs）与克尔斯（Charles Keyes）等认为族群认同主要来源于根基性的情感联系，这种族群情感纽带是基于语言、宗教、种族、族属和领土的“原生纽带”，是族群成员互相联系的因素；德斯皮斯（Leo A. Despres）、哈尔德（Gunnar Haaland）及柯恩（Abner Cohen）等认为族群认同是族群以个体或群体的标准特定场景的策略性反应，是在政治、经济和其他社会权益的竞争中使用的一种工具。

但是，当基于语言、宗教、种族、族属和领土的“原生纽带”不复存在，同时又面临政治、经济和其他社会权益竞争时，客观环境的变化与之俱来的族群新归属已不可避免。

入明以后，吐鲁番地区语言上逐渐完成了从畏兀儿语、高昌语向回回语的转变，随着《洪武正韵》的颁行，畏兀儿语亦失去了在中原地区的外部环境。宗教方面，元朝初年，西域人大批征发中原，哈密-吐鲁番群体亦随之散居于长江南北。因地域分布及区域文化不同，这些内迁哈密-吐鲁番群体在宗教上呈现佛教、基督教、道教、伊斯兰教、萨满教等多元宗教信仰，地域分布的多元性，文化氛围的分散性，形成了宗教信

---

① 文廷式：《纯常子枝语》卷33，民国三十二年（1943年）刻本。

仰的泛化与多元，并成为内迁哈密-吐鲁番群体宗教的一个显著特点，而这一特点又决定了之后哈密-吐鲁番群体在文化上的衍变。地域方面，正统十三年（1448 年），吐鲁番兼并火州、柳城僭称王之后，其势日强，遂移东侵，正德八年（1513 年）哈密忠顺王拜牙即投归吐鲁番，明朝最终放弃了对西域的经营。语言、宗教、种族、地域方面的变化加上入明社会环境突变，使得明初东迁哈密-吐鲁番群体面临着现实性的群体认同危机。

族群认同危机，导致两种倾向，一为极力强化自己的民族文化特征，二则极力弱化自己的民族文化特征。在中土士人眼中，东迁哈密-吐鲁番群体被贴上异域标签；在吐鲁番回回人眼中，东迁哈密-吐鲁番群体亦被贴上中土标签。在此种场域之下，东迁哈密-吐鲁番群体个体记忆与社会记忆源于根基与场景差别，分化成有针对的结构性失意与集体记忆两种心理取向。入明以后，基于语言、宗教、领土的“原生”性纽带已不复存在，相反散处于中州各地的哈密-吐鲁番群体，为所处场景制约，在政治、经济、文化等社会生活中，分别依据个体所处场域，逐渐改换为符合自己利益的认同，导致了东迁哈密-吐鲁番群体多元流动。

色目人归属西域东迁的具有相近政治地位的若干族群，由于其东迁过程线路漫长，又辗转聚族各地，地域文化的差距使得其在文化取向上呈现不同特点。而元朝开放多元的民族文化政策，又促进了这一差距的加大固化。元代是一个注重“根脚”的社会，元中后期业已出现族群婚向等级婚的转变，明《律令·婚姻》关于婚姻的规定，逐步限制了哈密-吐鲁番群体族内婚姻的选择，再加上政治空间的压缩，社会环境的变迁，文化背景的趋同，迫使内迁哈密-吐鲁番群体改变固有的群体心理及族属观念。

（1）回回。明初法律规定：凡蒙古色目人听与中国人为婚姻，不许本类自相嫁娶。使得入明哈密-吐鲁番群体婚姻取向发生了变化。方志记载，明代南京人口总数约 50 万，仅回回就占了十分之二，明代中叶前后，全国业已形成几个较大的回回人聚居区：陕甘甘州、肃州平凉固原西安，云南大理、蒙化保山玉溪蒙自；江南以南京为中心，包括扬州、镇江、杭州等；华北地区以北京为中心，主要有通州、保定、河间、沧州等地。元朝内迁哈密-吐鲁番群体多分布于交通及行政中心，诸如大都、彰德(安阳)、清丰、平凉、益都(山东青州)、真定(河北正定)、永平(卢龙)、镇江、杭州、龙兴(南昌)、临江(樟树市)、岳州(岳阳)、池州(安徽贵池)、绍兴路等地；次则点缀于西北民族迁徙通道，沿河西走廊西部、陕西平凉、陕西凤翔、陕西奉元(西安)、河南江北行省邓州(南阳)、河南江北行省襄阳、云南行省乌蒙(昭通)一带分布；余则散布于湖南省常德市桃源县及江西、安徽、福建、广东、广西等地。

固有的地缘、族源、语言关系，影响了其迁置地域的哈密-吐鲁番群体。外部社会舆论与政治环境的压力，促使了一部分东迁哈密-吐鲁番群体族群认同心理的变化。顺治《肃镇志》记载，入附肃州的哈密各族百姓到了清代初年，除去回回人本身以外，其他哈密-吐鲁番群体及蛤剌灰人也都“不食猪肉，与回回同俗”了。云南之偰氏，乃偰士权之后裔，士权于永乐年间赴云南姚安任职，遂落籍此处①，今已成为回族中的一员。其中明朝初期迁徙进入云南滇西重镇姚安的明代学士偰斯后代，则全部皈依了伊斯兰教，成为云南回族中的旺姓之一。②

(2) 汉族。元朝时期，源于政治、文化活动上的族群、文化取向涵化衍变，到了元末明初，一部分哈密-吐鲁番群体家族汉化程度进一步加深，其原先的族属——哈密-吐鲁番群体的身份符号化了。③ 入明外部环境的变化，一部分东迁哈密-吐鲁番群体选择了结构性失忆，他们根据场景的变迁对族群归属做出理性选择，改换认同以求得缓解生存环境的转变与个体政治理想的伸张，正是此种政治经济利益的追求引导一部分东迁哈密-吐鲁番群体从原来的群体中分离出来，加入到汉族群体之中，入明以后他们多改汉姓，与华人无异。历经岁月变迁，最终与周围民族融为一体。高昌偰氏，至元代时绵延百世，“遂为中州著姓”④。偰氏家族从江苏溧阳分迁各省后，由于历史上特定的社会政治环境，他们分别选择了伊斯兰教、佛教等不同的宗教信仰，最终界分出

①偰映飞:《偰氏宗谱考略》，内部资料，第 48 页。

②姚继德:《〈偰氏宗谱考略〉序》，《回族研究》2004 年第 3 期。

③欧阳玄《高昌偰氏家传》谓之“本中国人”，见《圭斋文集》卷 11。

④欧阳玄:《圭斋文集》卷 11《高昌偰氏家传》，四部丛刊景明成化本。

回、汉两个民族。到了景泰、天顺年间，这些身处内地的哈密-吐鲁番群体，散处诸州者，多已更姓易名，杂处民间，如一二稊稗生于丘陇禾稻之中，久之，固已相忘相化，而亦不易别识之也。[①] 最终，这些内迁的哈密-吐鲁番群体消失于中原民族的历史之中。

结　语

元朝时期，内迁哈密-吐鲁番群体缘于变故，于政治、经济、文化诸方面业已开始了适应性变化；入明以后，大批哈密-吐鲁番群体失去元时的政治优势，生活环境的变化导致其生产、生活多元流动，使其生产、生活方式取向更加分散化。维系民族内部的心理、文化的断裂，群体生存中“民族”必要条件的褪却，使得杂处于整个大环境中的哈密-吐鲁番群体顺应此种趋势，社会分层、流动的合理化、常态化，生产、生活方式的地域化，进一步泯灭着其原有的地域观念、族群意识。伴随着时间推移，内迁哈密-吐鲁番群体在族群、文化上经历了元明时期的涵化，最终成为明时华夏民族和中华文化的有机组成部分，融入中华民族的历史长河之中。

①丘浚：《内夏外域之限》，载陈子龙：《名臣经济录》卷73，崇祯平露堂刻本。

附录一　明哈密卫大事记

洪武十三年(1380 年)

都督濮英屯兵西凉,奉命进兵哈密。占据此地的元裔兀纳失里遣使请降。

洪武十四年(1381 年)

哈密使臣回回阿老丁向明朝贡马,诏赐文绮,遣往畏兀儿地方宣谕。

洪武二十三年(1390 年)

哈密王兀纳失里遣长史阿思兰沙、马黑木沙贡马。

洪武二十四年(1391 年)

因兀纳失里阻断交通,抢夺贡物,追杀路经哈密的各国使者,中原和西域交通断绝。太祖命都督佥事刘真偕甘肃都督宋晟率兵攻占哈密,兀纳失里携眷逃跑。

洪武二十五年(1392 年)

兀纳失里贡骡马请罪,太祖许其复国为王。

洪武二十六年(1393 年)

兀纳失里死,其弟安克帖木儿继肃王位。

永乐元年(1403 年)

特许安克帖木儿"以马市易",首次贡马 4740 匹,明朝政府照价付值。

永乐二年(1404 年)

诏封安克帖木儿为忠顺王。

永乐三年(1405年)

安克帖木儿卒,诏封安克帖木儿兄子脱脱为忠顺王。

永乐四年(1406年)

置哈密卫,设指挥、千户、百户等官,又以周安为忠顺王长史,刘行为纪善,以辅脱脱。

永乐九年(1411年)

脱脱暴死,诏封脱脱从弟免力铁木儿为忠义王。

永乐十年(1412年)

哈密卫增设僧纲司,专管佛教事务。

永乐十一年(1413年)

员外郎陈诚、户部主事李暹出使西域,途经哈密,次年返回。

永乐十八年(1420年)

哈密城内出现清真寺。

洪熙元年(1425年)

免力铁木儿死。次年,诏封脱脱子卜答失里嗣忠顺王。

宣德三年(1428年)

因卜答失里年幼,诏命免力铁木儿之子脱欢铁木儿为忠义王,同理国事。

正统二年(1437年)

脱欢铁木儿死,诏封其子脱脱塔木儿为忠义王。不久亦死。

正统四年十二月(1440年)

忠顺王卜答失里死后,诏封其子倒瓦答失里为忠顺王。倒瓦答失里又名哈力,自称锁鲁檀,改信伊斯兰教。

正统八年(1443年)

瓦剌围攻哈密,杀死头目3人及城外男女50余人,虏去忠顺王母和部众1000余人。

景泰六年(1455年)

被贩卖和拐带到哈密的汉族劳动人民有3000多人,其中又经哈密忠顺王部下卖于撒马儿罕1000余人。

天顺元年(1457年)

倒瓦答失里死,其弟卜列革嗣忠顺王。

天顺四年(1460年)

卜列革卒,无子,王母弩温答失里主国事。哈密为北部瓦剌攻占,王母及亲属头目逃奔苦峪(安西东南玉门西南)避难。哈密人民大批流亡关内。200余人流入北京,沦为乞丐。明廷每人给米6斗、布2匹,遣返哈密。

成化二年(1466年)

瓦剌兵退,王母率众返回哈密。

成化三年(1467年)

命哈密故忠义王脱欢铁木儿外孙、都督同知把塔木儿为右都督,摄行国王事。

成化八年(1472年)

把塔木儿死,其子罕慎请嗣父职,明廷准嗣都督职,但不准主国事。哈密仍无王。

成化九年(1473年)

吐鲁番速檀阿力率兵攻破哈密,掠王母及金印,派其妹夫牙兰据守。次年,以哈密头目脱脱不花等为指挥佥事等官,命暂住苦峪城,由都督罕慎暂行统辖。

成化十八年(1482年)

都督罕慎联合赤金、罕东二卫,率兵万人收复哈密。罕慎因功晋封左都督。

弘治元年(1488年)

封罕慎为忠顺王,是为明代哈密王中唯一的维吾尔人。年底,吐鲁番阿黑麻率兵东来,假意与罕慎联姻,伺机杀罕慎。仍令牙兰驻守。哈密都指挥阿木郎等率众复迁苦峪避难。

弘治二年(1489年)

命罕慎之弟奄克孛剌袭都督同知。

弘治四年(1491年)

由于明廷干预,阿黑麻被迫交还哈密王印、城池及居民500余人。

弘治五年(1492年)

因哈密有回回、哈剌灰、畏兀儿三种民族,兵部尚书马文升奏请"必须得元代遗孳袭封,以理国事",诏封曲先安定王族人、故忠顺王脱脱侄孙陕巴为忠顺王。

弘治六年(1493 年)

吐鲁番阿黑麻再取哈密城,杀阿木郎,执忠顺王陕巴回吐鲁番,仍令牙兰驻守。

弘治八年(1495 年)

镇守太监陆訚禄、总兵官右都督刘宁、巡抚左佥都御史许进等率明军克哈密城。后阿黑麻复袭取哈密城。

弘治十一年(1498 年)

阿黑麻送还陕巴,归还哈密城。

弘治十七年(1504 年)

部族首领阿孛剌迎阿黑麻幼子真帖木儿(罕慎女之子)主哈密。陕巴走苦峪。

弘治十八年(1505 年)

陕巴卒,其子拜牙即嗣王,改信伊斯兰教,自称锁鲁檀。

正德八年(1513 年)

拜牙即投奔吐鲁番王满速儿。满速儿派火者他只丁据哈密。

正德九年(1514 年)

瓦剌南侵哈密,满速儿败之,明廷对满速儿、真帖木儿各有赏赐。

正德十年(1515 年)

明朝都御史彭泽筹措缎、绢、布匹等物,遣马骥等往哈密。他只丁归还哈密城印,而忠顺王拜牙即仍匿居阿克苏。

正德十一年(1516 年)

吐鲁番复据哈密。不久,进攻肃州。

正德十五年(1520 年)

满速儿遣归所虏明军镇抚程翥等并哈密忠顺王拜牙即妻妾家人,唯留拜牙即未遣。

嘉靖四年(1525 年)

吐鲁番牙兰复据哈密。

嘉靖二十四年(1545 年)

吐鲁番统治者满速儿死后,长子沙嗣速檀,次子马黑麻不服其辖,亦称速檀,分据哈密。

嘉靖三十六年(1557年)

哈密卫都督米儿马黑木要求内附,明廷让其驻屯甘肃。

嘉靖三十八年(1559年)

吐鲁番速檀沙之子脱列速檀复据哈密。

隆庆四年(1570年)

满速儿次子马黑麻回吐鲁番,嗣兄职为速檀。

万历十年(1582年)

哈密卫都督同知米尔马黑麻等要求袭职,许之。

万历三十五年(1607年)

葡萄牙人鄂本笃奉基督教会之命来中国探察,途经哈密。此时哈密为吐尔羌汗国势力范围,哈密首领为巴拜汗。

附录二　明哈密卫各时期朝贡统计[①]

表 1：明洪武时期(1368—1402 年)哈密朝贡统计

序号	派遣人	贡使及身份	贡品	回赐	出处
1	兀纳失里	回回阿老丁	马	文绮	《明太祖实录》卷 137
2	兀纳失里	长史阿斯兰沙、马黑木沙	马		《明太祖实录》卷 202
3	兀纳失里	回回哈只阿里	马 46 匹、骡 16 只	白金、文绮	《明太祖实录》卷 223

表 2：明永乐时期(1403—1424 年)哈密朝贡统计

序号	派遣人	贡使及身份	贡品	回赐	出处
1	安可帖木儿	使臣马哈木沙、浑都思	马 190 匹、市易马 4740 匹	赐安可帖木儿银百两、纻丝十表里；赐使臣金织文绮衣各一袭，钞各百锭，及纻丝表里等物	《明太宗实录》卷 25

①陈高华编《明代哈密吐鲁番资料汇编》，第 20—366 页。

续表

序号	派遣人	贡使及身份	贡品	回赐	出处
2	安可帖木儿	兀鲁思	马	钞及袭衣、绮帛	《明太宗实录》卷36
3	脱脱	头目(无名)	马	钞、币	《明太宗实录》卷46
4	速哥失里(脱脱祖母)	赤纳	马35匹		《明太宗实录》卷62
5	脱脱		马	赐脱脱绮帛	《明太宗实录》卷65
6	回回洗剌从	回回洗剌从	马	钞、币	《明太宗实录》卷68
7	头目把都右	头目把都右		赐袭衣、彩币	《明太宗实录》卷73
8	指挥马马火者	指挥马马火者	马	赐钞、币	《明太宗实录》卷74
9	脱脱	头目那那	马、方物	赐钞、币有差	《明太宗实录》卷74
10	脱脱及其祖母	都指挥同知买住、头目哈剌哈纳、火鲁忽赤	马	赐脱脱等文币百匹、彩绢250匹,使者赐冠带袭衣	《明太宗实录》卷76
11	所镇抚黑的儿	所镇抚黑的儿	硇砂	赐钞、币	《明太宗实录》卷83
12	脱脱	都指挥同知哈剌哈纳	马	赐脱脱金织文绮表里	《明太宗实录》卷88
13	指挥同知母撒		马	赐钞、币、袭衣	《明太宗实录》卷91

续表

序号	派遣人	贡使及身份	贡品	回赐	出处
14	脱脱及巴思罕安克王	指挥伯颜朵儿只、回回阿里	马、方物	赐钞、币、袭衣	《明太宗实录》卷96
15	回回你昝	回回你昝	马	赐钞3700锭	《明太宗实录》卷98
16	回回马黑麻哈非思		硇砂	礼部给钞	《明太宗实录》卷115
17	指挥那速儿丁	指挥那速儿丁	马及方物	赐钞、币	《明太宗实录》卷119
18	指挥同知哈剌马牙	指挥同知哈剌马牙	马	赐彩币	《明太宗实录》卷120
19	脱脱母		马	赐钞、币	《明太宗实录》卷121
20	免力帖木儿	阿都儿火者	马	赐钞千锭、文绮20匹	《明太宗实录》卷126
21	回回百户阿马丹	回回百户阿马丹	马及玉璞	赐赉有差	《明太宗实录》卷127
22	指挥虎秃帖木儿、千百户母撒	指挥虎秃帖木儿、千百户母撒	马及硇砂	赐之钞、币	《明太宗实录》卷128
23	免力帖木儿		马	赐免力帖木儿及其母并故忠顺王脱脱母彩币有差	《明太宗实录》卷145
24	免力帖木儿	掌吉帖木儿	马	赐宴	《明太宗实录》卷157

续表

序号	派遣人	贡使及身份	贡品	回赐	出处
25	免力帖木儿、都指挥木纳法虎儿丁		马	赐钞、币有差	《明太宗实录》卷170
26	免力帖木儿	指挥脱脱不花	马300匹	赐钞、币有差，赐宴	《明太宗实录》卷181、182
27	回回马黑麻撒剌只	回回马黑麻撒剌只	方物	赐钞、币有差，赐宴	《明太宗实录》卷181、182
28	免力帖木儿	兀马儿沙	马	赐钞、币	《明太宗实录》卷192
29	免力帖木儿	阿力迭里	方物	赐宴	《明太宗实录》卷194、195
30	免力帖木儿	把失忽里	马及方物	赐宴，赐冠带袭衣	《明太宗实录》卷197、198
31	回回土鲁迷失	回回土鲁迷失等137人	马	赐钞万锭、文绮70匹、彩绢200匹	《明太宗实录》卷210
32	回回满赖撒丁	回回满赖撒丁等250人	马3546匹及貂鼠皮、硇砂等	赐钞32000锭、文绮100匹、绢1500匹	《明太宗实录》卷216
33	免力帖木儿	兀马儿火者	马及方物	赐钞、绮币，赐宴	《明太宗实录》卷218
34	免力帖木儿	赤丹卜花	马	赐钞、币有差	《太宗实录》卷247

续表

序号	派遣人	贡使及身份	贡品	回赐	出处
35	免力帖木儿	舍黑马哈麻、虎都卜丁	马1300匹、羊2000余只	赐赉有差	《明太宗实录》卷254上
36	免力帖木儿		马	赐彩币表里	《明太宗实录》卷254上
37	免力帖木儿	兀马儿火者等90人	马1000匹、驼336头	优赐	《明太宗实录》卷260
38	回回千户悟牙思	回回千户悟牙思	马	赐钞、币	《明太宗实录》卷267
39	免力帖木儿	兀马儿火者等90人	马	赐钞60150锭、彩币70表里、绢1016匹	《明太宗实录》卷267
40	回回阿蛮	回回阿蛮	羊马	赐钞、币	《明太宗实录》卷268
41	免力帖木儿	打剌罕马黑麻、迭力迷失等160人	马及方物	优赐	《明太宗实录》卷269
42	回回苦剌虎力敏答	回回苦剌虎力敏答	羊马	赐袭衣及钞、币、表里有差	《明太宗实录》卷269
43	指挥秃儿迷失	指挥秃儿迷失	马	赐钞、币有差	《明仁宗实录》卷1下
44	回回者剌刀丁	回回者剌刀丁	马及方物	赐袭衣、钞、币、表里	《明仁宗实录》卷2上
45	回回舍人阿力	回回舍人阿力	方物	赐钞、币	《明仁宗实录》卷2中

续表

序号	派遣人	贡使及身份	贡品	回赐	出处
46	回回舍黑马黑麻	回回舍黑马黑麻	马及方物	赐钞、币有差	《明仁宗实录》卷3下

表3:明洪熙时期(1425年)哈密朝贡统计

序号	派遣人	贡使及身份	贡品	回赐	出处
1	免力帖木儿		马4匹	赐钞、币、表里	《明仁宗实录》卷7下
2	回回满剌丁	回回满剌丁	马及方物	赐钞、彩币表里及纻丝袭衣有差	《明宣宗实录》卷2、3
3	免力帖木儿	都指挥脱脱不花	马	赐银、纱、纻丝、纱罗、绫绢有差	《明宣宗实录》卷4、6

表4:明宣德时期(1426—1435年)哈密朝贡统计

序号	派遣人	贡使及身份	贡品	回赐	出处
1	哈剌苦出	哈剌苦出	马	赐钞、彩币表里、袭衣有差	《明宣宗实录》卷15
2	卜答失里	舍剌夫丁	马及方物	赐钞、彩币表里、袭衣有差,加赐舍剌夫丁等钞	《明宣宗实录》卷17
3	镇抚小丁	小丁等235人	方物	纻丝、纱罗、绫绢、衣服、绵布	《明宣宗实录》卷19
4	打剌罕忽都卜丁	打剌罕忽都卜丁	马	赐钞、彩币表里、袭衣、靴韈有差	《明宣宗实录》卷21、22
5	打剌罕倒兀	打剌罕倒兀	羊马	赐钞、彩币表里、毡帽有差	《明宣宗实录》卷24

续表

序号	派遣人	贡使及身份	贡品	回赐	出处
6	打剌罕马哈木	打剌罕马哈木	马	赐钞、彩币表里有差	《明宣宗实录》卷24、25
7	打剌罕沙卜、卜答失里	回回火者李罗	马及方物	赐钞、彩币、表里有差	《明宣宗实录》卷25
8	卜答失里	北斗奴、乞力麻、打剌罕合思老讨烈思、打剌罕赛打黑麻	驼、马及方物	赐北斗奴等银、钞、彩币表里有差,赐乞力麻、打剌罕合思老讨烈思、打剌罕赛打黑麻钞、彩币表里有差	《明宣宗实录》卷27、28
9	卜答失里、脱欢帖木儿	满剌亦蛮、舍黑马黑麻	方物	赐钞、彩币表里、纻丝袭衣有差	《明宣宗实录》卷39、40
10	所镇抚罗哈喇	所镇抚罗哈喇	马	赐钞、彩币表里及纻丝表里有差	《明宣宗实录》卷51
11	卜答失里	都指挥使把台等46人	马	赐银、钞、彩币表里有差	《明宣宗实录》卷52
12	回回打剌罕倒兀	回回打剌罕倒兀	马	赐彩币表里、纱罗绫绸绢有差	《明宣宗实录》卷54
13	僧太仓	僧太仓	马	赐彩币表里、纱罗绫绸绢有差	《明宣宗实录》卷54

续表

序号	派遣人	贡使及身份	贡品	回赐	出处
14	卜答失里	打剌罕哈忻	马	赐钞及纻丝金织袭衣、彩币表里有差	《明宣宗实录》卷54
15	打剌罕赛夫剌	打剌罕赛夫剌等34人	马	赐钞、彩币表里有差	《明宣宗实录》卷56
16	卜答失里	指挥佥事速来蛮等35人	马	赐彩币表里及绢有差	《明宣宗实录》卷66
17	卜答失里	指挥佥事舍黑马黑麻、打剌罕满剌哈密	马	赐彩币表里、绢、布、袭衣有差	《明宣宗实录》卷67、68
18	卜答失里	脱脱帖木儿、都指挥佥事拜拜兀马儿	马	赐彩币表里、绢、布有差	《明宣宗实录》卷72、73
19	卜答失里	迭力迷失	马及玉石	赐白金、彩币表里、纱罗、绫绢有差	《明宣宗实录》卷73、75
20	脱欢帖木儿	副千户阿木力丁	马及方物	赐彩币、绢布有差	《明宣宗实录》卷77、78
21	黑蛮	黑蛮	方物	赐钞、彩币表里有差	《明宣宗实录》卷78、79
22	卜答失里	指挥速来蛮	马	赐彩币表里有差	《明宣宗实录》卷81

续表

序号	派遣人	贡使及身份	贡品	回赐	出处
23	回回舍人哈三	回回舍人哈三	马及方物	赐白金、彩币、纱罗绸绢、金织袭衣等物有差	《明宣宗实录》卷84、85
24	回回副千户克牙思子马黑麻	回回副千户克牙思子马黑麻	马	赐彩币表里等物有差	《明宣宗实录》卷86、87
25	卜答失里	兀马儿火者、舍伯儿沙	马	赐彩币表里、绢、布及纻丝袭衣有差	《明宣宗实录》卷89
26	卜答失里	倒刺火者	马及玉石、硇砂等方物	赐银、钞、纻丝、纱罗、绢、布及金织袭衣有差	《明宣宗实录》卷90、91
27	卜答失里	指挥舍黑马黑麻	驼、马、玉石	赐白金、绫罗绫绸、绢、布及金织纻丝袭衣有差	《明宣宗实录》卷93、94
28	卜答失里	百户古力火者等47人	驼、马、方物	赐彩币、绢、布及金织袭衣有差	《明宣宗实录》卷100、101
29	卜答失里	都指挥佥事亦麻剌、指挥佥事速来蛮打剌罕、舍人沙马力	驼、马、玉石	赐彩币、绢布及纻丝袭衣有差	《明宣宗实录》卷104
30	卜答失里	都指挥同知兀马剌、亦撒、格来		赐冠带	《明宣宗实录》卷105

续表

序号	派遣人	贡使及身份	贡品	回赐	出处
31	卜答失里	指挥佥事舍黑马黑麻等5人		赐钞、彩币表里、袭衣等物有差	《明宣宗实录》卷106
32	打剌罕火者阿老丁	打剌罕火者阿老丁	马	赐钞、彩币表里及纻丝袭衣有差	《明宣宗实录》卷106、107
33	打剌罕兀思答、马黑麻、忽先	打剌罕兀思答、马黑麻、忽先	马	赐钞、彩币表里及纻丝袭衣有差	《明宣宗实录》卷106、107
34	卜答失里	百户撒剌	马	赐钞、彩币有差	《明宣宗实录》卷110
35	卜答失里、脱欢帖木儿	舍人赛奴、爪秃米昝	马	赐钞、币、绢布及纻丝袭衣有差	《明宣宗实录》卷111
36	卜答失里	哈非思俱	驼马、方物、器皿	赐彩币等物有差	《明英宗实录》卷3
37	脱欢帖木儿		马	赐彩币等物有差	《明英宗实录》卷4

表5:明正统时期(1436—1449年)哈密朝贡统计

序号	派遣人	贡使及身份	贡品	回赐	出处
1	卜答失里	指挥速来蛮	马驼、方物	赐宴并赐彩币等物有差	《明英宗实录》卷19
2			马及方物	赐宴并赐彩币等物有差	《明英宗实录》卷24
3	脱欢帖木儿	宰奴丁	马驼、方物	赐宴并彩币、钞绢有差	《明英宗实录》卷32

续表

序号	派遣人	贡使及身份	贡品	回赐	出处
4	卜答失里	指挥把失虎力等36人		宴赐如例	《明英宗实录》卷32
5	卜答失里	把失虎力	马、驼及方物	赐宴并赐彩币等物有差	《明英宗实录》卷34
6	卜答失里	兀马儿火者	马驼及方物	赐宴并彩币等物有差	《明英宗实录》卷37
7	卜答失里	主乃	马驼、玉石、方物	赐宴并赐彩币等物有差	《明英宗实录》卷51
8	卜答失里	阿力加	驼马及方物	赐宴并赐彩币等物有差	《明英宗实录》卷56
9	倒瓦答失里	马黑麻	马、驼、鹰及貂鼠皮、药品	赐宴并赐彩币等物有差	《明英宗实录》卷66
10	倒瓦答失里	都指挥脱脱不花、剌麻远丹坚错	马驼、佛像、铜塔、舍利	赐彩币等物有差	《明英宗实录》卷67
11	倒瓦答失里	都指挥脱脱不花	驼马及方物	赐宴并赐彩币、袭衣等物有差	《明英宗实录》卷69
12	倒瓦答失里	哈斤	马驼、玉石、梧桐碱等物	赐宴并赐彩币等物有差	《明英宗实录》卷74
13	倒瓦答失里	马黑麻	马驼、方物	赐宴并赐彩币等物有差	《明英宗实录》卷80
14	倒瓦答失里	千户莽恪剌	马及方物	赐衣服靴韈有差	《明英宗实录》卷93

续表

序号	派遣人	贡使及身份	贡品	回赐	出处
15	倒瓦答失里	满剌阿黑麻的	马及玉石	赐宴并彩币等物	《明英宗实录》卷98
16	倒瓦答失里	满剌阿黑麻的	马及方物	赐宴及赐彩币、钞、绢有差	《明英宗实录》卷100
17	倒瓦答失里		马驼	赐宴并赐彩币等物有差	《明英宗实录》卷101
18	倒瓦答失里	把鲁	马	赐宴及彩币表里等物有差	《明英宗实录》卷116
19	镇抚沙免力	镇抚沙免力	马	赐宴及彩币表里	《明英宗实录》卷123
20	倒瓦答失里		马驼及方物	赐宴及彩币等物有差	《明英宗实录》卷124
21	倒瓦答失里	哈只马黑麻	驼马及玉石	赐宴并彩币表里、纻丝袭衣有差	《明英宗实录》卷127
22	倒瓦答失里	阿力沙	驼马	赐宴并彩币表里等物有差	《明英宗实录》卷128
23	倒瓦答失里	知院阿不都剌	马驼等物	赐宴并彩币表里、钞锭有差	《明英宗实录》卷130
24	倒瓦答失里	同知阿黑麻	金银器皿、象、马、驼等物	赐宴并彩币表里等物有差	《明英宗实录》卷139
25	倒瓦答失里	指挥法奴	马驼及方物	赐彩币表里、纻丝袭衣有差	《明英宗实录》卷141

续表

序号	派遣人	贡使及身份	贡品	回赐	出处
26	倒瓦答失里	千户马黑麻的	马驼、方物	赐宴并彩币、衣服等物有差	《明英宗实录》卷156
27	所镇抚哈剌别	所镇抚哈剌别	马	赐彩币表里、金织袭衣、房屋、床榻、器皿等物	《明英宗实录》卷157
28	倒瓦答失里	千户马黑麻的	马	赐宴并彩币表里等物有差	《明英宗实录》卷157
29	倒瓦答失里	千户马黑麻的	马	赐彩币表里	《明英宗实录》卷159
30	倒瓦答失里	脱脱不花	马63匹、驼27只、速来蛮松都鲁思玉石2万斤、青鼠皮3万张	赐宴及袭衣、靴韈	《明英宗实录》卷160
31	倒瓦答失里	指挥阿卜都剌	金银器皿、土锦、象、马、方物	赐宴并彩币有差	《明英宗实录》卷161
32	倒瓦答失里	鬼里赤	马驼、银鼠及方物	赐宴并赐彩币表里、绢、布、钞锭等物有差	《明英宗实录》卷162
33	倒瓦答失里		马	赐宴并彩币表里有差	《明英宗实录》卷165

续表

序号	派遣人	贡使及身份	贡品	回赐	出处
34	倒瓦答失里	哈三	马驼、玉石	赐宴并彩币表里、绢、布等物有差	《明英宗实录》卷170
35	倒瓦答失里	哈三	马	赐宴及彩币等物，赍敕及金织表里归赐其王	《明英宗实录》卷171
36	倒瓦答失里	知院马黑麻	马驼及方物	赐宴并袭衣、钞币等物有差	《明英宗实录》卷172
37	倒瓦答失里	额鲁赤把失忽里	马	赐药	《明英宗实录》卷177
38	倒瓦答失里	阿力乩	方物	赐宴并彩币表里等物有差	《明英宗实录》卷178

表 6：明景泰时期(1450—1456 年)哈密朝贡统计

序号	派遣人	贡使及身份	贡品	回赐	出处
1	倒瓦答失里	阿力乩	马及方物	赐宴并彩币表里等物有差	《明英宗实录》卷211
2	倒瓦答失里	阿力乩	马及玉石方物	赐宴及彩币表里、钞、绢、袭衣、靴帽等物有差	《明英宗实录》卷212
3		捏列沙	驼马及方物	赐宴并赐彩币表里、青红布绢等物	《明英宗实录》卷219
4	倒瓦答失里	扎力虎赤、黑牙思	马及方物	赐彩币等物有差	《明英宗实录》卷222

续表

序号	派遣人	贡使及身份	贡品	回赐	出处
5	倒瓦答失里、头目脱脱不花		马	赐宴并彩币表里、纻丝袭衣等物	《明英宗实录》卷 224
6	倒瓦答失里	阿力乩克	马驼、玉石、貂鼠皮等物	赐宴及彩币表里等物有差	《明英宗实录》卷 228
7	倒瓦答失里	可儿陆凯牙	马	赐钞、彩币表里、纻丝袭衣有差	《明英宗实录》卷 253
8		指挥陕西丁	马及方物	赐宴并彩段表里等物有差	《明英宗实录》卷 270

表 7:明天顺时期(**1457—1464** 年)哈密朝贡统计

序号	派遣人	贡使及身份	贡品	回赐	出处
1	卜列革	阿都剌	马及方物	赐宴并钞、彩币表里、纻丝袭衣等物	《明英宗实录》卷 281
2	桑哥失里	桑哥失里	马驼	赐宴并彩币袭衣、靴袜有差	《明英宗实录》卷 292
3	卜列革	察马力丁	马	赐丁香、桂皮诸药	《明英宗实录》卷 295
4		26 人	马驼	赐冠带	《明英宗实录》卷 300
5	指挥哈只	指挥哈只	马及方物	赐宴并彩币表里等物有差	《明英宗实录》卷 300
6		演赤虎力	马及方物	赐宴并彩币表里等物有差	《明英宗实录》卷 301

续表

序号	派遣人	贡使及身份	贡品	回赐	出处
7	卜列革	拜帖木儿	马驼	赐宴并彩币表里、纻丝袭衣等物	《明英宗实录》卷305
8	弩温答失里	指挥同知虎迭力迷失	马	赐宴有差	《明英宗实录》卷313
9	哈的马黑麻、迭力迷失	哈的马黑麻、迭力迷失	马驼	赐宴并彩币等物有差	《明英宗实录》卷315
10	哈哈		马9匹	退回	《明英宗实录》卷319
11	阿力克	阿力克	马驼及方物	赐宴并金织纻丝袭衣、彩段表里、绢、布等物有差	《明英宗实录》卷320
12		陕西丁	马及方物	赐宴并彩币表里等物有差	《明英宗实录》卷324
13	弩温答失里	火只乩儿的	马及方物	赐钞、币如例	《明英宗实录》卷339
14	弩温答失里	头目满剌阿黑麻	马	赐宴并彩币表里、纻丝袭衣等物	《明英宗实录》卷342
15	弩温答失里	把帖木儿	马及方物	赐宴并金织袭衣、彩段、绢、钞有差	《明英宗实录》卷345
16	指挥哈只	指挥哈只	马驼、方物	赐宴及彩币表里、袭衣等物有差	《明英宗实录》卷349

续表

序号	派遣人	贡使及身份	贡品	回赐	出处
17	回回指挥佥事捏伯沙	回回指挥佥事捏伯沙	马、驼、玉石	赐宴及彩币表里等物有差	《明英宗实录》卷349
18		写亦哈三	马及方物	赐宴并彩币等物有差	《明英宗实录》卷351
19		哈只	马及方物	赐宴并彩币等物有差	《明英宗实录》卷351
20	正使钵若舍力	正使钵若舍力	马、驼、方物	赐宴并赐彩币等物	《明英宗实录》卷355
21		阿蛮乜力	马及方物	赐宴并金织袭衣、彩币表里等物有差	《明英宗实录》卷357
22	弩温答失里	都指挥苦儿鲁海牙	马及方物	赐宴并金织袭衣、彩币等物有差	《明英宗实录》卷358
23		扎马力丁	马	赐衣服、彩段等物有差	《明宪宗实录》卷8
24	弩温答失里		马	赐彩段表里，并赐其使臣有差	《明宪宗实录》卷9

表8：明成化时期（1465—1487年）哈密朝贡统计

序号	派遣人	贡使及身份	贡品	回赐	出处
1	写亦舍力乜力	写亦舍力乜力	马驼	赐衣服、彩段等物有差	《明宪宗实录》卷13
2	弩温答失力		马驼	赐彩段表里	《明宪宗实录》卷13

续表

序号	派遣人	贡使及身份	贡品	回赐	出处
3	指挥哈只	指挥哈只	马	赐宴并衣服彩段等物有差	《明宪宗实录》卷15
4	都指挥苦儿鲁海牙	都指挥苦儿鲁海牙	驼马	赐衣服、彩段等物有差	《明宪宗实录》卷16
5	哈的马黑麻	哈的马黑麻	马20匹	赐衣服、彩段等物有差	《明宪宗实录》卷21、22
6		卜鲁罕虎力	马	赐彩段等物有差	《明宪宗实录》卷23
7	砮温答失力	指挥阿刺卜沙	马	赐宴及衣服、彩段等物	《明宪宗实录》卷26
8		斩阿沙	驼马	赐袭衣、彩段、绢、钞等物有差	《明宪宗实录》卷40
9	砮温答失力	都指挥阿都刺	马驼	赐宴并衣服、彩段等物有差	《明宪宗实录》卷52
10	砮温答失力	火只哈三	马驼	赐宴并衣服、彩段等物有差	《明宪宗实录》卷92
11		母撒法儿	驼马及方物	赐宴并衣服、彩段等物有差	《明宪宗实录》卷104
12	砮温答失力	失迭力迷失	马驼	赐衣服、彩段等物有差	《明宪宗实录》卷113
13		皮刺的牙失力	马	赐宴并衣服、彩段等物有差	《明宪宗实录》卷116
14	罕慎	沙六海牙	马驼	赐宴并彩段等物有差	《明宪宗实录》卷170

续表

序号	派遣人	贡使及身份	贡品	回赐	出处
15	罕慎	指挥火者马黑麻、扎罕沙、失哈三	马驼	赐宴并衣服、彩段等物有差	《明宪宗实录》卷187
16	右都督罕慎	阿黑麻	马驼	宴赉如例	《明宪宗实录》卷209
17	都督罕慎	都纲约家	马驼	赐宴并衣服、彩段等物有差	《明宪宗实录》卷219
18	右都督罕慎	指挥满剌阿力克	马驼	赐宴并衣服、彩段等物有差	《明宪宗实录》卷225
19	都督罕慎	阿力克	马驼、方物	赐彩币等物	《明宪宗实录》卷227
20	都督罕慎	舍列夫丁	马驼	赐宴并衣服、彩段等物有差	《明宪宗实录》卷249
21	左都督罕慎	满剌法虎儿丁	马驼	赐宴并衣服、彩段等物有差	《明宪宗实录》卷262
22	都督罕慎	指挥哈哈、马黑麻打力	马驼	赐宴并衣服、彩段等物有差	《明宪宗实录》卷264
23	都督罕慎	火者阿里麻	方物	乞赐彩币诸物，并加赐彩段、绫绢70匹	《明宪宗实录》卷282
24	左都督罕慎母		马匹、方物	赐织金纻丝并帐房、彩段、绢匹、药物、法器等物有差	《明孝宗实录》卷3
25	都督罕慎			赐宴并彩段等物有差	《明孝宗实录》卷4

表 9：明弘治时期(1488—1505 年)哈密朝贡统计

序号	派遣人	贡使及身份	贡品	回赐	出处
1	革失帖木儿	革失帖木儿	无罗列	赐宴并彩段、衣服等物有差	《明孝宗实录》卷 125
2	都督奄克孛剌	写亦虎仙	无罗列	赐宴并彩段、绢、布等物有差	《明孝宗实录》卷 126
3	满剌阿力克	满剌阿力克	无罗列	赐宴并彩段、衣服等物有差	《明孝宗实录》卷 130
4		满剌阿力克	无罗列	赐宴并彩段、绢布等物有差，赐满剌阿力克彩段 4 表里、绢 10 匹	《明孝宗实录》卷 158
5		失拜烟答	无罗列	赐彩段、钞锭等物如例	《明孝宗实录》卷 193
6	陕巴	马黑麻	无罗列	赐宴并彩段、衣服等物有差	《明孝宗实录》卷 202
7	陕巴	满剌阿力克	无罗列	赐宴并彩段、衣服等物有差	《明孝宗实录》卷 217
8	都督奄克孛剌、哈剌灰头目指挥拜迭力迷失	都督奄克孛剌、哈剌灰头目指挥拜迭力迷失	无罗列	赐宴并彩段、衣服等物有差	《明孝宗实录》卷 223

表 10：明正德时期(1506—1521 年)哈密朝贡统计

序号	派遣人	贡使及身份	贡品	回赐	出处
1	陕巴	失拜烟答	马驼、方物	赐宴并彩段等物有差	《明武宗实录》卷 13

续表

序号	派遣人	贡使及身份	贡品	回赐	出处
2	写亦虎仙	写亦虎仙	方物		《明武宗实录》卷 37
3	速檀拜牙、奄克孛剌	脱云虎力	驼马	赐宴并赏彩段、衣服有差	《明武宗实录》卷 41
4	速檀拜牙	都督写亦虎仙	驼马	赐彩段等物有差	《明武宗实录》卷 44
5	速檀拜牙、指挥佥事拜迭力迷失	哈只迭力迷失	驼马	赐彩段、绢布、衣物有差	《明武宗实录》卷 46
6	速檀拜牙	满剌阿黑麻	马	赐宴给赏有差	《明武宗实录》卷 58
7	速檀拜牙	指挥佥事阿的纳		赐宴给赏有差	《明武宗实录》卷 60
8	头目速檀马黑木	火撒答	马驼、玉石	赐宴并赏彩段、绢匹有差	《明武宗实录》卷 71
9	速檀拜牙	阿都火者			《明武宗实录》卷 74
10	速檀拜牙、哈剌灰地面	阿黑麻	驼马	赐宴并赏彩段等物有差	《明武宗实录》卷 107
11	速檀拜牙	添哥乩儿	驼马方物	赐宴并赏彩段、绢布有差	《明武宗实录》卷 114
12		火者哈辛		赐宴给赏有差	《明武宗实录》卷 120
13	速檀拜牙	火者哈辛	驼马方物	赐宴，赏彩段、衣物有差	《明武宗实录》卷 121

续表

序号	派遣人	贡使及身份	贡品	回赐	出处
14	速檀拜牙	阿的剌虎力	马	赐宴赏袭衣、彩段并马价	《明武宗实录》卷123
15		舍黑、白虽儿		赏金织文绮彩缯有差	《明武宗实录》卷182

表11:明嘉靖时期(1522—1566年)哈密朝贡统计

序号	派遣人	贡使及身份	贡品	回赐	出处
1	头目可春	满剌捏慎	马及方物	赐彩段、金织衣、绢、钞有差	《明世宗实录》卷33
2	都督米儿马黑木		马及方物		《明世宗实录》卷135
3	夷使米儿马黑木	夷使米儿马黑木	马及方物	宴赉如例	《明世宗实录》卷196
4	乩吉满可	乩吉满可		宴赉如例	《明世宗实录》卷228
5			马及方物	宴赉如例	《明世宗实录》卷274
6			马及方物	宴赉如例	《明世宗实录》卷338
7	满剌马黑麻打力哈即		马	宴赉如例	《明世宗实录》卷410
8	米儿马黑木				《明世宗实录》卷451
9			马驼方物	宴赉如例	《明世宗实录》卷470

表 12：明万历时期（1573—1619 年）哈密朝贡统计

序号	派遣人	贡使及身份	贡品	回赐	出处
1	头目速坛马黑麻阿力卜把都儿	哈辛	马匹、方物	赏赉如例	《明神宗实录》卷 49
2	头目		马匹、方物	赏赉如例	《明神宗实录》卷 117
3	指挥同知站卜剌	也先卜剌		给赏如例	《明神宗实录》卷 124
4		买得克 12 人		宴赏如例	《明神宗实录》卷 178
5	都督同知米尔马黑麻	都督同知米尔马黑麻	马	赐彩币有差	《明神宗实录》卷 459
6			方物、马匹		《明神宗实录》卷 568

表 13：明崇祯时期（1628—1644 年）哈密朝贡文献记载

序号	派遣人	出处
1	是年[崇祯十六年(1643 年)]，暹罗、琉球、哈密入贡	《明史》卷 24《庄烈帝二》

后　记

哈密自古是中原与中亚、西亚交往的枢纽，也是古代北方游牧民族进入中原的门户，具有极其重要的战略地位。明初，为防御北元，经略西北，交通西域，始在哈密设立卫所，自此直至嘉靖间放弃哈密卫，明朝经略哈密历经武力威慑、封王设卫、朝贡贸易、闭关绝贡、开关通贡、放弃哈密等阶段，其间哈密卫一定程度上发挥了保障西北边防，密切西域交往，传递军事信息等重要作用。于此，学界已从不同角度做了初步探讨，但多数研究集中在哈密卫设废、与明关系等问题上，就此而言，再对明代哈密卫详加深论，显得尤为必要、紧要和重要。同时，随着"一带一路"的深入，沿线城市、地区和相关国家的历史文化也越来越受到社会各界的关注，因此，该研究正是在此背景下进行的有益尝试和大胆探索。该书不唯深化、细化、升华了哈密卫及其相关问题研究，一定程度上拓展了西北民族边疆史研究。

在此背景下，哈密市政府积极联系当时正做客百家讲坛讲授《丝绸之路上的古城》的河南大学程遂营教授，约谈合作整理哈密相关历史文献。程遂营教授随即召集我和其他几位熟悉明清史的老师组成课题组，多次研讨，明确以《明代哈密卫研究》为研究题目，系统梳理明代哈密卫相关政治、经济、社会等问题。课题组围绕此议题研讨确定了大纲及合作方案。司艳宇负责统筹全书写作风格，撰写第三、四章及附录一、二部分；郭胜利负责绪论和第六章；赵长贵负责第一、二章；于逢源负责第五章的撰写。此外，李麦产、李俊峰、程丽等博士研究生等也参加了资料的相关收集工作，对编写做出了巨大贡献。全书最后由司艳宇统稿。

受恩师所托，接受写作任务时，我诚惶诚恐。整个组织过程，从讨论大纲到确定写作风格，再到初稿成形，各位作者都给出了独到的见解，我也认真尽力吸纳。统稿过程中，与参编作者时常沟通，力求达成一致。最后才有这本小书以飨读者，希望各位不吝赐教。

司艳宇

2022 年春于河大